Gerhard Gnauck

Wolke und Weide

Marcel Reich-Ranickis polnische Jahre

Klett-Cotta

Klett-Cotta
www.klett-cotta.de

Printed in Germany
Schutzumschlag: malsyteufel, willich
Fotos: IPN, Institut des Nationalen Gedenkens, Warschau
Gesetzt von Kösel, Krugzell
Auf säure- und holzfreiem Werkdruckpapier gedruckt und gebunden
von GGP Media GmbH, Pößneck
ISBN 978-3-608-94177-7

Bibliografische Information der deutschen Nationalbibliothek
Die Deutsche Nationalbibliothek verzeichnet diese Publikation in der
Deutschen Nationalbibliografie; detaillierte bibliografische Angaben
sind im Internet über http://dnb.d-nb.de abrufbar.

Für Anka

Inhalt

Ich bin ein halber Pole,
ein halber Deutscher
und ein ganzer Jude.

Marcel Reich-Ranicki 1958 im
Gespräch mit Günter Grass

Anstelle eines Vorworts

Wer hat sich nicht daran ergötzt: an den Sendungen des »Literarischen Quartetts«? Wer hat nicht darüber diskutiert: über die Autobiografie »Mein Leben«? Die Figur Marcel Reich-Ranickis hat in Deutschland Spuren hinterlassen. Sie hat in Polen, selbst in Israel zu Seufzern Anlass gegeben: »Schade, dass wir nicht auch so einen haben.« Nachdem er in Deutschland bereits »Literaturpapst« war, wurde er ein Medienstar, ja eine Symbolfigur; manche sehen in ihm sogar einen Geschichtslehrer und eine moralische Instanz. Eine Jahrhundertgestalt. Über diese Figur wollen wir alles wissen – auch jede Frage an sie richten dürfen.

Die ersten Fragen stellte ich dem Literaturpapst im Jahre 2002, nachdem Polen – nach deutschem Vorbild – seine »Gauck-Behörde« gegründet hatte, das Institut des Nationalen Gedenkens (IPN). Zuvor hatte ich dort angefragt, ob es eine Akte über Reich-Ranicki gebe; es gibt sie in der Tat. Inzwischen haben etliche deutsche und polnische Kollegen sie eingesehen.

Seitdem habe ich für die »Welt« immer wieder über Reich-Ranickis polnische Jahre – fast drei Jahrzehnte – geschrieben. Ich habe weitere Archive besucht, Zeitzeugen gesucht und gefunden, auch ihn selbst mehrfach befragen können – wofür ich Reich-Ranicki an dieser Stelle danken möchte. Doch die Zeit reichte nie für alle Fragen. Allmählich wurde immer deutlicher, dass man durch das Prisma dieses Lebens unendlich viel über polnische, jüdische und deutsche Geschichte erfährt, diese Geschichte als Kontext seines Lebens erzählen kann.

Als ebenso wichtige Aufgabe trat hinzu, sein Leben nicht nur aus der Sicht Marcel Reich-Ranickis, sondern auch aus der Perspektive seiner Zeitgenossen zu erzählen, seiner Freunde und Weggefährten, Kollegen und Gegner; *audiatur et altera pars*. Endlich würde das, was die Quellen in Polen erzählen, einfließen in den Strom der Erinnerung in Deutschland. Damit käme man auch dem Ziel näher, zu rekonstruieren, wie dieses Leben eigentlich gewesen ist – dort, wo Reich-Ranicki, ein begnadeter Selbstdarsteller, das eine oder andere verschwiegen oder anders erzählt hat.

»Mein Leben«, die nicht nur in Deutschland gern gelesene Autobiografie, hat dafür viel Stoff und wichtige Anregungen geliefert. Doch sollten sich die Nachgeborenen nicht verpflichtet fühlen, sich dem Weltbild und Selbstbild ihres Autors zu unterwerfen. Wie man gerade dieses Leben, diese Autobiografie kritisch lesen kann, hat die Schriftstellerin Petra Morsbach in ihrer scharfsinnigen Analyse mustergültig vorgeführt.[1] Verzerrungen in Selbstbild und Fremdbild sollten nicht übersehen werden. Wo wird Reich-Ranicki von anderen etwas unterstellt? Wo frisiert der Kritiker seinen Lebenslauf? Biegt er sich im eigenen Interesse die Geschichte zurecht – die deutsche, die polnische, die europäische?

»Eine Beschreibung seines Lebens kann nur dann nützlich sein und ihre Aufgabe erfüllen, wenn sie aus der direkten oder indirekten Polemik gegen sein Autoporträt hervorgeht.«[2] Marcel Reich-Ranicki hat diese Worte geschrieben; sie galten Thomas Mann. Dürfen sie auch für den Kritiker gelten?

Der »Herr der Bücher« hat – wer wollte es leugnen – mit seinen Biografen Glück gehabt. Mein Kollege Uwe Wittstock hat sein Verhältnis zu ihm in seinem Buch in die Worte gefasst: »Kurz, ich mag ihn. Und außerdem: Was immer von seinen Gegnern gegen Reich-Ranickis Vergangenheit in Polen vorgebracht wurde oder wird, es ändert nichts an seinen Verdiensten um die deutsche Literatur.«[3] Völlig richtig. Aber man wird die Perspektive auch umkehren dürfen und sagen: Seine Verdienste um die Literatur, vor allem die deutsche, ändern nichts an seiner Vergangenheit in Polen. »Mein Leben« überliefert für diese Jahrzehnte nicht die ganze Wahrheit. Man muss nicht »Gegner« Reich-Ranickis sein, um das auszusprechen. Doch kann es hilfreich sein, wenn man mit ihm, wie es der Theaterkritiker Friedrich Luft ausgedrückt hätte, bei allem Respekt nicht »pannebratsch« ist.[4] In Reich-Ranickis Leben gibt es – wie bei so vielen berühmten Zeitgenossen – Augenblicke und Abschnitte, über die er höchst ungern redet. Und wer mit anderen, mit deutschen Schriftstellern oder polnischen Historikern, über sein Leben spricht, der bemerkt schnell, welches Dickicht von Gerüchten und Legenden, von Unterstellungen und Selbstdarstellungen sich um diese Person gerankt hat.

Mehr Licht in dieses Dickicht zu bringen, diese Aufgabe hat mich gereizt. Ich wusste nicht, was ich in den Archiven finden, was Zeitzeugen mir erzählen würden, und ich habe in verschiedenen Richtungen gesucht. Dass ein Teil der Archivalien (jene im IPN-Archiv) polnische Stasi-Akten sind, Dokumente über Menschen, die bespitzelt haben oder bespitzelt wurden, legt allen, die dort recherchieren, eine besondere Verantwortung und Sorgfaltspflicht auf. Ebenso gilt dies für Informationen über das Warschauer Getto, erst recht in ihrer späteren Brechung durch die Bearbeitung der polnischen Stasi. Diese Quellen zu lesen ist jedoch – auch bei Beachtung der Sorgfaltspflicht – keine Geheimwissenschaft: Stasi- und Parteiakten, Behördenakten, Tagebücher, Briefe, Zeitungsartikel, historische Darstellungen und alles, was in dieses Buch eingegangen ist.

Manch wichtige Entdeckung ist erst auf halbem Wege geschehen. An dieser Stelle darf ich vorausschicken: Reich-Ranicki hat doppelt – erst unter Deutschen, dann unter Polen – erfahren, wie es ist, ein Ausgestoßener zu sein. Er hat in seinem Leben Schlimmes durchgemacht und ist selbst in schlimme Verstrickungen geraten. Er ist Zeuge schrecklicher Ereignisse gewesen; er selbst hat darüber geschrieben, vor allem über den deutschen Besatzungsterror in Polen und die Vernichtung der Juden. Seine Berichte haben diametral unterschiedliche Bewertungen gefunden. Hat er über die NS-Verbrechen in einem »beherrschten, sachlichen Ton« erzählt, der »überaus anrührend und erschütternd« wirkt?[5] Oder pflegt er, im Gegenteil, eine manipulative »aggressive Erzählprosa«, die den (deutschen) Leser in einen Betroffenheitsschock versetzen und ihn seinem Welt- und Selbstbild unterwerfen will?[6]

Ich gestehe, dass diese durchaus interessanten Fragen mich bei meiner Arbeit wenig berührt haben. Warum nicht? An dieser Stelle muss ich etwas über mein Verhältnis zum Thema des Buches sagen. Mein polnischer Großvater Bronisław hat in den Jahren 1941–1944 in Warschau gearbeitet, zeitweise in der Parallelstraße zur Chłodna, wo Marceli Reich im Getto wohnte. Der fröhliche Chemiker Bronisław hat dort drei Jahre lang für den polnischen Widerstand produziert: Bomben und Granaten für den Sieg, Ampullen mit Zyankali für die Niederlage. Mein Nenn-Opa Mieczysław hat einen anderen Weg gewählt: Er hat als Warschauer Jude gut daran getan, in die Sowjetunion zu fliehen und erst mit der Roten

Armee, in eine polnische Uniform gehüllt, zurückzukehren. Ich empfinde es – aus heutiger Sicht – als großes Glück, dass ich nicht nur mit der deutschen Perspektive auf die Ereignisse aufgewachsen bin. Ich war also in gewisser Weise mit dem Gegenstand vertraut, und Marcel Reich-Ranickis Erzählung konnte mich nicht ganz unvorbereitet »berühren« oder »schockieren«.

Abschließend möchte ich allen Dank sagen, die auf die unterschiedlichste Weise zur Entstehung dieses Buches beigetragen haben. Zu allererst den Zeitzeugen, die mir geduldig ihre Erlebnisse berichtet haben. Stellvertretend nenne ich hier Barbara Rochowska, die Tochter der Warschauer Familie Gawin, welche den Reichs 1943 bis 1944 Obdach gewährte. Dann habe ich Professoren zu danken, zumeist Historikern: Arnulf Baring und seiner Frau Gabriele, Władysław Bartoszewski, Witold Kulesza und Andrzej Paczkowski. Hilfestellung und Ermutigung gewährten Tadeusz Dacewicz, Jakub Ekier, Jakub Jałowiczor, Sven Felix Kellerhoff, Dorota und Basil Kerski, Andrzej Massé und Wolfgang Stock. »Die Welt«, mein Arbeitgeber, ermöglichte mir Archivstudien und Gespräche mit Zeitzeugen, die vom Luxus der *longue durée* geprägt waren. Das Geisteswissenschaftliche Zentrum Geschichte und Kultur Ostmitteleuropas in Leipzig stiftete mir einen Gastaufenthalt. Schließlich danke ich den Mitarbeiterinnen und Mitarbeitern des Verlages Klett-Cotta in Stuttgart und des Verlages W. A. B. in Warschau, wo das Buch in diesem Frühjahr erscheint, dort auf polnisch, hier auf deutsch, für ihre Geduld und Unterstützung.

Die Dichterin Rajzel Zychlinski (1910–2001) schrieb dieses Gedicht 1932 in Włocławek. Kurz nachdem die Familie Reich nach Deutschland übergesiedelt war, hatte sie dort eine Stelle als Krankenschwester angetreten. Zychlinski erlebte den Beginn des Zweiten Weltkriegs in Warschau, floh dann nach Osten. Nach dem Krieg emigrierte sie über Polen und Frankreich in die USA.

(Die Übersetzung aus dem Jiddischen stammt von Hubert Witt.)

Rajzel Zychlinski

»opgerissn, opgeschlissn«

opgerissn, opgeschlissn
schtejt a jingl nebn tajch.
opgerissn, opgeschlissn
wart a wolkn ojfn jingl.
tu ich ojss doss naje klejd,
los ess schwimen ojfn tajch.
ch'nem doss jingl baj der hant,
dem wolkn nem ich mit –
un di werbe
un di werbe
losn mir alejn bajm weg.

»Abgerissen, abgeschlissen«

Abgerissen, abgeschlissen
steht ein Junge am Fluss.
Abgerissen, abgeschlissen
harrt eine Wolke auf den Jungen.
Da streif ich mein neues Kleid ab,
lass es schwimmen im Fluss,
nehm den Jungen bei der Hand,
an die andre Hand die Wolke –
und die Weide,
und die Weide
lassen wir allein am Weg.

I. Kindheit in Polen: Włocławek

Geburt im Krieg und das »Wunder an der Weichsel«

Eine Wolke hing über dem Leben des kleinen Jungen, der im Frühsommer 1920 in Włocławek an der Weichsel auf die Welt kam. Eine Wolke hing über ganz Europa: Die Rote Armee war auf dem Weg nach Westen, stand bereits mitten in Polen und wollte in wenigen Wochen Berlin erreichen. Am weitesten vorgestoßen war das Kavallerie-Korps des jungen Heerführers Gaj-Khan, eines aus Persien gebürtigen Armeniers.[1] Es stand auf dem östlichen Weichselufer an der Brücke, die in die Innenstadt von Włocławek hinüberführte. Gelänge es den Reitertruppen, hier über den Strom zu kommen – es wäre nur noch ein kurzer Weg bis in die Hauptstadt. Dann wäre Warschau umzingelt und Polen verloren.

Es war eine Partie mit vielen Unbekannten: Der junge Sowjetstaat, selbst noch im Bürgerkrieg stehend, hatte seine besten Kommandeure gegen die ebenso junge Zweite Republik in den Kampf geschickt. Die Heere des polnischen Befehlshabers Józef Piłsudski und die Rote Armee wogten hin und her – und mit ihnen die Stimmung in Polen. Monat für Monat zerfielen in Warschau die Regierungen, konstituierten sich neu, zerfielen abermals. Noch im Mai hatte Piłsudski in Kiew gestanden und versprochen, den Ukrainern »Freiheit«

und »Sicherheit« zu bringen. Da griff die Rote Armee im Norden an, von Weißrussland her: Sie wollte, was sie unter Freiheit verstand, den revolutionären Weltenbrand, ins Herz Europas tragen.

Budjonnyjs Reiterarmee, die später literarischen Ruhm erlangen sollte[2], kam jedoch in Galizien nur mühsam voran. Eine Handvoll amerikanischer Freiwilliger, die polnische Doppeldecker flogen und aus ihren Maschinengewehren feuerten, machte ihr zu schaffen. Ganz anders erging es Gaj-Khan und seinen Kameraden im Norden. Sie zogen südlich von Ostpreußen entlang, gewannen an manchen Tagen 40 Kilometer Terrain. Piłsudski konnte nicht umhin, gerade an dieser Front einen »ständig fortschreitenden Verfall der moralischen Kräfte« zu erkennen: »Die Truppen zogen sich vielfach kampflos und ungeordnet zurück.«[3]

Zehn Tage war der kleine Marceli alt, als Lenin in Moskau eine Rede hielt und drohte: »Wir zählen einzig und allein auf die polnischen Arbeiter und die polnischen Bauern; wir werden über Frieden sprechen, aber nicht mit euch, polnische Großgrundbesitzer und polnische Bourgeois!«[4] Eine provisorische Regierung, in der sowjetischen Kürzelsprache Polrevkom (Polnisches Revolutionäres Komitee) genannt, hatte Lenin bereits eingesetzt. Julian Marchlewski, geboren in Włocławek, als Emigrant zeitweise Mitglied der SPD in Deutschland, stand an seiner Spitze. Feliks Dzierżyński (Dserschinskij), der später als Gründer der sowjetischen Geheimpolizei bekannt werden sollte, war unter den Mitgliedern.

In der zweiten Augustwoche schien es soweit – die Rote Armee stand 20 Kilometer östlich von Warschau; ausländische Botschafter sahen Polen untergehen und räumten ihre Villen in der Hauptstadt. Im Norden, in Włocławek, war die Lage noch bedrohlicher: Das Kavallerie-Korps stand an der

Weichselbrücke. Drei Schiffe, die von Danzig Waffen und Verpflegung brachten, wurden von den Roten beschossen und gekapert. Ihre Kundschafter setzten bereits in Booten über den Strom. Fotografien zeigen uns, Augenzeugen erzählen, was in den nächsten Tagen geschah:

»Włocławek verteidigte sich verzweifelt aus den Schützengräben, die in die Uferstraßen gegraben worden waren. Die Bolschewiken überzogen die Stadt mit einem Wirbelsturm von Geschossen. (…) Kinder und Frauen huschten, den Kugeln und Geschossen trotzend, von Einfahrt zu Einfahrt und brachten Munition, Lebensmittel und Kaffee bis an die Schützengräben. Ein Mädchen verlor durch eine bolschewistische Granate beide Beine.«[5]

Die Schlacht um Włocławek ist das erste historische Ereignis, das der kleine Marceli Reich – wenn auch nicht bewusst – erlebte. Seine Eltern oder die Schwester Gerda müssen es ihm später erzählt haben:

»Die ganze Familie ist geflohen, nach Płock. In Płock lebte die Familie meines Vaters. Dort war mein Vater geboren und aufgewachsen. Die Russen kamen nach Włocławek. In Płock waren sie nicht. So ungefähr war das, ich weiß es nicht. Wir sind wohl mit dem Dampfer gefahren. Man fuhr von Włocławek nach Płock immer auf der Weichsel.«[6]

Vier Tage dauerte die Belagerung von Włocławek. Als am 16. August die Rote Armee versuchte, die Weichselbrücke zu überqueren, wurde die Eisenkonstruktion von den polnischen Verteidigern unter Oberst Gromczyński sofort gesprengt. Dann wandte sich Gaj-Khan weichselaufwärts und zog – ausgerechnet nach Płock. Dessen Altstadt liegt, von einer Kathedrale aus gotischer Zeit gekrönt, am steilen rechten Ufer hoch über dem Strom. Eine Brücke gab es hier damals noch nicht. In Płock richteten Gaj-Khans Truppen schwere Verwüstungen an.[7]

In London und Paris war man zutiefst besorgt. Der französische General Weygand und der junge Offizier Charles de Gaulle, Berater des polnischen Generalstabs in Warschau, flehten Marschall Foch in Paris an, »ohne jegliche Bürokratie so viele Gewehre auf einen Kreuzer zu laden, wie er fassen kann, dazu Patronen und die nötigsten Dinge, um die gebeten wurde (Schuhe), und dann soll er mit Volldampf nach Danzig fahren…« Doch als Weygand in höchster Not von der polnischen Regierung gebeten wurde, selbst den Oberbefehl zu übernehmen, zuckte er zurück: »Ich selbst weiß viel zu wenig, um das Steuer in meine Hände nehmen zu können. (…) wenn es mir gelingt, ein klein wenig zu tun, so ist das viel in diesem Land der Träume, der Nebel und der Capricen.«[8]

Piłsudski, der legendäre polnische Legionär aus der Zeit des Ersten Weltkriegs, schaffte es mit eigenen Kräften. Vielleicht auch, wie seine Kritiker meinten, mit Hilfe von oben. Spöttisch nannte ein polnischer Journalist diesen Sieg das »Wunder an der Weichsel«. Vor den Toren Warschaus wurden die Roten zurückgeschlagen, und ein kühner Vorstoß vom Fluß Wieprz nach Norden traf ihre offene Flanke. So schnell wie sie gekommen waren, so hastig flüchteten sie jetzt, und damit endete der letzte große Kavalleriefeldzug der Geschichte. Zurück blieben fast 200 000 gefangene Rotarmisten und Zehntausende Gefallene, auf beide Seiten verteilt. An die 30 000 sowjetische Soldaten, darunter Gaj-Khans Kavallerie, suchten in Ostpreußen Zuflucht und ließen sich dort bereitwillig internieren.[9]

Włocławek konnte aufatmen, und mit der Stadt auch die Familie Reich. Der Familienvater hatte schon genug Erfahrungen mit Krieg und fremden Heeren gesammelt. Die Stadt hatte seit Napoleons Zeiten zum Zarenreich gehört. Im Sommer und Herbst 1914 wurde lange um sie gekämpft. Erst im November gelang es den Truppen Kaiser Wilhelms II., in der entscheidenden Schlacht bei Włocławek die Soldaten Nikolaus' II. nach Osten abzudrängen. Es folgten vier Jahre deutscher Besatzung mit für die Stadt katastrophalen Auswirkungen: Die Betriebe waren vom russischen Markt abgeschnitten, dazu wurden sie von der deutschen Kriegswirtschaft geplündert. Für Dawid Reich brachte diese Zeit eine Menge Scherereien mit sich, wie eine dicke Akte im örtlichen Archiv verrät. »Prozeßsache des Magistrats Włocławek contra Dawid Reich« steht in deutscher Sprache darauf.[10] Doch der Streitwert ist in russischer Währung angegeben: 5403 Rubel und 73 Kopeken.

Der Vater der Familie, die bis dahin in der Wspólna-Straße wohnte, stritt um eine große Summe. 1907 hatte er, zusammen mit seinem Bruder Marek und zwei weiteren Gesellschaftern, die Firma übernommen, die in der Stadt für die Straßenbeleuchtung zuständig war. Diese gewährleisteten 50 Petroleumlaternen des Typs »Lira« (Leier). Nach dem erzwungenen Abzug der Russen und dem Einmarsch der Deutschen während des Ersten Weltkriegs wollte niemand die Beleuchtung bezahlen. So prozessierte Reich gegen die von den Deutschen eingesetzte Stadtverwaltung.

Reichs Mitarbeiter, meist Katholiken oder Protestanten, bezeugten vor Gericht, sie hätten seit Jahren in dieser Firma gearbeitet, und fast immer – auch im Krieg – habe die Straßenbeleuchtung gebrannt. Die Laternen seien in gutem Zustand gewesen, nur eine habe ein Kosak zertrümmert und mehrere andere die deutschen Soldaten. Schließlich lenkte die Stadt ein; Dawid Reich bekam, was ihm zustand.

Eine jüdische Familie in Polen

Diese Ereignisse stehen am Beginn des Lebens der Familie Reich im polnischen Staat. Włocławek, auf deutsch zeitweise Leslau genannt, war eine Stadt mit langer Geschichte. In der gotischen Kathedrale befindet sich ein Grabmal, das Veit Stoß gestaltet hat. Nikolaus Kopernikus hatte einst Lehrjahre in dieser Stadt verbracht. Zu Marcelis Kinderzeit studierte am Priesterseminar Stefan Wyszyński, der spätere Kardinalprimas von Polen. Knapp 40 000 Einwohner zählte Włocławek damals, die Mehrheit Polen, daneben 9000 Juden und 800 Deutsche.[11] Ein »Schtetl«, wie man es sich gern vorstellt, wenn man vom osteuropäischen Judentum hört, gab es nicht. Man war hier ja schon fast in Preußen; man lebte an der Weichsel, einer Verkehrsader, die in die Metropole Danzig führte. Eine weltoffene jüdische Familie in dieser Stadt waren die Reichsteins. Tadeusz Reichstein ging als Kind mit seinen Eltern in die Schweiz; später sollte er als Chemiker den Nobelpreis erhalten. Die russischen Einflüsse in Włocławek schwanden schnell. Auf dem zentralen Platz der Stadt hatten die Russen eine orthodoxe Kirche errichtet; der kleine Marceli war Zeuge, wie sie 1926 abgerissen wurde.

Die Familie Reich stammte nicht aus Włocławek. Helena, die Mutter, geborene Auerbach, deren Vorfahren väterlicherseits »seit Jahrhunderten allesamt Rabbiner«[12] gewesen waren, kam aus dem schlesisch-polnischen Grenzgebiet. Der Kaufmannssohn Dawid Reich, den sie 1906 heiratete, stammte immerhin aus dieser Gegend: aus dem benachbarten Płock. Diese Stadt hatte eine der ältesten jüdischen Gemeinden im ganzen Land. Sie muss im Mittelalter entstanden sein, als Juden aus deutschen Provinzen oder aus Westeuropa sich im Zuge der Verfolgungen auf den Weg nach Polen machten.

1237, im Jahr der Gründung Berlins, wurde die jüdische Gemeinde von Płock erstmals urkundlich erwähnt. Gerade Marcelis Vater war es, der sich in der Familie dieser Tradition verbunden fühlte und die Synagoge regelmäßig besuchte. Wie der Sohn sich erinnert, beherrschte der Vater mehrere Sprachen: »Polnisch und Russisch, Jiddisch und, wie beinahe jeder gebildete Jude in Polen, natürlich auch Deutsch«.[13] Die Mutter dagegen sprach »bis zum Ende ihres Lebens, bis zum Tag, an dem man sie in Treblinka vergaste, (...) zwar ein makelloses, ein besonderes schönes Deutsch, aber ihr Polnisch war, obwohl sie in diesem Land Jahrzehnte gewohnt hatte, fehlerhaft und eher dürftig. Jiddisch konnte sie nicht.«[14] Helena fühlte sich dem Judentum kaum verbunden; dem Polentum noch weniger. Am ehesten wohl, wie Reich sich erinnert, der deutschen Kultur.

Aus der Autobiografie erfahren wir nicht, welche Sprache Marcelis Muttersprache war und welche die »Geschäftssprache« der Familie. Als ich Reich-Ranicki danach fragte, gab er folgende Auskunft: »Das kann man schwer sagen. Die Geschäftssprachen waren zwei: Polnisch und Deutsch. Meine Mutter und mein Vater haben, wenn die Kinder etwas nicht verstehen sollten, deutsch gesprochen. Wir konnten besser polnisch als deutsch, damals.«[15]

Das erste Kind der Familie war die Tochter Gerda. Sie kam 1907 auf die Welt; später sollte sie in Warschau Polonistik studieren. Auf einem Foto aus ihren Kindertagen sehen wir ein Mädchen mit langem, gewelltem Haar. Zu Hause spielte sie Klavier, oft Bach, noch häufiger Chopin. »Der Name Gerda«, erinnert sich Marceli, »galt in Polen als ein typisch deutscher Vorname. (...) So wurde denn meine Schwester wegen ihres deutschen Vornamens in der Schule oft verhöhnt, wobei schwer zu entscheiden war, was hier im Vordergrund stand –

Antideutsches oder Antisemitisches.«[16] Der erste Sohn der Reichs war der 1911 geborene Herbert Aleksander. Erst im Jahr 1920 kam der jüngste zur Welt: Marceli. Er glaubt, den damals seltenen Namen habe er bekommen, weil dieser Tag – der 2. Juni – der Namenstag des römischen Priesters und Märtyrers Marcellus war. Dem lag vermutlich »der Vorschlag eines katholischen Dienstmädchens oder Kinderfräuleins« zugrunde. Wer auch immer der Ideengeber war – »ich bin ihm bis heute dankbar: Denn an meinem Vornamen habe ich, anders als meine Schwester Gerda an ihrem, nie gelitten.«[17]

Als Marceli Reich zur Welt kam, wohnte die Familie in einem Haus aus dem 19. Jahrhundert in der Piekarska-Straße (Bäckerstraße) 4. Für eine Kleinstadt ein stolzes Gebäude: dreistöckig, mit Erkern, Balkonen und einem Ziergiebel. Das Haus steht noch heute; im Erdgeschoss befinden sich Geschäfte, darüber verunzieren Satellitenschüsseln die Fassade. Fragt man die heutigen Bewohner nach ihrem berühmt gewordenen Vormieter, reagieren sie erstaunt, doch erfreut zugleich.

Von der Piekarska hatte der kleine Marceli einen kurzen Schulweg; seine Eltern hatten ihn, anders als seine Geschwister, in die evangelische Volksschule geschickt; dort wurde in deutscher Sprache unterrichtet. Sie befand sich in der Słowacki-Straße; das Gebäude beherbergt heute eine Wirtschaftsschule. Die Schulakten aus jener Zeit haben den Krieg leider nicht überstanden. Allerdings wissen wir, dass das Kinderfräulein, das sich die Familie leisten konnte, ihm schon zu Hause das Lesen beigebracht hatte (schwieriger war es mit dem Schreiben). Dem Schuldirektor erschienen die Kenntnisse ausreichend, um Marceli sofort in die zweite Klasse einzuschulen. Schon früh wurde dem Jungen bewusst, wie wichtig eine angemessene Selbstdarstellung ist:

»Daß ich nicht schreiben konnte, interessierte niemanden in der Klasse. Daß ich aber als einziger schon Bücher las und darüber im Unterricht gelegentlich stolz und leichtsinnig berichtete, hat den Neid der Mitschüler geweckt. Von Anfang an fiel ich aus dem Rahmen, ich war ein Außenseiter. Daß es so bleiben würde, konnte ich schwerlich wissen...«[18]

In jene Zeit fällt auch eine Begebenheit, die Reich-Ranicki Jahrzehnte später für berichtenswert hielt. Marcelis Mutter hatte Verwandte in Berlin besucht und in einem Kaufhaus Kinderkleidung mit der Aufschrift »Ich bin artig« gesehen. Zurück in Włocławek, ließ sie diese Worte auf polnisch auf Marcelis Kittel und Blusen sticken – ein kleines, aber folgenreiches Ereignis. Um es zu verstehen, ist es hilfreich, sich das Kriegserlebnis der Familie aus dem Jahre 1920 in Erinnerung zu rufen:

»Rasch wurde ich zum Gespött der Kinder – und reagierte darauf mit Wut und Trotz: Brüllend and prügelnd wollte ich jenen, die sich über mich lustig machten, beweisen, daß ich besonders unartig war. Das trug mir den Spitznamen ›Bolschewik‹ ein. Meine lebenslängliche Neigung zum Trotz – sollte sie damals ihren Anfang genommen haben?«[19]

Über das Leben der Familie in jenen Jahren wissen wir nicht viel. In einem polnischen Archiv stieß ich auf Marcelis Tante, die Lehrerin Debora Reich. So hieß sie, bis sie ihren Henryk Kalmanowicz geehelicht hatte. Drei Kinder hatte die Familie: Alfred, Janina und Lucjan. Der 1912 geborene Alfred hatte eine kranke Lunge; so verbrachte er sein letztes Schuljahr im Luftkurort Zakopane in der Tatra. Dort bestand er 1930 das Abitur. Später sollte er Arzt werden. Alfred Kalmanowicz wird uns noch begegnen.[20]

Onkel Henryk war der Geschäftsführer der »Papierfabrik«, einer Aktiengesellschaft am Ort. Dieser Industriezweig war in der Stadt hier die wichtigste Branche. Ein Chronist des städtischen Lebens schrieb 1919: »Die Zellulose, der Stolz von Włocławek, ist in der Lage, das ganze vereinte Polen zu versorgen.«[21] In den dreißiger Jahren waren in der Stadt neben dem Zellulosewerk drei Papierfabriken und drei Druckereien in Betrieb. Ferner die Steingutfabrik »Gebrüder Cohn und Co.«, Betriebe der Bau-, Metall-, und Lebensmittelindustrie, dazu etwa 1500 Handwerksbetriebe[22], welche die Stadt und die Umgebung versorgten. 1918 wurde das Bauunternehmen »W. W. Popławski und E. Fürstenwald« gegründet, das in der Saison bis zu 300 Arbeiter beschäftigte. Gerade in dieser Zeit, kurz nach dem Ersten Weltkrieg, wie Marceli Reich sich erinnert, gründete sein Vater

»eine Firma, eine kleine Fabrik, in der Baumaterialien produziert wurden. Er bezeichnete sich gern als ›Industrieller‹. Doch in den späten zwanziger Jahren hat man in Polen immer weniger gebaut, der Bankrott der Firma ließ sich nicht mehr vermeiden. Das war damals nicht ungewöhnlich, was freilich meine Mutter nicht trösten konnte: Hätte ihr Mann, pflegte sie zu sagen, Särge hergestellt, dann würden die Menschen aufhören zu sterben. Sie hat damals sehr gelitten.«[23]

Die besagte Katastrophe datiert Reich auf den Frühling 1929. »Sie hatte zwei Gründe: die große Wirtschaftskrise und meines Vaters Mentalität. Er war solide und anspruchslos, gütig und liebenswert. Nur hatte er leider den falschen Beruf gewählt...«[24] Im Angesicht der Krise tat die Mutter, was in ihrer Macht stand, aber »so viele Vorzüge meine Mutter auch hatte, sie war – in dieser Hinsicht meinem Vater nicht unähnlich – vollkommen unpraktisch.«

So blieb nur ein Ausweg. Helena Reich hatte fünf Brüder. Der älteste war Rabbiner im damals deutschen Elbing, ein anderer war Patentanwalt, die übrigen drei Advokaten. Jacob, dem es in materieller Hinsicht am besten ergangen war, lebte in Berlin. Helena rief ihren Bruder an und bat ihn, telegrafisch eine größere Summe zu überweisen. Kurz darauf traf das Geld ein.

Aber damit nicht genug. Die Familie sah für sich in Włocławek keine Zukunft. Ohne einen konkreten Plan für das weitere Leben zu haben, beschloss man, nach Berlin überzusiedeln. Dort musste das Migrantenkind Marceli bald das schallende Gelächter seiner neuen Schulkameraden erdulden. Der Lehrer und die ganze Klasse amüsierten sich über seinen Geburtsort: Włocławek. In seiner Verwandtschaft musste Marceli auch erkennen, wie schlimm die »demütigende Abhängigkeit« von anderen Menschen sein kann. Später hat die Furcht, in eine ähnliche Lage zu geraten, »auf manche meiner Lebensentscheidungen einen starken Einfluß gehabt«.[25]

Doch aus allem Unglück, so vermittelt Reich-Ranicki, erwächst in seinem Leben Glück. So auch aus dieser Reise von Włocławek nach Berlin. Zwar fuhr er zu Verwandten, die er nicht kannte, und in eine Stadt, die er nie gesehen hatte. Aber er hatte einiges von ihr gehört: Dort führen die Züge unter der Erde, die Busse hätten Bänke auf dem Dach, und es gebe Treppen, die sich von selbst bewegten. »Ich hatte keine Angst«, erinnert er sich. Für seine Mutter sei die Übersiedlung nach Berlin gar die Erfüllung eines alten Traums gewesen. Noch etwas hat vielleicht eine Rolle gespielt: die Abschiedsworte von Fräulein Laura, seiner deutschen Lehrerin in der evangelischen Schule. Als sie von den Reiseplänen der Familie hörte, richtete sie den Blick in die Ferne und sagte feierlich: »Du fährst, mein Sohn, in das Land der Kultur.«[26]

II. Das Ende des Friedens

Marcelis Geburtsland wird ihm zum Exil

> *»Einige tausend Menschen, zumeist nicht für die Reise gekleidet oder schlecht gekleidet oder fast in Unterwäsche, aller Habseligkeiten beraubt, hungrig, standen eine Nacht lang zwischen zwei Grenzkordons. Sie froren, klapperten mit den Zähnen vor Angst, und unter ihnen Kinder, Alte und Frauen. Weinen, Klagen, Angstschreie; hinter ihnen Gewehrläufe, vor ihnen Gewehrläufe. Über ihnen die schwarze Oktobernacht. Und es regnet.«*[1]

Diese Szene spielte sich 1938 an der deutsch-polnischen Grenze ab. In einer Blitzaktion in verschiedenen Städten des Reiches waren Tausende von Juden in Züge verfrachtet worden. Ohne das Einverständnis Warschaus wurden sie zur Grenze transportiert und bei Nacht auf polnisches Gebiet getrieben, ein nie dagewesener, unerhörter Vorgang. Józef Mackiewicz, konservativer Journalist und Schriftsteller, eilte aus Wilna, vom anderen Ende Polens, herbei, um diese Szene und die weiteren Ereignisse für eine Zeitung zu schildern.

Mackiewicz hält mit seiner Meinung nicht hinter dem Berg. Er hat Verständnis dafür, dass Polens Regierung angesichts der vielen Juden im Land – und, natürlich, der hohen Arbeitslosigkeit – zögert, die von Deutschland Deportierten ins Land zu lassen. Aber was zu viel ist, so schreibt er, ist zu viel: »Die Deutschen haben hier etwas überzogen, und sie haben schlecht daran getan.« Die Erzählungen der Opfer ebenso wie der Ansässigen könnten nur eins auslösen: »Schauder, Entsetzen, ich würde sagen: Ekel.« Dass Polens Grenzpolizisten die unglücklichen Menschen schließlich in die nahegelegene Stadt Zbąszyń weiterziehen ließen, hält er im Rückblick für die einzig vernünftige Lösung: »Polen hat diese Menschen aufgenommen und hat gut daran getan.«

Obwohl die Deportierten polnische Staatsbürger waren, wurden sie in Polen keineswegs mit offenen Armen aufgenommen. Einige Zeit später kommt Zbigniew Mitzner an die Grenze nach Zbąszyń. Der junge Sozialist und Chefredakteur des »Dziennik Ludowy« berichtet, was ihm einer der Deportierten erzählt:

> *»Die ersten Tage waren schrecklich. Die Menschen hatten kein Geld, nichts zu essen, kein Dach über dem Kopf. Wäre die örtliche Bevölkerung nicht gewesen (acht jüdische Familien und sechstausend Katholiken, setze ich für mich hinzu) – sie wären alle verhungert. Man wies uns zwei Pferdeställe zu. Man brachte etwas Stroh. Am nächsten Tag schickte die Stadtverwaltung heiße Kartoffelsuppe. Die erste heiße Speise. Dann kam die Hilfe aus Warschau. Verpflegung wurde organisiert, medizinische Hilfe, Kinderbetreuung und die Post. Wir haben uns an die Verhältnisse angepasst. Und so sind drei Wochen vergangen. Aber wie lange soll das dauern? Wann wird das zu Ende sein?«*[2]

Aus einer Oktobernacht waren drei Wochen geworden; aus drei Wochen sollten drei Monate werden. Mitzner und Mackiewicz beschreiben eine Stadt, deren Einwohnerschaft, 6000 Seelen, sich in dieser einen Nacht mehr als verdoppelt hat. Hunderte kampieren in einer alten Mühle, einem fünfstöckigen Bauwerk. Viele Kinder hausen in einer Schulturnhalle. Mehr als 40 Menschen haben sich, vergleichsweise komfortabel, in einem Häuschen der polnischen Grenzpolizei niedergelassen; sie bewohnen zwei beheizte Zimmer mit Aussicht – vor dem Fenster der deutsche Schlagbaum. Wieder andere haben Privatquartiere gefunden. Als Mitzner einen der Pferdeställe betritt, in denen Juden lagern, umringen ihn sofort Menschen, die bitten, klagen und fluchen: »Wir sind«, notiert er, »im ersten Kreis der Hölle.«

Unter den Deportierten, die in der Nacht vom 28. auf den 29. Oktober hier eintrafen, war ein Abiturient aus Berlin: Marceli Reich. Fünf Mark, eine Aktentasche, ein Reservetaschentuch und Balzacs »Frau von dreißig Jahren« hatte er bei sich. Er kannte niemanden in diesem Transport. Viele Bekannte und Freunde der Familie hatten Deutschland bereits verlassen. Marcelis älterer Bruder Aleksander, der 1935 in Berlin sein Zahnarztprüfung hatte ablegen können, war schon damals nach Polen zurückgekehrt und hatte in Warschau eine Praxis eröffnet. Später, vermutlich Anfang 1938, siedelte sein Vater, kurze Zeit danach auch seine Mutter nach Warschau über. Marceli Reich erinnert sich: »Ich bin in Berlin geblieben, weil der Plan war, dass ich mich mit meiner Schwester und ihrem Mann aus Berlin nach London absetzen werde.«[3] Seine Schwester Gerda und ihr Mann Gerhard Böhm, ein deutscher Jude, wohnten noch in Berlin und planten bereits ihre Ausreise nach England.[4]

Noch zu Beginn dieses Jahres hatte der Abiturient gehofft, an der Friedrich-Wilhelms-Universität *Unter den Linden* ein Studium der Germanistik aufnehmen zu können. Vor allem seine Mutter vertraute nach wie vor darauf, dass Marceli, wie zuvor sein Bruder, als polnischer Staatsbürger größere Chancen auf einen Studienplatz habe als ein deutscher Jude. Ein ausländischer Pass stand damals in Deutschland hoch im Kurs. Das Aufnahmegesuch des Marceli Reich vom Frühjahr 1938 wurde jedoch mit dem Vermerk »jüd.« versehen und abgelehnt.[5] Eine Lehrstelle fand er trotzdem: Seit März war er als Bürokraft in Berlin-Charlottenburg in der Exportfirma Juan Casparius beschäftigt.[6] Die Arbeit war »anstrengend und langweilig«, wie er sich erinnert, aber sie »bewahrte mich vor depressiven Stimmungen, und ich habe damals schnell gelernt, wie ein gut organisiertes Büro funktioniert.«[7] Jahre später sollte ihm diese Fähigkeit noch von Nutzen sein.

Die politische Situation wurde für Polen immer bedrohlicher. Das Deutsche Reich forderte, nachdem es das Sudetenland annektiert hatte, am 24. Oktober 1938 die Freie Stadt Danzig und einen exterritorialen »Korridor« nach Ostpreußen. Das Gespräch darüber in Berlin zwischen dem Reichsaußenminister von Ribbentrop und dem polnischen Botschafter Lipski blieb zunächst geheim. In Warschau spürte man, dass eine Eskalation bevorstand.

Und ausgerechnet in diese Tage platzte die schockierende Nachricht von der Deportation polnischer Juden. Etwa 55 000 von ihnen lebten noch Mitte 1938 in Deutschland.[8] Vor allem wirtschaftliche Gründen hatten sie in den vergangenen Jahrzehnten bewogen, Polen zu verlassen. Viele unter ihnen, zumal die jüngeren, sprachen inzwischen besser Deutsch als Polnisch, so auch Marceli Reich. Die assimilierten deutschen Juden – so schildert es in seinen Berichten aus Deutschland Bernard Singer, ein späterer Bekannter Marceli Reichs – blickten auf die eingereisten »Ostjuden« herab, halfen ihnen hin und wieder, wünschten aber nicht, in ihrer Gesellschaft gesehen zu werden. Unter dem braunen Regime, berichtet Singer allerdings, habe schon früh eine Annäherung stattgefunden:

»Der Ostjude ist zum Berater des deutschen Juden geworden. Man kann wohl eher sagen: zu seinem Beichtvater. Der Ostjude, Experte beim Thema Verfolgungen, tröstete und belehrte. (...) Auf dem Organisationstreffen [einer neuen zionistischen Gruppierung in

München] begegneten sich deutsche Juden und Ostjuden. Aus Gründen der Höflichkeit schlugen die Ostjuden als Vorsitzenden den deutschen Juden Feuchtwanger vor (einen nahen Verwandten des Schriftstellers). Doch obwohl die deutschen Juden im Saal in der Mehrheit waren, gaben die Ostjuden den Ton an. Nach der Versammlung machten die Ostjuden noch einen Abstecher ins Kaffeehaus, die deutschen Juden kehrten schnell nach Hause zurück. So sehen diese zwei Welten aus, doch in einem, das muss man sagen, sind sie sich einig: Man sollte Deutschland verlassen. Ihren Blick wenden sie nicht nach Osten, sondern nach Westen. Die [in Deutschland lebenden] polnischen Juden erklären, einige von ihnen hätten unsere Städtchen besucht und könnten sich aus zivilisatorischen Gründen dort [in Polen] nicht niederlassen.«[9]

Dennoch sind einige tausend polnische Juden bis zum Herbst 1938 aus Deutschland nach Polen zurückgekehrt. Weitere Rückkehrer wurden erwartet. Daher arbeiteten polnische Beamte eine Verordnung aus, um Juden und anderen Bürgern die Staatsangehörigkeit entziehen zu können, wenn sie länger als fünf Jahre im Ausland gelebt hatten. Das entsprechende Gesetz sollte unmittelbar in Kraft treten. Doch die deutsche Polizei war informiert und reagierte mit der beschriebenen Nacht-und-Nebel-Aktion. Aus verschiedenen Städten schob sie etwa 17 000 polnische Juden nach Polen ab. Fast nirgendwo gab es Widerstand dagegen.[10]

Auch Marceli Reich wurde von der Blitzaktion der deutschen Behörden überrascht. An die Tür seines möblierten Zimmers an der Spichernstraße, nicht weit vom Bahnhof Zoo, klopfte schon vor sieben Uhr früh ein Polizist, um ihn abzuführen. Schnell griff Marceli nach Aktentasche und Buch und hinterließ geistesgegenwärtig seiner Vermieterin eine Theaterkarte für die nächste Gründgens-Premiere im Schauspielhaus am Gendarmenmarkt. »Nebenbei gesagt: Es ist mir nicht viel entgangen, denn trotz der prominenten Besetzung war es, wie ich später hörte, eine nur mittelmäßige Aufführung.«[11]

Mit vielen Tausenden wurde er nachts im Zug Richtung Polen geschafft, stolperte im Dunkeln, von Befehlen, Schreien und vereinzelten Schüssen getrieben, über die Grenze nach Zbąszyń. Menschen, die niemanden in Polen kannten, zu dem sie hätten fahren können, blieben nach diesem Schock wie gelähmt im Grenzort sitzen; nicht so Marceli:

»Aus Zbąszyń konnte man wegfahren, wohin man wollte. Ich habe einen Polizisten gefragt, ob man hier weg kann. ›Wohin Sie wollen, immer fahren Sie! Haben Sie Geld für einen Fahrschein?‹ Dann hat mein Bruder telegrafisch das nötige Geld überwiesen. Ich kann mich erinnern, dass er mir [am Telefon] gesagt hat: Es ist doch Sonntag, da wird das Geld nicht ankommen. Ich sagte ihm: Hier gibt's keinen Sonntag, du hast keine Ahnung, was sich hier abspielt. Hier sind wahnsinnig viele Menschen. Als das Geld ankam, wurde laut gerufen, dass ein Marceli Reich Geld bekommen hat. Ich hab' einen Fahrschein gekauft und bin abgefahren.«[12]

So kam Marceli rasch nach Warschau. So manchem Deportierten gelang es wie ihm, diesen Grenzort auf eigene Faust zu verlassen und loszufahren. In den ersten, chaotischen Tagen hatte die polnische Polizei Zbąszyń noch nicht abgeriegelt. Die Abschiebung und die Ereignisse an der Grenze versetzten die Intellektuellen in Warschau in Aufregung. Hilfsaktionen und Proteste wurden organisiert. Jüdische Organisationen aus dem In- und Ausland schickten Hilfsgüter. Marek Edelman, damals Aktivist einer jüdischen Jugendorganisation in der Hauptstadt und etwa genau so alt wie der Berliner Abiturient, erinnert sich an diese unruhigen Tage:

»Ich war der Sekretär eines Hilfskomitees für diese Juden. Das

Komitee hatte sein Büro in der Leszno-Straße, Ecke Karmelicka-Straße. Die Menschen brachten Mäntel, Kleidung, Wäsche, und das wurde dort verteilt. Ich habe dort einen Monat gearbeitet oder zwei, im Jahre 38. Vor dem Krieg. Diese Leute aus Zbąszyń kamen angereist, in Warschau gab es viele davon. Es war ja dort nicht abgesperrt, dass man nicht hätte wegfahren können.«[13]

Ob die Hilfsaktion dieses Komitees auch Marceli Reich zugute kam, lässt sich heute nicht mehr feststellen. Er kam bei seinen Eltern in Warschau unter, die eine Wohnung zusammen mit seinem Bruder besaßen, dessen Zahnarztpraxis sich im selben Haus befand. Die Reichs wohnten im Stadtzentrum in der Złota-Straße (Goldene oder Goldstraße)[14] Hausnummer 43. Ein Nachbar von damals erinnert sich: »In der Złota gab es immerhin das Kino ›Uciecha‹ [Freude], auch wenn es kein sehr gutes Kino war. Am östlichen Ende der Straße, zum Zentrum hin, konnte man elegant gekleidete Damen sehen. Am anderen Ende der Straße, wo wir damals wohnten, fiel der Blick aus dem Fenster auf Kohlehandlungen, vor denen Israeliten in ihren Kitteln Handwagen voller Briketts hinter sich herzogen.«[15]

Nach neun Jahren in Berlin befand sich Marceli – ohne sein Zutun – nun wieder in Polen, allein aufgrund der Willkür deutscher Behörden:

»So war ich nach Polen gekommen – in mein Geburtsland, das nun mein Exil wurde. Alles war mir hier fremd, und ein wenig fremd ist mir Polen immer geblieben. Dabei hatte ich es zunächst gar nicht so schlecht, mit Sicherheit besser als die meisten der im Herbst 1938 aus Deutschland ausgewiesenen Juden. (...) So klein diese Wohnung auch war – natürlich fand sich Platz, um für mich ein Feldbett aufzustellen. Überdies konnte ich mich polnisch verständigen.

Aber ich wußte nicht, was ich tun sollte. Niemand wußte es.«[16]

Immer wieder betont Reich seine Fremdheit in diesem Land, in das er – nach dem Bruder und den Eltern – als letztes Mitglied der Familie geraten war. Nie spricht er von Polen als Refugium, was dieses Land ja auch gewesen ist: Seine Angehörigen waren dorthin zurückgekehrt auf der Flucht aus einem Staat, der sie zu »Untermenschen« erklärt hatte. Warum die Erinnerung hier selektiv wirkt, lässt sich leicht erklären: Polen war Zufluchtsort nur für kurze Zeit. Auch in Polen war der Antisemitismus verbreitet, vor allem seit 1935, als der sozialistische Marschall Piłsudski gestorben war, die wichtigste Integrationsfigur im Land. Zudem mag die persönliche Lage Marceli Reichs dazu beigetragen haben, dass er diese Zeit heute in düsteren Farben schildert. Er spricht nicht gern darüber, und wenn, dann mit gesenkter Stimme. »Ich war ein arbeitsloser, ein überflüssiger Mensch«[17], schrieb er später. Und doch gab es etwas in diesem Land, das ihn stark beeindruckte und sogar beeinflusste: »Als ich mich 1939 zum ersten Mal mit polnischer Dichtung beschäftigte, hat sie mich, zusammen mit der deutschen Exilliteratur, gerettet, genauer: vor einer Depression bewahrt.«[18]

So stürzte sich der Achtzehnjährige auf die Bücher. Die Privatbibliotheken in der Stadt lernte er kennen und schätzen. In der Millionenstadt Warschau wohnten nur einige tausend alteingesessene Deutsche. Auch war sie nicht, wie Prag, nach 1933 zu einem Zentrum der deutschen Exilanten geworden. Etliche Bibliotheken waren freilich mit deutscher Literatur gut ausgestattet. Wollte er unbedingt etwas Schwarz auf Weiß besitzen, so hat er gelegentlich »in einer Warschauer Buchhandlung Bücher geklaut«.[19] Autoren, die im Deutschen Reich mittlerweile verboten waren, konnte Marceli hier lesen:

Alfred Döblin, Joseph Roth, Bertolt Brecht, Arnold Zweig und Stefan Zweig, Heinrich und Thomas Mann. Zur selben Zeit bot ihm ein Freund seines Bruders an, ihn als Gegenleistung für deutsche Konversation in die polnische Literatur einzuführen, worauf sich der wissensdurstige Abiturient gern einließ: »… die Sprache, die melodiös und verführerisch, aber gar nicht leicht ist, beherrschte ich zusehends besser.«[20] So eröffnete sich ihm eine neue Welt:

> *»In den ersten Monaten des Jahres 1939 entdeckte ich die polnische Poesie, zumal die moderne, die zeitgenössische. Mich verblüffte ihr elegischer, ihr schwermütiger Ton, den ihr Witz und ihre Ironie nie schwächen oder gar in Frage stellen. Mich entzückte, was diese Dichtung ebenso charakterisiert wie adelt: die eindringliche Passion und die beschwingte Perfektion. Mich begeisterte die selbstverständliche, die ganz natürliche Einheit von Vitalität und Musikalität. Zu meiner Verwunderung stand mir manches in den Versen dieser Poeten doch etwas näher als in jenen Rilkes oder Georges, die ich, von einigen Gedichten Rilkes abgesehen, eher bewundert als geliebt habe. Vielleicht hatte das damit zu tun, daß die Polen, die meist Lyriker und Satiriker zugleich waren, mich bisweilen an Heine erinnerten und hier und da an Brecht. Ihre Verse lesend, dachte ich auch – das liegt so nahe, daß ich mich etwas geniere, es zu sagen – an die Mazurken und Polonaisen von Chopin, an seine Präludien und Balladen. In der Tat: Neben dem Werk Chopins ist die Lyrik das Schönste, was die Polen zur europäischen Kunst beigetragen haben.«*[21]

Marceli erfasst rasch die Besonderheit der polnischen Lyrik, findet Gefallen vor allem an der Schule der Skamandriten um den Dichter Julian Tuwim: »In den zwanziger Jahren stieg er zu dem am meisten geschätzten und berühmten und zugleich zu dem am häufigsten attackierten Lyriker und Satiriker Polens auf.«[22] Eine Zunge wie eine Flamme, wie ein Schwert;

ein Geist mit prophetischen Gaben, wie sie etwa im Gedicht »An den Mann von der Straße« aufblitzen:

Und wenn aufs neue sie die Mauern
Mit Aufrufen bekleistern werden,
Wenn »An das Volk!« sie loskalauern,
Die Druckerschwärze-Kriegsexperten,
Und jeder, Adel wie Gesindel,
Hereinfällt auf den alten Schwindel,
Daß man marschieren muß in Horden,
Verbrennen, schießen, rauben, morden;
Und fangen an die fixen Herren
Dein Vaterland herumzuzerren,
(…)
Hau das Gewehr aufs Straßenpflaster!
Und laß ihr Öl und ihr Blut laufen,
Nicht deins! Sag ihnen weltweit: »Basta!
Mich könnt ihr nicht für dumm verkaufen!«[23]

Ob Marceli damals den gerade erschienenen Roman »Ferdydurke« gelesen hat? Später schrieb er über den Autor, den originellen Querkopf Witold Gombrowicz, er habe in jenen Jahren »einiges Aufsehen« erregt – »allerdings nur in Literatenkreisen.«[24] Auch eine aus Berlin mitgebrachte Passion konnte der junge Mann weiterhin pflegen: den Besuch von Konzerten und Theatern. Zwei Wochen nach seiner Ankunft in Polen – ein Ereignis:

»Den ersten schönen Augenblick erlebte ich in Warschau in einem Konzertsaal. Es war ein Symphoniekonzert, dirigiert von einem jungen Mann, der aus Wien stammte und der noch heute bekannt ist, wenn auch eher als Musikwissenschaftler: Kurt Pahlen. Das Konzert begann mit Mozarts ›Kleiner Nachtmusik‹ – sie war damals bei weitem nicht so abgegriffen wie heute –, und schon fühlte ich mich etwas besser, etwas weniger einsam.«[25]

Mozart und Pahlen – so viel erfahren wir aus seiner Autobiografie. Doch was war mit dem polnischen Theater? Das hat der Autor seinen Lesern vorenthalten. Ich habe ihn gefragt: Was hat er auf der Bühne gesehen?

»Alles, wo die großen polnischen Schauspieler gespielt haben. Polen hatte ja sehr gute Schauspieler. Junosza-Stępowski, Adwentowicz, Zelwerowicz, Solski, ich bin in alles gegangen. In die klassischen polnischen Stücke.«

»Was war Ihre Lieblingsbühne?«

»Das kann man heute schwer sagen. Teatr Polski war eine führende Bühne. Aber es gab da ein anderes Theater in Warschau, nicht weit von der Weichsel. (…) Da habe ich ›Menschen auf dem Eis‹ gesehen. Ein tschechisches Stück. Gutes Stück. Das war alles vor dem Krieg. Das, was ich da von meinem Bruder als Taschengeld bekam, das habe ich vor allem fürs Theater ausgegeben.«[26]

Marceli leidet unter der quälenden Abhängigkeit von anderen, vor allem von seinem Bruder Aleksander, dessen gutgehende Zahnarzt-Praxis in der Złota-Straße liegt. Von diesen Einkünften lebt die ganze Familie Reich. Die Lage bietet keine Aussichten für Marceli, die Situation bedrückt ihn. Auf die Frage, ob er denn in dieser Zeit mal in Krakau oder an der Ostsee gewesen sei, antwortet der Theaterfreund: »Ausgeschlossen! Kein Pfennig Geld.«[27]

Über dieses Vorkriegsjahr in Warschau ist ansonsten wenig bekannt. In der Synagoge war Marceli seit seiner Kinderzeit nicht mehr gewesen; er hat nach eigenen Worten seitdem nie mehr an Gott geglaubt. Ist Reich kurz nach seinem Eintreffen in Warschau zur Parlamentswahl gegangen? Die Vertreter jüdischer Parteien errangen in diesem Herbst fünf Sitze, das schlechteste Ergebnis seit langem. Kümmerte es den Arbeitslosen, welch merkwürdige Melange aus Zivilisten und Militärs das Land regierte? Zwischenkriegspolen, die

II. Republik, habe »immer stärker einem totalitären Staat rechter Prägung« geähnelt, hielt er später fest, wenngleich die »Ohnmacht der Intellektuellen« bei Polens großen Nachbarländern noch stärker zu spüren gewesen sei.[28] Eines Tages sollte er würdigen, dass der neun Jahre ältere Czesław Miłosz, schon damals ein bekannter Dichter, »die Bestrebungen der Nationalisten entschieden ablehnte und, ähnlich wie die gesamte intellektuelle Elite Polens, den dem deutschen Vorbild nacheifernden Antisemitismus verabscheute und bekämpfte«.[29] Treffende Kritik an den politischen Verhältnissen; freundliche, vielleicht allzu freundliche Worte über Polens Intellektuelle. Worte im Rückblick über das Verhältnis von Geist und Macht – am polnischen Beispiel. Ein Thema, das Marceli Reich ein Leben lang begleiten sollte.

Mit wem pflegte der junge Mann damals Umgang? »Ich bin etwas in das Milieu assimilierter polnischer Juden hineingewachsen, mit dem armen Judenviertel hatte ich nichts gemein«, erinnert er sich. »Ich habe den Antisemitismus gespürt, der Teil des polnischen Lebens war. Ich habe ›Nasz Przegląd‹ gelesen. Wir hatten ihn zu Hause abonniert.«[30] Auch die führenden Feuilletonisten und Theaterkritiker Antoni Słonimski und Tadeusz Boy-Żeleński dürfte er gelesen haben – ihr bissiger Ton wird ihm nicht entgangen sein: »Ein Kritiker sollte laut reden. Boy-Żeleński hat laut geredet. Słonimski ebenso.«[31] Diese Autoren hätten ihn »mit Sicherheit, wenn auch nicht direkt« beeinflusst, sollte er später sagen. Vor allem den letzteren habe er gemocht. »In Polen schrieb man in der Regel einen leichteren Feuilletonstil. Er hatte seit Heine auch in Deutschland Tradition; das Dritte Reich hat sie jedoch zerstört.«[32]

Der polnisch-jüdische Autor Słonimski war doppelt so alt wie der unbekannte Reich; wenige Jahre später sollten sie sich persönlich kennenlernen. Doch damals, 1939, hatte der 19-jährige Marceli weder einen Namen noch Arbeit noch Geld. Teure Cafés konnte er sich nicht leisten. Schon gar nicht das legendäre »Ziemiańska« an der Mazowiecka-Straße 12, wo Tuwim, Słonimski und Lechoń saßen, Dichter, die heute jeder Pole kennt.

Kaffeehäuser, in die auch Marceli hätte gehen können, gab es vor dem Krieg mehr als genug. Nur ein Café in Warschau meinte besonders »fortschrittlich« sein zu müssen; es sperrte einen Teil seiner Kundschaft aus. »Arisches Lokal« verkündete ein Schild im Fenster. Dies war das Café »Swann«.

Hätte Marcel Proust – oder seine Romanfigur Swann – dieses Lokal besuchen dürfen? Diese Frage haben sich die Cafébetreiber wohl nicht gestellt. Antoni Słonimski, der uns diese Episode überliefert, weiß die Antwort:

> *»Bei diesem Versuch, die Prinzipien des hitleristischen Rassismus in Polen einzuführen, sind Schlampigkeit und Dummheit doch erstaunlich. (...) Darin liegt ein gewisser Trost. Der Hitlerismus saß in Deutschland wie eine maßgeschneiderte Uniform. Der italienische Faschismus passte schon nicht mehr so recht zum mittelmeerländischen Klima. In Polen schließlich haben diese Versuche eine widerlich-groteske Form. Swann hätte doch dieses arische Lokal nicht einmal betreten können, um eine Tasse Tee zu trinken oder eine sprichwörtliche ›Madeleine‹ zu essen, die im Aushang des Cafés so adrett beschrieben war.«*[33]

III. Krieg und Getto

»Das schöne Warschau gibt es nicht mehr, ... aber das heroische«

Es ist Donnerstag, Anfang September 1939. Die Warschauer sind auf der Flucht. »Es ist schwer, das zu beschreiben; die beste Vorstellung davon gibt wohl [Herbert George] Wells, wenn er darstellt, wie die Bevölkerung Londons vor den Marsmännchen flieht.« Der polnische Schriftsteller Jarosław Iwaszkiewicz erinnert in seinem Tagebuch zunächst an Wells' Roman »Krieg der Welten«. Dann schreibt seine eigenen Eindrücke vom Morgen des 7. September 1939 nieder:

> *»Mehrere Reihen von [Pferde-]Wagen, eine Masse von Fußgängern, und auf der Linken werden wir ein ums andere Mal von Automobilen überholt. Die Polizei weicht hastig zur Seite, niemand wacht über die Ordnung, keine Weisungen, keinerlei Hilfe. Ungeordnet drängt die Masse voran. Inzwischen ist es völlig hell geworden. Alle wenden pausenlos ihre Blicke nach oben. Und endlich bemerken wir hoch oben ein Beobachtungsflugzeug. (...) Wir treiben die Pferde zum Trab an, auf der Straße ein wahnsinniges Gedränge, wir träumen davon, irgendwo auf die Seite zu gelangen. Unterdessen ist ein ganzes Bombergeschwader aufgetaucht, das von unseren Geschützen unter Feuer genommen wird.«*[1]

An diesem siebten Kriegstag verkündete ein Oberst im Rundfunk, deutsche Panzer würden sich Warschau nähern, alle waffenfähigen Männer sollten sich nach Osten begeben. An diesem Donnerstag brach das Chaos aus.

In einem der Wagen, die Warschau gen Osten verließen, dürfte Marceli Reich die Hauptstadt verlassen haben. Er hatte die schrecklichen Gerüchte vernommen: Deutsche Soldaten schnitten jüdischen Männern Körperteile ab. Die chaotische Lage in Warschau, die Flüchtlingswelle, schildert er eindringlich. Darauf folgt der etwas verblüffende Satz: »Meinem Bruder und mir bot sich überraschend die Chance, Warschau mit einem Auto zu verlassen. Verwandte hatten zusammen mit mehreren Bekannten einen großen Lastwagen gemietet, mit dem sie wie alle anderen in östlicher Richtung fliehen wollten. Sie nahmen uns mit.« Die Brüder sind beklommen, denn: »Unsere Eltern allerdings blieben in der Stadt. Älteren Menschen, meinten wir, würden die Deutschen nichts antun.«[2]

Nach der raschen Entscheidung, Warschau zu verlassen, wagen es Aleksander und Marceli, kaum dass die Wehrmacht die Stadt erobert hat, aus dem inzwischen von den Sowjets besetzten Ostpolen nach Warschau zurückzukehren.[3] Nach einem Gewaltmarsch von 40 Kilometern erreichen sie das Stadtzentrum; in der Złota-Straße finden sie das vom Bombardement beschädigte Haus, darin ihre zur Hälfte zerstörte Wohnung und darin – in Angst und Dunkelheit gehüllt – ihre Eltern.

War das ein Krieg wie jeder andere? Oder lag etwas Neues in der Luft, etwas nie Dagewesenes? Familie Reich wird auf diese Fragen ebenso wenig eine Antwort gewusst haben wie die übrigen Einwohner der Millionenstadt. Neu war zunächst einmal die deutsche Militärtechnik, neu war der Augenschein. »Die Schäden Warschaus sind kolossal«, schrieb der »Kurier Warszawski«. »Das schöne Warschau gibt es nicht mehr, auch gibt es das historische Warschau nicht mehr, das Warschau, das wir gekannt haben, aber es gibt das heroische Warschau…« Die Kämpfe und Bombenangriffe hatten in der Stadt etwa 50 000 Menschen das Leben gekostet. »Verliere nicht die Hoffnung, Warschau«, mahnte die Zeitung und schloss ihren Appell mit den Worten: »… selbst wenn du noch sehr schwere und sehr schmerzhafte Tage erleben solltest.«[4] Diese Ausgabe erschien am 28. September, dem Tag der Kapitulation der Stadt.

Die ersten vier Wochen ließen noch kaum eine Ahnung dessen aufkommen, was der Bevölkerung bevorstand. Oberbürgermeister Stefan Starzyński durfte zunächst weiter regieren, auch wenn ihm nach wenigen Tagen mit Dr. Dr. Helmuth Otto ein »Reichskommissar für die Stadt Warschau« an die Seite gestellt wurde. Die Behörden arbeiteten wieder, auch wenn noch Barrikaden abgetragen, die Stromversorgung wiederhergestellt und das Straßenbahnnetz instandgesetzt werden mussten. Die Preise der Grundnahrungsmittel vervierfachten sich. Die Gymnasien durften in diesem Schuljahr Unterricht halten.

Der »Judenrat«, die Arbeit und das Getto

Doch bald, schon in den ersten Oktobertagen, kommt es zu Massenverhaftungen von Priestern, Lehrern und Freiberuflern, auch zu Hinrichtungen (wegen unerlaubten Waffenbesitzes). Während Ausgebombte und Flüchtlinge nach einer Unterkunft suchen, bedecken sich Litfasssäulen, selbst Mauern und Zäune mit handgeschriebenen Suchanzeigen. Ende des Monats wird Starzyński von zwei Gestapo-Männern aus seinem Amtszimmer abgeholt. Dr. Dr. Otto, vor kurzem noch Oberbürgermeister von Düsseldorf, wird kommissarisch sein Nachfolger. Er gibt am gleichen Tag die Beschlagnahme sämtlicher Radiogeräte bekannt. Ende November ordnet Generalgouverneur Hans Frank die Gründung von »Judenräten« an. In Warschau wird der Judenrat verpflichtet, täglich hunderte, später tausende Juden zur Zwangsarbeit bereitzustellen.

Auch Marceli und Aleksander Reich werden eines Tages zur Arbeit kommandiert. Ehe sie den Narutowicza-Platz erreichen, um ein Studentenheim für seine neuen Bewohner – Soldaten der Wehrmacht – zu reinigen, werden sie von den jungen Deutschen gedemütigt. Sie müssen singen und im Chor antisemitische Parolen rufen. »Ich meinte, es sei richtiger, diesen grausamen Zirkus schweigend, brüllend und singend mitzumachen, als den Tod zu riskieren«, erinnert sich Reich-Ranicki.[5]

Dennoch hofft Marceli, dass sich die Lage ändern werde. Schon am 3. September hatten Großbritannien und Frankreich dem Deutschen Reich den Krieg erklärt. Damals schickte Marceli seiner Schwester Gerda, die seit wenigen Wochen mit ihrem Mann in London lebte, eine Postkarte mit den Worten, man sei guten Mutes, denn an der Niederlage Deutschlands habe man »nicht den geringsten Zweifel«.[6] Er und viele andere klammerten sich an diese Hoffnung und diesen Glauben, die im Herbst 1939 vielerorts die Stimmung beeinflussten, ohne zu wissen, dass London und Paris es bei bloßen Kriegserklärungen beließen.

Marcelis Mutter strahlte die größte Zuversicht aus, was das Schicksal der eigenen Familie und der Juden betraf, und ließ sich in ihrem Glauben »an die deutsche Ordnung und die deutsche Gerechtigkeit« nicht beirren, auch nicht, als deutsche Soldaten ihre Wohnung – mit vorgehaltener Waffe –

nach Wertgegenständen durchsuchten. Dies alles glaubte die Mutter tatsächlich zurückerstattet zu bekommen und ging tags darauf, von Marceli begleitet, zur deutschen Kommandantur: »Ein leutseliger Wachtposten empfahl uns, schleunigst das Weite zu suchen.«[7]

Zu diesem Zeitpunkt befürchtete Marceli bereits, »daß den Juden Grausames bevorstehe«. Aber was sich später ereignen sollte, war jenseits des Verstellbaren: »Ich habe das, was dann tatsächlich geschehen ist, weder vorausgesagt noch vorausgeahnt …«[8] Die »Endlösung« wurde erst im Januar 1942 in der geheimgehaltenen Wannseekonferenz beschlossen. Noch im Frühjahr 1942, als Reich zum ersten Mal von der Tötung von Juden durch Autoabgase erfährt, kann er es nicht glauben – »und ich kannte auch niemanden, der dies für möglich hielt.«[9]

Viele polnische Juden, schreibt Reich, »glaubten tatsächlich, die deutsche Besatzung würde auch diesmal nicht viel anders sein als jene im Ersten Weltkrieg.«[10] Daher scheint die Rückkehr der Brüder Reich in das besetzte Warschau keineswegs verwunderlich. Die Besatzer hingegen interessierte nicht, was die Besiegten und Besetzten fürchteten, hofften und glaubten. Sie wollten Taten sehen, das Erbringen von Arbeitsleistung, die strikte Einhaltung immer neuer Verbote bis hin zur Mithilfe bei der Gründung des Warschauer Gettos.

Wenige Wochen nach dem Einmarsch erfolgte die »Zählung« der jüdischen Bevölkerung, die für Marceli, wie er schreibt, »wichtig und folgenreich« wurde. Die Jüdische Kultusgemeinde – der »Judenrat« wurde erst Wochen später gegründet – sollte die Zählung vornehmen. Dafür »benötigte man Hunderte von Büroangestellten, darunter auch solche, die Deutsch konnten. Ich folgte dem Ratschlag von Bekannten und meldete mich, obwohl ich wenig Hoffnung hatte, zumal sich viele Arbeitslose bewarben und ich noch sehr jung war … ich war akzeptiert, doch nur für zwei Wochen. Aber daraus ergab sich wenig später eine ständige Tätigkeit.«[11] Kurz und gut: Mitmachen schien dem 19 Jahre alten Reich in dieser chaotischen Kriegssituation nicht die schlechteste Lösung zu sein. Mitte Oktober war er an der »Volkszählung« beteiligt[12] und wurde wenig später fester Mitarbeiter des Judenrats, des »Magistrats« für die jüdische Bevölkerung, den die deutschen Besatzer beaufsichtigten. Einen geschlossenen »jüdischen Wohnbezirk« oder ein »Getto« gab es im ersten Kriegsjahr 1939/40 noch nicht[13], jedoch den Judenrat. In dieser Behörde wurde Marceli Reich dann bald – wann, sagt er nicht – Chef des »Übersetzungs- und Korrespondenzbüros«. Hauptgrund dafür sei gewesen, dass er am besten Deutsch sprach.

Marceli Reich hatte also Arbeit, den widrigen Umständen zum Trotz. In die folgenden Wochen und Monate fallen auch andere wichtige Erlebnisse. Vor allem die Begegnung mit einer reifen, blonden Dame namens Tatjana, die es im Sommer 1939 nach Warschau verschlagen hatte. Ihre blauen Telleraugen machten Eindruck: »Ich habe nie schönere gesehen – oder sind sie nur in meiner Erinnerung so schön und groß geworden?« Sie stammte aus St. Petersburg, war nach der Revolution wie Hunderttausende anderer Russen nach Berlin geflüchtet, wo ihr Sohn mit Marceli zur Schule ging. In Warschau kreuzten sich nun ihre Wege wieder; Marcel sollte ihr nachmittags in ihrer Wohnung – jeweils nach Kaffee und Kuchen – Englisch beibringen. Das Unterrichtsfach wechselte offensichtlich vom Englischen zum Erotischen; »der Geschichte dieser Verführung verdanke ich viele, sehr viele Erfahrungen«, erinnert sich der ›Englischlehrer‹. »Ihre Garderobe, ihre temperamentvolle Gestikulation, ihr stets etwas pathetischer Tonfall – alles war theatralisch. (...) Sie hatte das dringende, das kaum verborgene Bedürfnis, möglichst allen Menschen ihrer Umgebung zu imponieren.« Der junge Übersetzer im Beamtenstatus war beeindruckt. Für die heimatlose Tatjana schien das Abenteuer sogar in Liebe überzugehen.[14] Doch am 21. Januar 1940, fünf Monate nach Kriegsbeginn, begegnete Marceli Reich in einer dramatischen Situation der Frau, mit der er bis heute verheiratet ist: Teofila, auch Tosia genannt. Von ihr wird noch ausführlich die Rede sein.

In diesem Jahr begann in Warschau, streckenweise sehr chaotisch durchgeführt, die »Segregation« – also Trennung – der drei Bevölkerungsgruppen.[15] Die Straßenbahn verkehrte jetzt mit Abteilen »nur für Deutsche« und getrennt für Polen sowie nochmals abgesondert mit Straßenbahnzügen für Juden. Im Herbst 1940 wollten die Besatzer ein deutsches Wohnviertel für einige tausend ihrer Landsleute einrichten, die schon immer in der Stadt gelebt hatten, ferner für das Personal von Verwaltung, Militär und Sicherheitskräften, das jetzt in Warschau einquartiert war. Noch viel umfangreicher war das Vorhaben, alle Juden in jenen Stadtteilen, die schon bisher überwiegend jüdisch waren, zusammenzuführen, und die polnische Bevölkerung aus diesen Vierteln im Gegenzug umzusiedeln.[16]

Diese Umsiedlung fand von August bis November 1940 statt. Schon seit dem Frühjahr war – begründet mal mit angeblicher Seuchengefahr, mal mit dem Schutz der Juden vor Ausschreitungen – im Auftrag der Besatzer hier und da eine drei Meter hohe Mauer um »jüdisches Gebiet« gezogen worden. Diese Arbeiten musste der Judenrat ausführen und bezahlen. Ende des Jahres rühmte sich der »Erfinder« des Gettos Waldemar Schön, innerhalb der Stadt seien 113 000 Polen und 138 000 Juden umgezogen, »ohne Blutvergießen«, fast ohne Druck und mit Unterstützung des polnischen Bürgermeisters und des Judenrats.[17] Am 16. November 1940 wurde aus dem »offenen« ein »geschlossenes« Getto; von nun an konnte man nur noch durch eines der 22 Tore hinein- oder hinausgelangen. Dazu benötigte man einen gelben Passierschein, der für Juden noch ein blaues Band aufgedruckt hatte.

Die Reichs müssen damals umgesiedelt sein, denn die Häuser der Złota-Straße, in der die Familie gewohnt und der Bruder seine Praxis geführt hatte, lagen jetzt außerhalb des Gettos. Die Złota war die erste Straße parallel zur Mauer; eine Straße weiter lag der Bahnhof.[18] Im ersten Jahr des Gettos, 1941, verlief die Grenze zwischen Złota und Sienna durch die Hinterhöfe; gerade dort, im Hof der Złota 62, steht heute, mit Gedenktafeln versehen, das bekannteste erhaltene Mauerstück.

Marceli wohnte jetzt – vermutlich mit seinen Angehörigen – für längere Zeit in der Żelazna-Straße 75A, Ecke Chłodna-Straße 25. Das fünfstöckige Haus, dessen Fensterbänder und Balkone die abgerundete Hausecke umspannen, ist als eines von wenigen in diesem Viertel erhalten geblieben.[19] Für das Jahr 1942 nennt Reich eine weitere Adresse, schräg gegenüber der bisherigen: Chłodna-Straße 4, wo man direkt auf die St. Karl-Borromäus-Kirche sah, die als »arische« Enklave zwischen den Häusern des Gettos aufragte.

Die Familie Reich musste wohl deshalb ein zweites Mal umziehen, weil das Getto Ende 1941 verkleinert worden war. Das Viertel mit ihrem bisherigen Wohnhaus wurde aus dem Getto ausgegliedert. Dafür wurde zugleich die Häuserzeile Chłodna 2 bis 26, wo sie künftig wohnen sollte, dem Getto eingegliedert. Die Chłodna, der die Besatzer den Namen »Eisgrubenstraße« gegeben hatten, galt – unter diesen schrecklichen Umständen – als eine der »besten Adressen«.

Hier wohnte die »Aristokratie«[20] des Gettos, wie zum Beispiel im Haus Chłodna 20, Adam Czerniaków, der Vorsitzende des Judenrats. Im Haus Nummer 39 logierte Alfred Nossig, eine der schillerndsten Figuren des Gettos: Zionist, Schriftsteller, Künstler, Mitarbeiter des Judenrats und – Gestapo-Agent, der den Besatzern Stimmungsberichte aus dem Getto lieferte.[21] »Dort wohnten diese Leute von der Jüdischen Gemeinde«, beschreibt Marek Edelman diese Straße, »reiche Leute, die sich dort Wohnungen leisten konnten, das waren ja recht große Wohnungen. Ich kam dort jeden Tag auf dem Weg zur Arbeit vorbei, aber ich war nie in einer dieser Wohnungen, ich hatte damit nichts zu tun.«[22]

Auch wer in einer der »guten« Adressen sich einquartieren konnte, wurde Tag für Tag daran erinnert, wer in dieser Stadt Herr über Leben und Tod war. Nachdem also das Getto verkleinert worden war, wohnte man hier unmittelbar an einem »Grenzübergang« und blickte auf ein Getto-Tor. Die berüchtigte Fußgängerbrücke wurde an dieser Stelle über die Chłodna-Straße, eine wichtige Verkehrsader Warschaus, gebaut. Sie verband künftig die beiden Teile des Gettos, das »große« im Norden und das »kleine« im Süden. Unter der Brücke, auf der Chłodna-Straße, hatte der »arische« Verkehr freie Fahrt. An dieser hölzernen Brücke quälten deutsche Wachposten immer wieder Juden, die hier hinüber mussten. »An die nächtlichen Schüsse und Schreie hatte man sich bald gewöhnt.«[23]

Später, im August 1942, wurde das südliche Getto aufgelöst. Marceli und Teofila wurden für die letzten Monate in die Miła-Straße im Norden geschickt. Dort bekamen sie eine Wohnung zugewiesen, deren frühere Bewohner nur Stunden zuvor deportiert (und in ein Vernichtungslager gebracht) worden waren.

Die Grausamkeiten der Besatzer sind oft beschrieben worden. Das Getto wurde an den Rändern nach und nach verkleinert, immer mehr Menschen auf immer weniger Raum zusammengepfercht, bald auch Juden aus anderen polnischen Städten, und schließlich auch aus Deutschland. Auf dem Höhepunkt wohnten hier 450 000 Menschen unter bedrückendsten Umständen, still resignierende Lehrer oder Rechtsanwälte ebenso wie robuste Typen, die Lebensmittel schmuggelten, deutschen, polnischen und jüdischen Uniformierten an der Gettogrenze Bestechungsgeld zuschoben und sich nicht entmutigen ließen. Ohne die Schmuggler wäre alles noch schlimmer gewesen: Die offiziellen Lebensmittelrationen im Generalgouvernement sahen für Deutsche pro Tag 2310 Kalorien vor, für Polen 654 und für Juden 184. So forderten Krankheiten, Seuchen und Hunger im Getto immer mehr Opfer.

Mittendrin eine Behörde: der Judenrat. Er bildete eine Art Regierung, die Steuern und Abgaben eintrieb. Damit finanzierte der Rat das Gesundheitswesen, die Friedhöfe, Renovierungsarbeiten, Arbeitslager (für Getto-Bewohner) und vieles andere mehr. Er beschäftigte dauerhaft mehrere tausend Menschen; tat sich ein Haushaltsloch auf, nahm er Kredit auf. Der Judenrat »repräsentierte« die jüdische Bevölkerung, was eigentlich bedeutete, die Befehle der Besatzer entgegenzunehmen und sie weiterzugeben. Dieser »Rat« (Rada Żydowska) war teilweise die Verlängerung der »Gmina«, der jüdischen Gemeinde, die in Polen vor dem Krieg Selbstverwaltungsfunktionen besaß. Auch waren die Mitglieder des Warschauer »Rats« vor dem Krieg zumeist anerkannte Persönlichkeiten gewesen – Sozialisten, Orthodoxe oder Zionisten, Rechtsanwälte, Bankiers und Kleinunternehmer. Jetzt bildeten sie ein Organ, das auf Gedeih und Verderb – wie das Schicksal aller

Juden – letztlich von den deutschen Besatzern abhing, in erster Instanz vom Getto-Kommissar Heinz Auerswald.

Der Judenrat residierte (bis August 1942) in einem größeren Verwaltungsgebäude, im Stil der Neorenaissance gehalten. Vor dem Krieg hatte dort bereits die »Gmina« ihren Sitz gehabt: Grzybowska-Straße 26/28, unweit der Allerheiligenkirche, der größten Kirche Warschaus, die jetzt von der Getto-Mauer eingeschlossen war. Im Gebäude des Judenrats herrschte großes Gedränge. »In der geräumigen Eingangshalle ein außergewöhnliches Hin und Her«, beschrieb ein Journalist seine Eindrücke. »Menschen gehen hinein und hinaus. Vor manchen Schaltern lange Schlangen von Interessenten. (…) Nun gehen wir in den ersten Stock hinauf. Hier befinden sich das Amtszimmer des Vorsitzenden, der Sitzungssaal, die Büros des Sekretariats, der Abteilungen für Wirtschaft und für Krankenhauswesen, des Personal- und des Statistikreferats.«[24] Zum Amtszimmer des Vorsitzenden geht es nach rechts, nach links dagegen zum großen Zimmer 9: »Die gesamte Korrespondenz mit den deutschen Behörden ging durch mein Büro«, erinnert sich Marceli Reich, der dort das Übersetzungs- und Korrespondenzbüro leitete, eine Einheit mit vier, zeitweise fünf Mitarbeitern.[25]

Es war keine erfreuliche Arbeit: Dringende Bitten des Judenrats an die deutschen Behörden, bei der Bekämpfung des Typhus zu helfen, stießen auf taube Ohren. Deutsche Bekanntmachungen mussten hingegen sofort ins Polnische übersetzt und befolgt werden. Darunter Anordnungen wie die vom November 1941, wonach das unbefugte Verlassen des Gettos wie auch das Verstecken von Juden jenseits der Mauern mit dem Tode bestraft werden sollte. Die nicht enden wollenden Verfügungen über die Eingliederung dieser oder die Ausgliederung jener Straße aus dem Getto-Gebiet mussten unverzüglich bearbeitet werden. Viele dieser Entscheidungen setzten zwischen deutschen, polnischen, jüdischen Amtspersonen und Anwohnern Verhandlungen in Gang. Immer wieder versuchten wohlhabende Juden (vor allem in der Zeit der Gettogründung), mit Bestechungszahlungen in Gold die Einbeziehung ihrer Straße in den »jüdischen Wohnbezirk« zu erreichen, um nicht ihre schönen Wohnungen aufgeben zu müssen. Von Zeit zu Zeit hielt Adam Czerniaków in seinem Tagebuch fest, dass wieder einmal einige hundert oder tausend Menschen ihr Obdach zu verlieren drohten. Und wieder gab es dann einen »Bevölkerungsaustausch« zwischen Polen und Juden.

Deportation und Tod, Hochzeit und Flucht

War es verwerflich, im Judenrat zu arbeiten? Hannah Arendt, Beobachterin beim Eichmann-Prozess in Jerusalem, hat diese Auffassung vertreten:

> *»Diese Rolle der jüdischen Führer bei der Zerstörung ihres eigenen Volkes ist für Juden zweifellos das dunkelste Kapitel in der ganzen dunklen Geschichte. (…) In Amsterdam wie in Warschau, in Berlin wie in Budapest konnten sich die Nazis darauf verlassen, daß jüdische Funktionäre Personal- und Vermögenslisten ausfertigen, die Kosten für Deportation und Vernichtung bei den zu Deportierenden aufbringen, frei gewordene Wohnungen im Auge behalten und Polizeikräfte zur Verfügung stellen würden, um die Juden ergreifen und auf die Züge bringen zu helfen …«*[26]

Die bedeutende deutsch-jüdische Philosophin fällt hier ein kühnes Urteil. Die Lage der Judenräte aus eigener Anschauung kennenlernen zu müssen war ihr erspart geblieben. Als

Marceli Reich in Warschau seine Übersetzerdienste versah, war sie, die schon 1933 Deutschland verlassen hatte, auf dem Weg von Südfrankreich über Portugal nach Amerika. Doch ihre Aussagen haben eine weltumspannende Kontroverse ausgelöst, zu der auch Reich-Ranicki einmal Stellung nehmen musste. Der Vorwurf an die Adresse der Judenräte sei »durchaus verständlich«, sagte er, doch sei Hannah Arendt »nur ungenau informiert« gewesen. Die Judenräte hätten sich in verschiedenen Städten »sehr unterschiedlich verhalten«. Czerniaków in Warschau – »er galt als ein lauterer, makelloser Mann« – sei vom Vorwurf der Kollaboration jedenfalls freizusprechen. Reich ist mit seinem Urteil sehr zurückhaltend. Allerdings sagt er auch: »Man hat später die jüdische Miliz im Ghetto von Warschau der Mitwirkung an der Deportation und somit der Kollaboration beschuldigt – wohl nicht zu Unrecht.«[27] An anderer Stelle und an polnische Leser gewandt, bezeichnet er Jakub Lejkin, Chef dieser Miliz zu Beginn der Deportationen, als »eine der finstersten Gestalten im Getto«.[28]

So kann es nicht verwundern, dass Reich sich durch eine Schilderung des Schriftstellers Antoni Marianowicz empfindlich getroffen fühlen musste. Marianowicz, geboren 1924, Dichter, Übersetzer und Satiriker, gab 1995 unter dem Titel »Leben streng verboten« seine Erinnerungen heraus. Darin findet sich die vermutlich einzige veröffentlichte Aussage eines Zeitzeugen über Reich aus der Getto-Zeit:

> *»Er stammte aus einem intellektuellen Milieu und war schon in seiner Jugend gebildet und ein Musikliebhaber, worum ich ihn aufrichtig beneidet habe. Er wohnte in meiner Nähe in der Chłodna-Straße und hatte eine große Schallplattensammlung. In seiner Wohnung fanden Schallplattenkonzerte für geladene Gäste statt. Auf der Treppe standen Dutzende Personen, die Musik hörten und in der*

engen Wohnung keinen Platz mehr gefunden hatten. Ich bewunderte Reich, aber es beunruhigte mich, dass er mit der Mütze eines Polizisten herumläuft. Ich weiß nicht, was war, nachdem wir das Getto verlassen hatten, aber bis heute habe ich nichts Schlechtes über ihn gehört. Ich kann nicht sagen, daß ich ihn gemocht hätte, aber ihn ein halbes Jahrhundert später für das zu bestrafen, was er womöglich nicht getan hat, wäre verfehlt.«[29]

Was bedeutet dies? Um welche Mütze, um was für eine Polizei konnte es sich handeln? Ende 1940 beauftragten die deutschen Besatzer den Judenrat, eine Formation zu gründen, die offiziell »Jüdischer Ordnungsdienst« (»Żydowska Służba Porządkowa«, SP) hieß und im Volksmund »jüdische Polizei« genannt wurde. Reich und andere Autoren verwenden auch die Bezeichnung »Miliz«. Zum Chef dieser Einheit bestimmte Czerniaków einen Oberst der polnischen Vorkriegspolizei, den getauften Juden Józef Szeryński. Bald hatte man unter den vielen Bewerbern für diese Formation 1700 Mann ausgewählt; sie sollten im Getto für Ordnung, Sicherheit und Sauberkeit sorgen und zugleich – auch an der Gettogrenze – Schmuggel und Schwarzhandel bekämpfen. Da ihre Entlohnung in bar Mitte 1941 dem Gegenwert von einem Pfund Speck entsprach, konnte man nicht erwarten, dass sie diesen Aufgaben wirklich nachkommen würden. Stattdessen hatten sie am Handel Teil, was diese Posten nur noch begehrter machte.

Die jüdischen Polizisten trugen dunkelblaue Mützen mit einem hellblauen, umlaufenden Band und einem Davidsstern, dazu eine gelbe Armbinde mit der Dienstnummer; sie war unterhalb der blau-weißen Binde zu tragen, die für alle Juden verpflichtend war. Bewaffnet waren die Polizisten mit hölzernen Schlagstöcken. Anfangs waren sie im Getto noch beliebt, erschienen sie doch als Zeichen der Normalisierung;

aber bald wurden sie zu einem verhassten Symbol von Korruption, Erpressung und Grausamkeit. Als im Juli 1942 die Deportationen nach Osten begannen – zum Arbeitseinsatz, wie viele zunächst glaubten –, beteiligte sich die Mehrheit der Polizisten an der Jagd auf Menschen in der Hoffnung, sich selbst zu retten.[30]

Der Zugehörigkeit zu dieser Einheit bezichtigt zu werden, noch dazu von einem Leidensgenossen aus dem Getto, wollte Reich-Ranicki nicht auf sich sitzen lassen. Seinem Bekannten Jan Koprowski, einem nur wenigen bekannten Warschauer Autor, dem späteren Übersetzer von »Mein Leben«, schrieb er einen Brief, in dem er sich über eine Kampagne gegen seine Person beklagt. Koprowski brachte den Brief aus Frankfurt zum Autor des Buches.[31]

Marianowicz antwortet Reich, wie er seinem Tagebuch anvertraut, am nächsten Tag »mit Ausdrücken des Bedauerns darüber, dass er durch die ihn betreffende Passage verletzt ist. Ich habe angeboten, die Passage über die Polizistenmütze aus Neuauflagen oder Übersetzungen zu entfernen. Interessant, wie er reagieren wird: Wenn er zürnt, soll er dort hingehen, wo der Pfeffer wächst. Bezeichnend übrigens, dass er für seine Vergangenheit nicht Beifall und Glückwünsche einsammelt, sondern sich immer irgendwie rechtfertigen muss. Ist das Pech?«[32]

In seinem Tagebuch zeichnet der Dichter für die folgenden Monate ein schillerndes Bild von Marceli Reich. Einmal nennt ihn Marianowicz bewundernd einen »hervorragenden« Kritiker; an andere Stelle bezeichnet er ihn bissig als »hucpiarz«, einen Mann mit Chuzpe, als er über »jüdische Chuzpe« schreibt, welche die Beziehungen zwischen Polen und Juden belaste.[33] Wenig später greift Reich zum Hörer und ruft Marianowicz an; ein freundliches Gespräch, man kommt sich näher, man plaudert über die Musik im Getto, und Reich bittet um Zusendung des beanstandeten Buches. Dieser Bitte kommt Marianowicz nach – und schreibt eine Widmung hinein: »Dem schrecklichen Reich-Ranicki von dem vor Angst zitternden Marianowicz«.[34]

Der »schreckliche« Kritiker antwortet schnell. »Mein Lieber«, spricht er Marianowicz an, »Ihr Buch habe ich (...) erhalten und zum großen Teil auch schon gelesen. Besonders interessant für mich das glanzvolle Kapitel über Czerniaków.«[35] Später trafen sich die beiden Briefpartner mehrfach in Deutschland, zuletzt wenige Wochen vor dem Tod des Dichters 2003. Reich-Ranicki nennt Marianowicz' Bemerkung über die Polizistenmütze heute »frei erfunden. Das hat er mir zugegeben. Das hat ihm jemand erzählt. Er weiß, dass davon nicht ein Wort wahr ist. Ich habe nie im Leben eine solche Mütze besessen oder getragen. Kompletter Quatsch.«[36]

Die Witwe des Schriftstellers, Margarita Rajewa-Marianowicz, berichtet, beide hätten sich in dieser Sache »gütlich geeinigt«, und tatsächlich fehlt in der englisch-amerikanischen Ausgabe, die 2004 erschien, die Passage mit der Polizistenmütze.[37] Marek Edelman, der später im Getto die Aufständischen anführte, neigt dazu, das (behauptete) Tragen einer solchen Mütze im Getto als Beispiel für Mimikry zu interpretieren. »Die Menschen haben sich auf unterschiedliche Weise maskiert«, erzählt er. »Manche haben eine Polizistenmütze getragen, eben zum Schein, andere haben andere Kopfbedeckungen getragen, wieder andere hatten gefälschte Dienstabzeichen, aber das hatte nichts zu bedeuten. Über Reich kann ich nichts sagen, ich kannte ihn nicht.«[38]

Auch der damalige Abiturient Władysław Bartoszewski, der in Warschau auf der »arischen Seite« unter dem Decknamen »Teofil« Hilfe für die Juden organisierte, verweist auf die Umstände der Zeit: »Im Getto haben die Leute alle möglichen Rollen gespielt.« Schon die »richtige« Mütze habe ihren Träger davor bewahren können, vom nächsten deutschen Soldaten eine übergezogen zu bekommen.[39]

Im Willkürsystem des Gettos spielten Mützen, die farbigen Armbinden diverser Judenrats-»Behörden« und sonstige Symbole in der Tat eine wichtige Rolle. Zeitweise gab es etwa 20 verschiedene Armbinden, die Angehörige bestimmter Institutionen und Berufsgruppen kenntlich machten. »Jeder zweite trägt eine Armbinde, die ihn als Mitarbeiter eines Krankenhauses, als Briefträger, als Mitglied des Judenrats oder als Handwerker ausweist. Jeder fünfte trägt außerdem eine besondere Mütze – die eines Polizisten, des Mitarbeiters einer Bestattungsfirma oder des Rettungsdienstes«, beschreibt ein Zeitzeuge die Szene.[40]

Kurz und gut: Letzte Sicherheit darüber, ob Marceli Reich im Getto eine Polizistenmütze getragen (oder nicht getragen) hat, gibt es also nicht. Zudem musste das Tragen einer solchen Mütze allein nicht viel bedeuten. Aber dass darüber noch ein halbes Jahrhundert danach diskutiert wurde, zeigt, welch heikle Gratwanderung die Überlebensstrategie war, die der junge Marceli Reich mit seiner Mitarbeit an exponierter Stelle im Judenrat gewählt hatte.

Was wäre ihm geblieben? Seine Eltern zurückzulassen und aus dem Getto zu fliehen, ein Weg, den mehrere Angehörige des Judenrats (mit Einreisevisa ausländischer Staaten in der Tasche) gewählt haben? Oder aber sich zurückfallen zu lassen in die Masse der Getto-Bewohner, in ihre Arbeitslosigkeit und Hoffnungslosigkeit? Vielleicht traf auf ihn zu, was Czerniaków im Getto über seine Mitarbeiter im Judenrat sagte: »Die Aufgeklärten sind in diesem Unglück zusammengebrochen, nur die Menschen mit stählernen Nerven sind straff geblieben. Nur diese waren in der Lage, Leitungsfunktionen auszuüben, und diese Harten haben in der Regel kein empfindsames Gewissen.«[41] Czerniaków selbst sollte am Ende zu ersteren gehören: Er beging Selbstmord.

War es Zufall, dass Marceli Reich sich im Getto das Pseudonym »Wiktor Hart« zulegte? Über die Herkunft dieses Namens sagt er folgendes: »Meine ersten Rezensionen habe ich mit »wh« gezeichnet. Das sind die Initialen meines Freundes Wolfgang Hartwich aus der Berliner Schule. Kurz nachdem ich nach Polen deportiert worden war, ist er nach Australien ausgewandert. (...) Später habe ich ›wh‹ in Wiktor Hart umgewandelt.«[42] Reich brauchte ein Pseudonym; denn eines Tages war er im Getto – auf Umwegen, wie er schreibt – zu seiner ersten Tätigkeit als Kritiker gekommen, als Musikkritiker. »Ganz wohl war mir dabei nicht«, erinnert er sich.[43] Für die »Jüdische Zeitung« sollte er – zunächst nur als Vertretung – über Konzerte im Getto schreiben. Beethoven, Schubert, Mozart, Mendelssohn-Bartholdy. Heute sagt Reich-Ranicki, er schäme sich, wenn er seine damaligen Kritiken lese, wegen der Kühnheit der Urteile – und wegen der »Schmerzen«, die er den leidenden Künstlern im Getto bereitet habe. Doch der Konzertsaal war für alle eine Zuflucht im Getto: »Mir will es scheinen, dass in unserem ganzen Leben Musik niemals eine derartige Rolle gespielt hat wie in jener düsteren Zeit.«[44]

Während die deutschen Truppen einen Erfolg nach dem anderen hinausposaunen und in Berlin die »Endlösung der Judenfrage« organisiert wird, arbeitet Marceli Reich weiter im Judenrat. Neue schreckliche Dinge geschehen: Die Gestapo erschießt im Getto eine größere Zahl jüdischer Bürger; jetzt werden auch Juden aus Berlin und Frankfurt eingeliefert. Schließlich folgt die »Große Aktion«: Höhere SS-Chargen verkünden am 22. Juli 1942 im Gebäude des Judenrats, ab sofort sollten täglich 6000 Juden »umgesiedelt« werden, und zwar »nach Osten«. Marceli Reich protokolliert. Anschließend diktiert er den Text in seinem Zimmer seiner Mitarbeiterin, der Schriftstellerin Gustawa Jarecka, die er geliebt und die ihn geliebt hat. Als er an die Stelle kommt, wo es heißt, daß Mitarbeiter des Judenrats und deren Ehefrauen nicht umgesiedelt würden, sagt sie ihm schnell und leise: »Du sollst Tosia noch heute heiraten.«[45] Marceli befolgt diesen Rat. Die Hochzeit findet noch am selben Tag statt.

Im August 1942 wurde Teofilas Mutter deportiert, während es Marceli gelang, seine Eltern beim Judenrat in einem Nebengebäude unterzubringen und damit fürs erste zu retten. Im September dann folgte die »große Selektion« und die Ausgabe von »Lebensnummern« an nur noch 35 000 »nützliche« Juden – Marcelis Eltern wurden diesmal nicht genannt. Sie waren beide um die 60 Jahre alt, an Flucht mochten sie nicht denken, und so geleitet sie ihr Sohn auf den Platz, wo heute das Getto-Denkmal steht, zu einer letzten »Selektion« vor dem Weg zum »Umschlagplatz«, an dem die Züge warten. Der Kommandant der jüdischen Polizei auf diesem unheimlichen Bahnhof, ein ehemaliger Nachbar von Marceli, erzählt diesem am nächsten Tag: »Ich habe Ihren Eltern ein Brot gegeben, mehr konnte ich für sie nicht tun. Dann habe ich ihnen noch in den Waggon geholfen.«[46]

Diese Erlebnisse schmiedeten Marceli und Teofila noch enger zusammen. Marceli hatte seiner Frau im Gebäude des Judenrats eine Arbeit besorgt; kleine grafische Arbeiten, Schilder und Aufschriften. Ein solcher ›Arbeitsplatz‹ war sicherer als der Aufenthalt in der Wohnung oder auf der Straße. Und dennoch passierte es eines Tages, dass Teofila in die Kolonne der Todgeweihten geriet. Marceli eilte auf dem schnellsten Weg zum Umschlagplatz und fand den bereits erwähnten »rabiaten Kommandanten«, seinen Bekannten. »So konnte er Tosia freilassen«, heißt es in »Mein Leben« ohne weitere Erläuterung. Ob dafür Geld nötig war, ob die flüchtige Bekanntschaft oder ob der Respekt vor einem Mitarbeiter des Judenrats ausschlaggebend war, lässt er dabei offen.[47]

Schließlich der 18. Januar 1943. Das Getto ist viel kleiner als zuvor; Marceli und Teofila wohnen bereits im Norden, in der Straße mit dem schönen Namen Miła, Lieblichstraße. Von hier sind es nur wenige Minuten zum Umschlagplatz, zu dem auch sie geführt werden sollen. Am Morgen werden die Menschen aus den Häusern geholt: Abmarsch, mit dichter, schwer bewaffneter Eskorte. »Schon wollte ich fliehen, doch den tödlichen Schuß befürchtend, zögerte ich noch einen Augenblick. Da zerrte mich Tosia aus der Reihe, wir rannten in das Tor eines schon im September 1939 zerstörten Hauses in dieser lieblichen, dieser Miła-Straße.«[48] Von dort rannten sie in einen Keller, unterirdisch von diesem in den nächsten.

Noch 16 Tage hielt sich das Ehepaar im Getto versteckt. In diese letzten Tage fiel auch der Akt des Widerstands, den Reich später beschreiben sollte: Im Gespräch mit Freunden schlug er halb im Scherz vor, man solle die Kasse des Judenrats überfallen. Einer der Anwesenden gehörte der inzwischen gegründeten Jüdischen Kampforganisation (ŻOB) an und nahm die Sache in die Hand. Marceli sollte den Kassierer aushorchen, Papiere mit dem Briefkopf des Judenrats entwenden und dafür vermutlich noch einmal ins Innere des Gebäudes gelangen. ŻOB-Kämpfer, als jüdische Polizisten verkleidet – vermutlich mit entsprechenden Mützen –, ließen sich in einer Art Köpenickiade und ohne jedes Blutvergießen das Geld auszahlen: mehr als 100 000 Złoty. Marceli und

Tosia erhielten als Belohnung je 5 Prozent der ›erbeuteten‹ Summe.[49]

Schließlich die Flucht aus dem Getto. Es ist der 3. Februar 1943. Ein jüdischer Polizist nimmt Bestechungsgeld entgegen und ruft im richtigen Augenblick: »Jetzt geht geradeaus, schnell!« Und Marceli und Teofila sind auf der arischen Seite.

IV. Ein Kellerloch in Warschau

Dem Tod entkommen – bei den Gawins

Im Hof hinter einem winzigen Haus steht Barbara Rochowska. Hier wohnte sie mit ihren Eltern. Sie erinnert sich genau. Sie hebt beiläufig die Hand: »Der Herr Marceli ist von dort hinten gekommen, über den Gartenzaun.«[1]

Wer im Warschauer Stadtteil Gocław – wie jener Flüchtling im Sommer 1943 – mit der Straßenbahn, Linie 3 oder 6, bis zur Endhaltestelle fährt, findet das Versteck schnell. Es sind nur zehn Minuten zu Fuß. Der Weg führt durch ein Wohnviertel, das wie zusammengewürfelt wirkt: stellenweise noch Vorkriegsbebauung, bröselnde Ziegelsteine. Dazwischen die schachtelförmigen Einfamilienquader der siebziger und die geräumigen Neubauten der neunziger Jahre. Das unscheinbare Häuschen, in dem Marcel und Teofila die Zeit ihres Überlebens verbrachten, steht in einer kleinen Straße. Sie trägt den schönen Namen Osada Ojców, »Siedlung der Väter«. Äußerlich kaum verändert, bestand das Haus aus drei kleinen Zimmern, dazu eine Küche, darüber ein flaches Giebeldach.

Der Mann, der da über den Zaun geklettert kam, sah nicht gerade vertrauenerweckend aus. Kahlrasiert und rußverschmiert, in Mütze und schmuddeliger Jacke hätte man ihn eher für einen Einbrecher halten können, bestenfalls für einen vom Heimweg abgekommenen Bahnarbeiter.[2] Doch der Unbekannte kam nicht unerwartet. Onkel Janek, der Bruder des Familienvaters, hatte den Gast angekündigt, ihm nahegelegt, sich als Bahnarbeiter zu tarnen, und ihn von der Haltestelle auf verschlungenen Pfaden hierher geführt, bis in die »Siedlung der Väter«.[3]

Boleslaw Gawin, der Familienvater, nahm den Gast sogleich in Augenschein. Er muss Gefallen an Marceli Reich gefunden haben, wie umgekehrt Reich zu Bolek Gawin Vertrauen geschöpft haben muss, ein erstes Tröpfchen Vertrauen, ohne das es nicht gelungen wäre. Denn was die zwei Männer jetzt unter sich ausmachten, war für beide ein Spiel mit hohem Risiko. Die Gawins waren hier selbst nur Mieter, und auch das erst seit wenigen Monaten. Bolek handelte ohne Wissen des Herrn Ciok, des Hausbesitzers, aber das war wohl seine geringste Sorge. Schlimmer war, dass das deutsche Besatzungsregiment in Polen das Verstecken von Juden mit dem Tode bestrafte. Die Todesstrafe stand damals auf alle möglichen Vergehen, worüber manche in Warschau bitter scherzten, sie sei ja nur wie ein Bußgeld, Angst hätten sie erst vor »Urteilen oberhalb der Todesstrafe«.[4] Wie auch immer: Die Gawins begaben sich in Lebensgefahr.

Für den Juden Marceli Reich dagegen hing das Leben von vornherein am seidenen Faden – was auch immer er getan oder unterlassen hätte. So tat er eben dies: Er ging zu Bolek Gawin. In dem Glauben, in der Hoffnung, diese Familie werde ihn aufnehmen und dichthalten. So dicht, wie es die vorgezogenen Gardinen, der Lattenzaun und zwei üblicherweise geschwätzige (doch jetzt zu Schweig- und Wachsamkeit verpflichtete) Kinder eben zulassen würden.

Bolek Gawin und Marceli Reich schlossen einen Pakt gegen den Teufel. Auf wie viele Tage, Monate oder Jahre? Das wusste niemand. Die Wehrmacht stand noch immer in Paris, in Belgrad und in Prag. Wann und ob sie sich entschließen würde, aus den Schützengräben vor Leningrad und Stalingrad ein für allemal den Rückzug anzutreten, war ungewiss. Und wie lange würde die Trennung von Teofila dauern? Marcelis Frau versuchte die ersten Monate, sich draußen in der Stadt als »arisches Dienstmädchen« durchzuschlagen; erst im Juni 1943 sah sie keinen anderen Ausweg, als sich ins Häuschen der Gawins zu retten.[5]

Die Besatzungsherrschaft hatte im Schicksal der Gastgeber bereits ihre Spuren hinterlassen. Bolek Gawin, der Setzer – ein altes Foto zeigt ihn in weißem Hemd und Krawatte an einem Pult, seinem Arbeitsplatz –, Bolek war jetzt arbeitslos. Die Einquartierung Marceli Reichs und später auch seiner Frau veränderte das Leben der Familie noch einmal. Fortan mussten alle, Bolek und seine Frau Eugenia, Barbara und ihr kleiner Bruder Waldemar, ständig darauf achten, dass das Gartentor und auch die rückwärtige, dem kleinen Hof zugewandte Haustür geschlossen waren. Dagegen blieb die Kellerluke im Wohnzimmer, genauer gesagt, dem einzigen Zimmer außer der Küche, tagsüber aufgeklappt. Wer zu Hause war, der saß in diesem Zimmer. Man war oft zu Hause in jenen Tagen, viel zu oft. »Marcel und Tosia saßen dort auf dem Stuhl, auf dem Sofa«, erzählt Barbara Rochowska. »Wenn Mama und wir irgendwohin gingen, gingen sie auf den Dachboden, um ein bisschen Luft zu schnappen. Aber wenn jemand klopfte, stiegen sie in den Keller. Die Klappe war ja offen, nicht zugenagelt, nur eben so verschlossen. Und dann redeten wir halt mit dem, der da gekommen war.«

Womit sich die nunmehr sechs Bewohner des Häuschens in der »Siedlung der Väter« Tag für Tag eigentlich beschäftigten, ist schwer zu ermitteln. Selbst die Nachbarn werden vieles nicht gewusst haben. Die Mutter ging gelegentlich zu der Bäckersfamilie eine Straße weiter putzen. Von dort brachte sie immer etwas Brot mit nach Hause. Barbara – im März 1944 wurde sie zwölf Jahre alt – ging zur Schule. Den kleinen Waldemar dagegen, geboren im Mai 1936, hielten die Eltern bis zum Herbst 1944 von der Schule fern. Vielleicht aus dem einfachen Grund, dass sie für ihn keine ordentliche Kleidung hatten; das lassen die Worte Barbaras vermuten. Dafür lernte Waldemar lesen und schreiben bei Marceli Reich: »Als Waldek acht Jahre alt war, ist er gleich in die zweite Klasse gegangen«, erinnert sich Barbara Rochowska schmunzelnd, »und nach zwei Wochen haben sie ihn in die dritte verlegt. In der zweiten gibt es für ihn nichts zu tun, sagte die Lehrerin.«[6]

Erst wenn es dunkelte, kam ein merkwürdiges Leben in das Häuschen. Die Familie verdiente das, was man Lebensunterhalt nennen könnte, mit der illegalen Produktion von Zigaretten. Das spielte sich am Tisch im Wohnzimmer ab. Auch die flinken Finger der Teofila halfen mit. Man legte den Tabak in ein kleines Maschinchen, dort nahm er Form an, dann stopfte man ihn mit einem Kolben in die Hülse. »Aber der Marceli half da nicht, der war dafür nicht geeignet«, sagt Barbara mit einem knappen Lächeln. Die Zigaretten brachte ihre Mutter am nächsten Tag mit der Straßenbahn zum Różycki-Basar. »Sie stellte sie in die Bude«, erinnert sich die Tochter. In einen Verkaufsstand also. Der traditionsreiche, von Mietskasernen umschlossene Basar war seit je der beste Ort im wenig vornehmen Warschauer Osten, um Geschäfte jeder Art abzuwickeln.

Dass man Zigaretten drehte, durften die Nachbarn wissen, zumindest die etwas vertrauteren. Viele von ihnen haben wohl selbst »kombiniert«[7], um über die Runden zu kommen. Diese Tätigkeit diente der Familie sogar als willkommene Begründung dafür, warum immer alles verriegelt war: »Ihr wisst doch, wir drehen Zigaretten.« Aber dass sie Juden versteckten, durfte niemand wissen. »Gawinowa, was brauchst du so viel Brot?« Barbara erinnert sich noch heute an diese Fragen der Bäckersfrau. »Ihr wisst doch, ich habe zwei Kinder daheim, die essen halt so viel«, war die Antwort. Das ging eine Weile gut. Doch eines Tages kam plötzlich ein Nachbarssohn hereingestürmt, »so ein besonderes Schlitzohr«, erzählt Barbara. »Und der ist sofort die Treppe hoch … Aber die Tür zum Boden war von innen zugesperrt. Darauf sagt der Junge: Ihr habt doch da zwei Juden versteckt!«

Das war der Ernstfall. »Ich bin sofort zur Mama gerannt, die war gerade nicht zu Hause. Ihr wurden die Knie weich. Wir wussten ja nicht, ob der Vater von diesem Typ nicht mit den Deutschen unter einer Decke steckt.«

Jetzt schlug die Stunde der Mutter. Angriff ist die beste Verteidigung, muss sich die einfache Hausfrau Gawinowa in diesem Augenblick gesagt haben. Mit dem ganzen Mut der Verzweiflung ging sie zur Nachbarsfamilie, zu welcher der Bengel gehörte, und machte Rabatz. »Wer hat bei mir einen Juden gesehen? Das war doch der Onkel Janek und seine Freundin! Die sind zu uns gekommen, um sich zu küssen, verstanden? Wenn ihr noch einmal was von Juden erzählt, verklage ich euch bei der Gestapo!«

Eine irrwitzige Ausflucht – aber sie wirkte. Denn die Familie Gawin hatte selbst Deutsche unter ihnen Vorfahren.[8] Barbaras Mutter, Jahrgang 1909, eine geborene Hondelmeier gehörte der evangelisch-reformierten Gemeinde links der Weichsel an.[9] Das gab ihr offenbar das nötige Selbstbewusstsein, um in dieser heiklen Lage den Spieß einfach umzudrehen. Vermutlich wussten auch die Nachbarn Bescheid: Die Gawinowa ist nicht so ganz »eine von uns«.

Schlimm war auch der Tag, an dem Teofila für eine Weile verschwand. Der Vater bekam große Angst und schrie Marceli an: »Geht weg! Ihr holt uns noch die Gendarmen ins Haus!« Aber, so erinnert sich Barbara, »Marceli, der immer eine Schnur zwischen den Fingern hin- und herdrehte, antwortete ihm: ›Wenn sie schlagen, tut es weh.‹ Das sollte heißen: Wenn er gefoltert würde, dann würde er mit ziemlicher Sicherheit seinen Aufenthalt preisgeben. Vater verstand. Die beiden durften bleiben, doch er schickte sie erst einmal in das Kellerloch.

Aber selbst wenn die Nachbarn schwiegen, der Alltag war schwer genug. Die Arbeitslosigkeit, das Putzen, die Zigarettenproduktion waren das Schicksal der Gawins. Das stumpfsinnige Stillsitzen und Nichtstun war das Schicksal der Reichs. Ob Schnee fiel, ob die Vögel sangen: kein Schritt vor die Tür! Nur im Dunkeln der Weg zum Plumpsklo, quer über den Hof. »Überhaupt war diese Zeit die weitaus schwerste in meinem Leben. Sie war viel, viel schwerer als die Zeit im Getto. Das ist überhaupt nicht vergleichbar«, erinnert sich Marceli Reich.[10] »Schrecklicher als der Hunger war die Todesangst, schrecklicher als die Todesangst war die dauernde Demütigung.«[11] Ja, auch Hunger habe er damals gelitten, sagt der ›Gefangene‹ dieses Häuschens heute. Auf das Brot angesprochen, von dem Barbara erzählt, antwortet er mit gequälter Stimme: Mohrrüben habe er bekommen, und oft nicht einmal das.

Mit dieser Erinnerung konfrontiert, reagiert die altersmilde Barbara leise, aber unwirsch: »Wir haben doch alle gehungert damals. Was hat er denn erwartet? Dass er ein Apartment bekommt?« Am Ende werden beide Recht behalten: »Dieser Setzer, der arbeitslose Setzer und seine Frau, die haben auch gehungert. Vielleicht nicht gar so schlimm wie wir, aber so wie damals habe ich nie wieder im Leben gehungert.«[12] Nie hat es für alle gereicht; und dass die Mutter zuerst ihre Kinder versorgte, wird ihr niemand verdenken.

Zigaretten, Weltliteratur und ein paar Złoty

Nur eine Art von Nahrung konnte man teilen, ohne sie zu schmälern: die geistige. Marceli Reich saß fest, und er konnte für sein Überleben nichts anderes tun, als weiter in diesem Häuschen zu sitzen, zu warten und zu hoffen. Rundfunkempfänger zu besitzen war verboten. »Wir haben von niemand gehört, der ein Radio hatte.«[13] Um der Hoffnung Nahrung zu geben, hieß es Zeitung lesen, Nachrichten und Gerüchte aufschnappen. Gelegentlich brachte Bolek seinen Schützlingen eine Ausgabe der »Warschauer Zeitung« oder des Organs »Das Reich« mit nach Hause. In den Erinnerungen des Flüchtlings klingt an, wie abhängig man von den Nachrichtenfetzen werden konnte, deren Inhalt das eigene Überleben näher – oder aber in die Ferne rücken ließ.

Ähnlich, aber weit detaillierter hat ein anderer Überlebender seine Presselektüre beschrieben: der Arzt Marek Szapiro, ein Bekannter Reichs, der etwa den gleichen Zeitraum, nämlich von Anfang 1943 bis zum September 1944, in einem Versteck im rechtsufrigen Stadtteil Wawer verbrachte. Szapiro hat darüber hinaus noch etwas anderes getan, nämlich Tagebuch geschrieben und geradezu obsessiv das Kriegsgeschehen in ganz Europa analysiert und kommentiert.[14] Szapiros Bruder Jerzy hat keinen Zweifel: Das Lesen und das Schreiben waren für den Tagebuchautor überlebenswichtig, eine Art Therapie.

Marceli Reich konnte auf üppige Lektüre am Ort seines Überlebens nicht hoffen. Ein Gebetbuch und die Kitschromane der Eugenia Gawin waren im Haus. Offenbar hat Reich an diesem Ort auch nicht selbst geschrieben. »Warum, mit was? Ich hatte kein Papier. Ich hatte keinen Bleistift. Man dachte an die eine Möglichkeit: ob man das überleben wird. Und da soll man noch schreiben und darstellen? Nein.«[15] Er verlegte sich, so schildert er es, aufs Erzählen.[16] Im Schein einer Karbidlampe und bei sorgfältig vorgezogenen Vorhängen lieferte er seinen Gastgebern Kurzfassungen berühmter Romane. Bei guten Geschichten und guter Stimmung habe es ein klein wenig mehr zu essen gegeben. Barbara kann sich zwar an solche abendlichen Erzählstunden nicht erinnern, aber sie räumt sofort ein: »Für so etwas hat sich mein Bruder mehr interessiert.«[17]

Hat Reich also der Familie Gawin die Geschichte vom Prinzen von Homburg erzählt? Die Wirklichkeit erforderte nicht weniger Mut, als Kleist sie seinem Helden abverlangte. Barbara berichtet von einer Razzia der Polizei, bei der es gerade noch gelang, Marcel und Tosia unter dem Fußboden verschwinden zu lassen, doch was liegen blieb, waren die Zigaretten. Diese Lieferung war natürlich verloren, und man konnte von Glück sagen, wenn es bei der Konfiskation blieb. Ganz leise wird Barbaras Stimme, wenn sie davon erzählt, wie ihre Mutter infolge einer Razzia eine Fehlgeburt erlitt.

Eine Milderung ihrer Lage erhofften sich die Gawins von der »Volksliste«. Wer die Aufnahme beantragte und von den Besatzern als »eindeutschungsfähig« eingestuft wurde, konnte mit besseren Lebensmittelrationen rechnen. Reichs Schilderung deckt sich hier weitgehend mit der Erinnerung der Barbara Rochowska. Noch mitten im Krieg stellte die Familie den entsprechenden Antrag (worin Reich sie nach reiflicher Abwägung bestärkt hatte). Doch die erhofften Papiere trafen erst ein, als die sowjetische Front bedrohlich – oder erfreulich – nahe gerückt war. Jetzt kamen die deutschen Gendarmen, um Bolek Gawin, den Setzer, einzuziehen und an die Front zu schicken. Diesmal mussten Bolek, Marcel und Tosia alle drei im Kellerloch verschwinden, Klappe zu, die Mutter schob den Tisch darüber, stellte heiße Suppe darauf und setzte die Kinder davor. Die Gendarmen stampften mit den Gewehrkolben auf den Boden; sie waren fast am Ziel. Doch sie stampften an der falschen Stelle. »Mein Mann ist doch längst an der Front!« schrie Eugenia Gawinowa. Da zogen sie unverrichteter Dinge wieder ab.

Viel Zeit verging nicht mehr, da kam der erste sowjetische Soldat. Zu Pferde, wie sich Barbara erinnert. Die Gefahr, die die Gawins und die Reichs aneinander geschmiedet hatte, sie war vorüber. Marceli Reich und seine Frau nahmen Abschied von der schlimmsten Zeit ihres Lebens – und von der Familie, der sie ihr Überleben verdankten.

Berühmt geworden ist der Satz dieses einfachen Setzers aus Warschau, den Marcel Reich-Ranicki uns überliefert hat. »Adolf Hitler, Europas mächtigster Mann, hat beschlossen: Diese beiden Menschen hier sollen sterben. Und ich, ein kleiner Setzer aus Warschau, habe beschlossen: Sie sollen leben. Nun wollen wir mal sehen, wer siegen wird.«[18] Warum hat Bolek Gawin so gehandelt? Warum hat er das Leben seiner Angehörigen aufs Spiel gesetzt, um zwei wildfremde Menschen zu retten, was waren seine Gründe? Marcel Reich-Ranicki schrieb ein halbes Jahrhundert später:

»... ich kann es nur mit großen, längst abgegriffenen Worten sagen: Mitleid, Güte, Menschlichkeit.«[19]

An diesen Worten ist nicht zu rütteln. Es bliebe lediglich hinzuzufügen: Viele der Schicksalsgemeinschaften im besetzten Polen sind heute kaum mehr zu entwirren, geschweige denn zu begreifen. Oft genug waren mehrere Motive ineinander verschlungen. Gawin hat, wie der Überlebende sich dankbar erinnert, »sein Leben riskiert, um uns zu retten«. Aber da sei noch etwas gewesen, sagt Reich. »Unser Versprechen: Wenn wir überleben, werden wir uns auf angemessene Weise revanchieren. Das war ja sehr unsicher, daß wir überleben würden.«[20] Aber – auch das Überleben der Gawins war, nachdem sie die Flüchtlinge aufgenommen hatten, sehr unsicher geworden. Eine Handvoll Menschen mit wenig Hoffnung. Ein Pakt gegen den Teufel.

Von einem wichtigen Detail in dieser Sache hätten wir wohl nie erfahren, gäbe es nicht die unverfälschte Offenheit der Barbara Rochowska. Von ihr erfuhr ich zuerst, dass die Familie schon während des Krieges von den Reichs mehrfach Geldbeträge empfangen hat. Ein paar Mal »hundert, hundertfünfzig Złoty«, erzählt sie. Das war, weiß Gott, nicht viel.[21] Und waren die Reichs nicht so etwas wie Untermieter, die etwas schuldig waren? Mehr noch: Untermieter der besonderen Art, deren Entdeckung den Vermietern den Tod gebracht hätte? Die Gedenkstätte Yad Vashem hat als Regel aufgestellt, dass Retter von Juden nicht geehrt werden, wenn sie materielle Leistungen entgegengenommen haben. Doch auch diese Regel duldet offenbar Ausnahmen. Was sind ein paar hundert Złoty? Können sie den Todesmut entwerten, können sie die Angst aufwiegen, ganz zu schweigen von der Fehlgeburt, dem Verlust eines Kindes?[22]

Teofila und Marcel Reich-Ranicki bestätigen im Gespräch: Für ihr Überleben wurde gezahlt. Ihre Erinnerungen ergänzen sich:

[T.R.-R.:] *»Das Geld kam von meiner Tante.«*

[M.R.-R.:] *»Teofila hatte zu ihr Kontakt, sie hat die Tante ein-, zwei-, dreimal getroffen in Warschau.«*

[T.R.-R.:] *»Sie war ja auf der arischen Seite. Sie hat Handel getrieben. Aber ich wurde gleich erkannt. Von den Schmalzowniks. Einmal habe ich mich mit dem Kugelschreiber meiner Mutter freigekauft. Er war mit Gold beschlagen.«*

[M.R.-R.:] *»Aber es war kein echtes Gold.«*

[T.R.-R.:] *»Ich weiß nicht, Kochanie. Vielleicht war es doch echt.«*[23]

Als der erste Rotarmist das Häuschen in der »Siedlung der Väter« erreicht hatte, war der Krieg für die Gawins vorbei. Reich hat den Abschied in bewegende Worte gefasst: »In wessen Augen gab es damals Tränen? (…) Ich weiß es nicht mehr.«[24] Kaum waren die Reichs ausgezogen, nahmen die Gawins Verwandte auf, Ausgebombte aus Warschau, das die Besatzer nach dem Warschauer Aufstand, nach dem Ende der Kämpfe, weitgehend zerstört hatten. Wenige Monate später, erinnert sich Barbara, kamen die Reichs noch einmal kurz zu Besuch, Marceli in Uniform. Sie boten an, das Haus von Teofilas Eltern in Łódź der Familie zu überschreiben. Doch der Vater lehnte ab: »Ich will doch gar nicht nach Łódź.« Wozu ein Haus in der Ferne?

Mitleid, Güte, Menschlichkeit und Todesmut: Heute, 65 Jahre danach, antwortet Barbara Rochowska auf die Frage, ob sie in vergleichbarer Lage ähnlich handeln würde wie ihr Vater damals: »Ich weiß nicht. Wohl kaum.«[25]

V. Ende und Anfang in Schlesien

Februar 1945. Eine Kolonne von Armeelastwagen rumpelt durch die hügelige Landschaft des südlichen Polen nach Westen. Sie überquert bei Sandomierz die Weichsel, damit die Männer in polnischen Uniformen, die nicht gerade bequem auf der Ladefläche sitzen, in dem pittoresken Städtchen am Fluss die Nacht verbringen können. Am Morgen reisen sie weiter. Ihre Fahrt ist nur eine Bewegung unter vielen, die Lastwagen und Züge, Bomber und Pferdewagen, Schiffe und U-Boote, Männer und Frauen mit und ohne Waffen in diesen Tagen auf der Landkarte Europas beschreiben. Unter den Reisenden auf der Ladefläche ist Marceli Reich, der später, in einem anderen Leben, von sich sagen wird: »Ich bin ein halber Pole, ein halber Deutscher und ein ganzer Jude.«[1]

Die Lastwagen folgen den sowjetischen Panzern, die vor ihnen die Landschaft durchpflügt haben. Ihr Ziel ist Oberschlesien. Von hier war der Krieg ausgegangen; hier hatten die Deutschen nach dem fingierten Überfall auf den Sender Gleiwitz am 1. September »zurückgeschossen«. Jetzt, knapp sechs Jahre später, kehrt der Krieg zu ihnen zurück. Für die deutsche Bevölkerung der Region ein Blitz aus heiterem Himmel. Friedlich war Oberschlesien bisher gewesen; selbst der Bombenkrieg hatte es nicht berührt. Für britische wie für sowjetische Flugzeuge nur schwer zu erreichen. Die Zwangsarbeiter auf diesem oder jenem Hof, der Nachbarssohn, der auf Fronturlaub aus Russland erzählte – das war kein Krieg. Und mochte in einem Ort nicht weit von hier, dessen Name gut slawisch auf -itz endete, auch dichter Rauch aufsteigen: Der Wind trug den Rauch nach Osten. Krieg, das war anderswo.

Wie war das, Anfang 1945 in das noch halb von der braunen, schon halb von der roten Armee besetzte Schlesien zu fahren? Noch dazu, wenn man in einer olivgrünen Uniform steckt und im Herzen halber Pole, halber Deutscher und ganzer Jude ist?

Der Mann, der in Kattowitz von der Ladefläche springt, ein hagerer Brillenträger, Anfang zwanzig, heißt Marceli Reich. Er ist einer von jenen, die im ostpolnischen Lublin von den künftigen kommunistischen Machthabern des Landes an die Spitze von »Operationsgruppen« gestellt wurden. Ausgerüstet mit Proviant für die ersten 15 Tage und ausreichend bewaffnet, sollen sie jetzt im strategisch und wirtschaftlich wichtigen Oberschlesien, einer Region voller Kohlegruben und Stahlwerke, das UB aufbauen, die »Sicherheitsbehörde«[2]. »Schlesien – das ist Gold«, hatte Stalin seinen Generälen eingeschärft; daraufhin hatten diese bei ihrem Vormarsch einen Zangengriff geplant, um das Industriegebiet unzerstört in die Hand zu bekommen.

Noch am 21. Januar 1945 hatte Albert Speer das oberschlesische Oppeln besucht und mit der militärischen Führung vereinbart, die Taktik der »verbrannten Erde« hier, auf altem Reichsgebiet, nicht anzuwenden. Doch welche Taktik man auch gewählt hätte – Oberschlesien war nicht mehr zu halten. So rief der Kattowitzer Gestapo-Beamte Paul Breuche drei Tage vor dem Durchziehen der Front seine besten Agenten zu sich, die bisher für die Bekämpfung des polnischen Untergrunds zuständig gewesen waren. Er bereitete sie auf die Aufgabe vor, jetzt selbst in den Untergrund zu gehen.[3] In den folgenden Stunden und Tagen wurde Auschwitz befreit, während in der Ostsee die »Wilhelm Gustloff« sank.

Der Plan, das Industrierevier kampflos einzunehmen, wurde weitgehend erfüllt. Jetzt mussten die polnisch-kommunistischen Sicherheitskräfte in Zusammenarbeit mit dem sowjetischen NKWD und der berüchtigten Sondereinheit Smersch[4] das Terrain sichern und die Herrschaft der Lubliner Regierung etablieren. Das war in Oberschlesien noch schwieriger als andernorts. Hier war ein großer Teil der Bevölkerung deutsch. Ein Teil der übrigen hatte – aus verschiedenen Gründen, teils aus Not, teils unter Druck – die »Deutsche Volksliste« unterschrieben und damit gegenüber dem Dritten Reich seine Loyalität bekundet. Das sollte den Unterzeichnern jetzt zum Verhängnis werden. Zugleich war in der Region bis zum Abzug der Wehrmacht die polnische Armia Krajowa aktiv gewesen, die Untergrundarmee, die der polnischen nichtkommunistischen Exilregierung in London unterstand. »Feinde« also, wohin das Auge der neuen Herren blickte, auch wenn die meisten unbewaffnet und viele gänzlich unbescholten waren.

Befreiung, Vertreibung, Völkerwanderung

Der Krieg war noch längst nicht zu Ende; die sowjetischen Panzerverbände rollten weiter Richtung Berlin. An ihrer Seite eine polnische Einheit, in der die Postzensorin Teofila Reich ihren Dienst versah; sie kam bis zur immer noch verteidigten »Festung Breslau«. Die Wehrmacht stand in Oberschlesien mittlerweile nur noch im gebirgigen Süden, ebenso in Böhmen und Mähren, und sollte dort noch bis zum Mai bleiben. Doch die größte Völkerwanderung der Geschichte hatte bereits begonnen. Hunderttausende Deutsche aus dieser Region waren schon vor dem Einmarsch der Roten Armee nach Westen und Süden geflohen. Als die Sowjets endlich eingerückt waren, trommelten sie unter dem Vorwand kurzfristiger »Arbeitseinsätze« Zehntausende Oberschlesier zusammen. Oft wurden die Menschen aufgefordert, zwei Garnituren Winterkleidung und Bettzeug zu den Sammelstellen mitzubringen. Dort wurden sie verhaftet und zur Zwangsarbeit in Kohlegruben und Lager in Sibirien und der Ukraine verfrachtet; die meisten kehrten nie von dort zurück. »Wenn ich durch die Stadt ging, hallten meine Schritte oft in den Straßen wider, so wenige Menschen waren zu sehen«, erinnert sich Bronisława Jurkowska an diese Zeit in Kattowitz, der einst so belebten Metropole[5]. Ihr Mann Józef war seit Ende Januar 1945 Chef des UB für ganz Oberschlesien und einer der Vorgesetzten des jungen Marceli Reich.

Die Völkerwanderung hatte also begonnen. Doch »Feinde« gab es auch jetzt noch genug, und Arbeitskräfte wurden an Ort und Stelle gebraucht. Schon an ihrem ersten Sitz in Lublin hatte die neue polnische Regierung verfügt, dass jeder Bürger, der unter deutscher Besatzung »seine deutsche Volkszugehörigkeit erklärt hat, … auf unbestimmte Zeit der Unterbringung in einem Isolierungsort (Lager) und der Unterwerfung unter die Zwangsarbeit unterliegt«.[6] So richteten der NKWD und wenig später auch das UB Lager für Deutsche ein. Dabei nutzten sie vielfach dieselben Baracken, in denen die NS-Behörden wenige Wochen zuvor Juden und andere »Feinde« festgehalten hatten.

Derweil irrten die gerade Freigelassenen auf der Suche nach ihren Angehörigen oder nach Hilfe durch die Straßen.

»Mich fragte einmal jemand in der Stadt, wo die Amchu-Straße sei«, erinnert sich Frau Jurkowska. Damals kannte sie dieses hebräische Wort (»mein Volk«) noch nicht; besser als hebräisch konnte sie schließlich jiddisch. Jetzt sollte sie es erfahren: »So fragen Juden, wenn sie ihre Angehörigen suchen. Sie fragen auf diese maskierte Weise, denn wenn sie auf einen Nichtjuden treffen, könnte der ihnen etwas antun. Jemand hat mir erklärt, in solchen Fällen sollte ich die Adresse der jüdischen Gemeinde angeben.«[7]

Wenig später, von März 1945 an, begannen Vertriebene aus den polnischen Ostgebieten nach Oberschlesien zu strömen. Die kommunistischen Behörden nannten sie »Repatrianten«, obwohl sie hier nicht einmal ein Dach über dem Kopf hatten, von Heimat ganz zu schweigen. Oft mussten sie unter freiem Himmel kampieren und warten, bis wieder eine Gruppe Deutscher abtransportiert worden war, um dann deren Wohnungen einzunehmen.[8]

Vielleicht liegt es an all diesen Ereignissen, wenn Reich-Ranicki heute so ungern über seinen Aufenthalt in Oberschlesien spricht. Als ich ihn zum ersten Mal nach seinen Erinnerungen an diese eigentümliche Region fragte, antwortete er kurz und bündig: »Ich kann mich an gar nichts erinnern …«[9]

Für Józef Jurkowski, den UB-Chef, und seine Frau Bronisława, 31 beziehungsweise 28 Jahre alt, waren diese Monate in Kattowitz eine Zeit des Neubeginns. Ihre nächsten Angehörigen hatten sie, wie Marceli Reich und Teofila, in Majdanek und Treblinka verloren. Wenn sie bei ihrem neuen Arbeitgeber Personalbögen auszufüllen hatten, auf denen – als Reminiszenz an das bürgerliche Zeitalter – die Rubrik »Besitzstand« auftauchte, schrieben sie, wie so viele in jener Zeit: »keiner«. Sie hatten ihr Leben gerettet; das war ihr ganzer Besitz.

Nachdem Józef Jurkowski einige Zeit in einem Partisanenverband gekämpft hatte, war er jetzt in Lohn und Brot. Im Dienst für die Sicherheit des Staates, auch wenn dieser erst im Entstehen begriffen war, hatte er sich in den vergangenen Monaten bewährt. Im Januar 1945 in Kattowitz, sollte er die ersten Früchte ernten: Er nahm sich die Villa eines Grubendirektors, vermutlich eines Deutschen, zum Wohnsitz. Die zierliche Bronisława, selbst nicht berufstätig, machte sich im Keller der Villa an eine gemeinnützige Arbeit: Sie badete und entlauste die Häftlinge, die gerade aus den Konzentrationslagern gekommen waren. Zusammen mit einem Arzt gab sie den Menschen zu essen. Der Arzt maß die Rationen ab, die für ausgehungerte Körper geeignet waren. »Es kam zu furchtbarem Streit. Die Menschen sagten: Wir sind doch nicht mehr in Auschwitz! Wir wollen normal essen!«[10]

In dem Verwaltungsgebäude nebenan, in der Ulica Powstańców, der Straße der Aufständischen, wie sie künftig heißen sollte, war man mit anderen Dingen beschäftigt. Wer in diesem wuchtigen Bau mit seinem barockisierenden Portal ein- und ausging, war zu strengster Geheimhaltung verpflichtet. Das war zu deutscher Zeit so gewesen und sollte sich auch jetzt nicht ändern. Bis vor kurzem hatte hier der Agentenführer Breuche residiert; das Gebäude war Sitz der Gestapo gewesen. Jetzt befand sich hier das UB; Józef Jurkowski war der Hausherr. Die UB-»Operationsgruppe« für Oberschlesien, die, in Untergruppen gegliedert, Ende Januar gemäß einem Personalbefehl des Ministers Stanisław Radkiewicz zusammengestellt worden war, umfasste 125 Personen. Viele davon hatten in diesem Gebäude Arbeitszimmer bezogen, andere waren für die UB-Zweigstellen in den umliegenden Städten vorgesehen.

Postzensoren in Uniform: Marceli und Teofila Reich

In der Ulica Powstańców residierte also fortan »Schild und Schwert« der neuen Herren: die Staatssicherheit, das UB. Die Zerschlagung deutscher und oppositioneller Untergrundstrukturen, die Einrichtung und Verwaltung von Gefängnissen und Lagern, die Verhaftung aller möglichen »missliebigen« oder als Zwangsarbeiter zu gebrauchenden Elemente, der Personen- und Objektschutz, natürlich auch die Anwerbung von Agenten und die Durchsetzung der neuen Verwaltungsstrukturen mit eigenen Leuten, das alles war ihr Metier. Dazu gehörte auch die Postzensur, die – da eine reguläre Post noch nicht funktionierte – zunächst den Namen »Cenzura Wojskowa«, Militärzensur, trug. Bei ihr waren auch Marceli Reich und Teofila in die Lehre gegangen, schon seit Oktober, als beide, noch in Lublin, ihre Aufnahmeanträge an das Sicherheitsministerium gerichtet hatten.

Bereits am 1. September 1944 war diese Zensur gegründet worden, fast von Anfang an unter der Leitung der cholerischen Hanna Wierbłowska, und jede Woche wurden neue Leute eingestellt, Mannschaften, untere Ränge, auch viele Frauen darunter. Die Zensur hatte zunächst eine Zwitterstellung zwischen der polnischen Armee, die unter den Fittichen der Roten Armee entstanden war, und dem UB, wie auch ihre Nummerierung verrät: Reich schrieb am 22. Oktober 1944 einen Antrag auf Aufnahme in das Ressort für Öffentliche Sicherheit, Abteilung Militärzensur.[11] Daraufhin teilte ihn Frau Wierbłowska, wie sie auf einem der Anträge vermerkt hat, der »Militärzensureinheit Nr. 191« zu. Doch etwas später lesen wir im »Personalbefehl« vom 8. Februar 1945: »Aufgenommen in das Ministerium für Öffentliche Sicherheit,

Abteilung Militärzensur: Reich Marceli, als Übersetzer/Kontrolleur der 3. Einheit zum 25.1.1945.«[12] Unterzeichnet von: »Radkiewicz, Minister« (soweit alles mit Schreibmaschine). Daneben ein mit Tinte ungelenk in lateinischen Lettern eingesetzter Namenszug. Er lautet »Orechwa«. Anstelle des polnischen Ministers hat hier der sowjetische Major Nikolaj Orechwa unterzeichnet, wie auf vielen Befehlen dieser Zeit. Der Major sollte den polnischen Genossen zehn Jahre lang als erster Personalchef ihrer Staatssicherheit zur Seite stehen.[13]

Nun fiel Operationsgruppenleiter Marceli Reich – so schildert er es heute – in Oberschlesien die Aufgabe zu, die Zensur aufbauen. Dazu brauchte es Leute. Die Gründer des UB hatten genaue Vorstellungen, wie viele Mitarbeiter für diese Art der Überwachung notwendig sein würden; sie planten nicht zu knapp. Für eine Bezirkshauptstadt wie das ostpolnische Rzeszów mit einem Briefaufkommen von 50000 im Monat waren – Planungsstand November 1944 – immerhin 69 hauptamtliche Brieföffner vorgesehen. Ein Ballungsgebiet mit internationalen Verflechtungen wie Oberschlesien brauchte entsprechend mehr Personal. Vielleicht standen manche Vorgaben in dieser chaotischen Anfangszeit nur auf dem Papier, mag sein. Doch sollte nicht vergessen werden, dass das UB von den 26 Männern der ersten Stunde im September 1944 binnen sieben Monaten zu einem landesweiten Apparat mit 12000 hauptamtlichen Mitarbeitern heranwuchs.[14] Und das waren erst die Anfänge.

Mit wem Marceli Reich in Kattowitz diese neue Behörde aufgebaut hat und wie das ablief, daran kann er sich heute nicht mehr erinnern. Über seine Mitarbeiter sagt er lediglich: »Man hat uns die Mädel vom örtlichen Postamt zugewiesen.«[15] Erst spät und nur ein einziges Mal hat er anklingen lassen, dass er diesen Kriegswinter in Oberschlesien keineswegs vergessen hat, bis heute nicht. Zeuge von Übergriffen auf die deutsche Zivilbevölkerung, sagte er bei dieser Gelegenheit, sei er »überhaupt nicht« gewesen. Doch gibt seine Erzählung einen Eindruck von der Lage in diesen Wochen und Monaten zwischen Krieg und Frieden:

»In Kattowitz, (...) da habe ich einmal Polen gehört, die sagten: ›Na, heute Abend knöpfen wir uns mal ein paar Deutsche vor.‹ Da ging es darum, diesen Deutschen irgendwelche Habseligkeiten wegzunehmen: Schuhe, Anzüge, Pelze und so weiter. Ob diese Polen ihren Plan verwirklicht haben, das weiß ich nicht.«[16]

Oberschlesien 1945: Es war eine Zeit der Rache und der Gewalt, eine Zeit von Widerstand und Ergebung.

»Prawo i pięść«, »Recht und Faust« heißt denn auch ein polnischer Filmklassiker. Er spielt in den ersten Wochen nach der Eroberung in Polens wildem Westen: in einer Kleinstadt in Schlesien. Ein einsamer polnischer Milizionär versucht, die Plünderung des zurückgelassenen deutschen Eigentums, das jetzt »Volkseigentum« werden soll, zu verhindern. Der gute Cop siegt am Ende, doch erst nach einem harten Kampf. Seine Gegner sind in der Überzahl, und auch sie tragen Uniform und Waffen: Es sind raffgierige polnische Militärs.

»Entschuldigen Sie bitte«, sagt Reich-Ranicki, »die Leute, mit denen ich 1945 (...) zu tun hatte, interessierten sich wirklich nicht dafür, ob Deutsche vertrieben wurden und unter welchen Umständen. (...) Und wenn die etwas zum Anziehen brauchten oder Hunger hatten, meinen Sie, die machten sich lange Gedanken? Die gingen in eine deutsche Wohnung, ein deutsches Haus und nahmen Pullover oder Schuhe oder Mäntel mit, was immer sie gerade brauchten. Einer dieser Soldaten hat mir mal gesagt, er habe sich bei Deutschen was geholt, und sagte dann noch: Sonst habe ich denen nichts angetan. Er hat sich gerühmt, dass er sie nicht erschossen hat, was er vielleicht auch hätte tun können.«[17]

Was dieser eine hätte tun können – viele haben es getan. Das Bedürfnis nach Rache, das in diesen Männern aufstieg, die gerade an Auschwitz vorbeigezogen waren, entlud sich auch an Unschuldigen; die Hauptschuldigen waren ja längst über alle Berge. Der Krieg – das bedeutete oftmals Partisanenkrieg, ein Leben im Wald und jenseits von Recht und Gesetz – hatte die Sitten verwildern lassen. Und die Rotarmisten hatten mit den Vergewaltigungen ein schlechtes Beispiel gegeben, wie mit »besiegten« Zivilisten umzugehen sei.[18]

Die kommunistischen polnischen Behörden wiederum steckten Zehntausende verdächtiger Menschen in Oberschlesien in Lager. Manche Lagerkommandanten und Milizionäre ließen ihrem Hass freien Lauf. Dass unter ihnen polnisch-jüdische Überlebende besonderen Grund hatten, den Wunsch nach Rache zu verspüren, und dass dieses Gefühl sie zu besonders loyalen Genossen werden ließ – die neuen Machthaber werden das wohl bedacht haben, als sie 1945 ihre Personalbefehle ausgaben.[19]

Marcel Reich-Ranicki hat in späteren Jahren sehr stark betont, dass er gegenüber den Deutschen keine Rachegefühle empfunden habe. Nein, sagt auch Bronisława Jurkowska heute, »mein Józek hat oft gesagt: Wir nehmen nicht Rache, sonst werden wir so wie die Faschisten.« Das heißt allerdings nicht, dass man das Leid der deutschen Zivilbevölkerung allzu ernst genommen hätte. Auf die Frage, warum die Straßen so leer waren, warum die Deutschen in Lager gesteckt wurden, kommt die 90 Jahre alte Dame auch heute noch sofort auf den »Werwolf« zu sprechen, die von verbliebenen Nazis gegründete Untergrundorganisation, die auch nach dem »Endsieg« noch weiterkämpfen sollte. Heute ist bekannt, dass der »Werwolf« großenteils eine Ausgeburt der deutschen und der polnischen Propaganda war. Beide Seiten hatten Anfang 1945 ein Interesse daran, an die Fortexistenz gefährlicher deutscher Kampfgruppen zu glauben. Insgesamt zählten der »Werwolf«, die »Edelweißpiraten«, die »Freikorps« und andere Untergrundgruppen, die auf die Rückkehr der deutschen Herrschaft nach Oberschlesien hofften, wohl zu keinem Zeitpunkt mehr als 1000 Mitglieder. Doch das genügte, um Waffen zu horten, einige Sabotageakte durchzuführen, nachts Hakenkreuzfahnen zu hissen – um früher oder später durch größere Verhaftungsaktionen vom UB zerschlagen zu werden.[20]

Stärker und gefährlicher war der polnische Untergrund. Zwar hatte der »Oberschlesische Bezirk« der Heimatarmee während des Krieges durch Tod oder Verhaftung 8000–9000 Angehörige verloren, doch zählte er vor dem Abzug der Wehrmacht immer noch etwa 25000 Mann.[21] Am 19. Januar 1945 hatte der Kommandant der Heimatarmee, General Leopold Okulicki, für ganz Polen die Selbstauflösung der Truppe angeordnet. In seinem Befehl sprach er von neuen, diesmal sowjetischen Besatzern im Land und davon, dass die Arbeit für die Befreiung Polens – auf nicht näher bestimmte Weise – weitergehen müsse. Manche Einheiten dieser Widerstandsbewegung gingen jetzt daran, ihre Waffen zu verstecken, die Strukturen aufzulösen und ihre Soldaten in eine unsichere Friedenszeit zu entlassen.

Die Freiheit Polens schien auch unter sowjetischer Dominanz nicht völlig verloren. Der verbreitete Glaube an eine baldige Konfrontation der Westmächte und der Sowjets, an einen oft so genannten »Dritten Weltkrieg«, beflügelte den Widerstandsgeist. Vielfach gründeten die Erben der Heimatarmee neue Organisationen, die teils mit der Druckmaschine arbeiteten, teils auch mit der Waffe. Oberschlesien, dieses schwierige Grenzland, gehörte nicht zu ihren Hochburgen. Doch in vielen Regionen Polens waren sie in der Lage, hin und wieder Posten der Miliz und des UB zu überfallen oder Häftlinge zu befreien.

Marx, die Machthaber und die Juden

Die Männer vom UB, solche wie Józef Jurkowski, gehörten zur Klasse der neuen Herren im Land. Dennoch hatten sie Grund, sich auch zu fürchten. Als sei es gestern gewesen, erzählt Bronisława Jurkowska ein Erlebnis aus den ersten Wochen in Kattowitz:

> *»Einmal bin ich zufällig auf einen Friseur gestoßen. Sowie ich hereingekommen war, bat man mich, Platz zu nehmen, und ich spürte, dass hier etwas nicht stimmte. So saß ich eine Weile da, niemand sagte einen Ton. Schließlich fasste ich mir ein Herz und fragte: Was ist hier los? Da kommt einer auf mich zu, ruft mich in einen anderen Raum und fragt: Wer sind Sie? Da habe ich meinen Namen genannt. – Und wo wohnen Sie? Wir haben da noch in der Powstańców-Straße gewohnt. Ich nannte die Adresse. Da schickte er jemanden hin, um das zu überprüfen. Ich wusste nichts davon, aber als der andere zurück war und hereinkam, wirkte er sehr erschrokken. Er kam zu mir und begann, sich zu verneigen. – Und ich hatte schon gedacht, ich sei in einen Hinterhalt der ›Nationalen Streitkräfte‹ geraten, und wenn sie nur erführen, dass ich Jüdin sei, würden sie mich erschießen.«*[22]

Frau Jurkowska ist beim Friseur nichts passiert. Doch die zweifache Angst, die Furcht, Zielscheibe zu sein wegen der Arbeit im UB und wegen der jüdischen Abstammung, muss die Menschen aus diesem Kreis besonders zusammengeschweißt haben. Nur die »Volksmacht« konnte ihnen das

Gefühl der Sicherheit geben. Die Sowjetunion war während des Krieges Zufluchtsort vieler polnischer Juden gewesen; die Kommunisten hatten doch die klassen- und rassenlose Gesellschaft ausgerufen. All das mag dazu beigetragen haben, dass Józef Jurkowski seinen ursprünglichen, jüdischen Namen leichten Herzens ablegte, als ihm ein Vorgesetzter dazu riet. Das geschah noch während der Kämpfe. Seine Witwe schildert die Begebenheit so:

»Da saßen also der Zawadzki und so ein Mietkowski zusammen. Der Zawadzki sagte in Gegenwart von Józek: Der ist für uns gut geeignet. Darauf der Mietkowski: Ach was, der ist doch Jude! Darauf sagt Zawadzki: Wenn ich das nicht erkannt habe, werden die Deutschen das auch nicht erkennen. Aber gut, soll er nicht Jungmann heißen, sondern Jurkowski. Und so haben sie ihn Jurkowski genannt. Das war nicht deswegen, um sich zu polonisieren oder eine bessere Karriere zu machen. Sie haben ihn so getauft, als sie ihn in den Stab der Partisanen geschickt haben.«[23]

So manchem polnischen Juden wurde gestattet – sofern er nicht sogar dazu aufgefordert wurde –, von einem »jüdischen« zu einem »polnischen« Namen zu wechseln. Der Antisemitismus in der polnischen Gesellschaft, der sehr spezielle Dienst mancher »Organe«, die Sorge um das Ansehen der Machthaber – diese und andere Motive mögen dabei eine Rolle gespielt haben. In den Personalbefehlen des Sicherheitsministeriums sind neben Ernennungen, Versetzungen und Entlassungen auch einige dieser »Namensgebungen« vermerkt. In der kleinen Ortschaft Śrem bei Posen war der erste UB-Chef ein gewisser Marceli Teich. In einem Personalbefehl heißt es: »…gestatte ich die [rot durchgestrichen:] Namensänderung [handschriftlich eingefügt:] Verwendung des Namens OMIŃSKI Marceli.«[24] Unterschrift (derselbe Rotstift, dieselbe Handschrift): »SRadkiewicz«. In diesem Falle Sicherheitsminister Stanisław Radkiewicz persönlich. Solche und ähnliche Personalbefehle, etwa in der Formulierung »gestatte ich den Dienstnamen …«, unterschreibt auch der bewährte Major Orechwa.

Einige Monate gehen ins Land. Da erlebt Jurkowski eine Szene, die in ihm Zweifel weckt an den Absichten der Kommunisten. Die UB-Chefs aller polnischen Wojewodschaften sind zusammengekommen, um zu beraten. Auf einmal stellt sich ein hohes Tier aus Warschau hin und hält den Bezirkschefs vor, in der einen oder anderen Behörde oder ihrer Führungsebene seien »zu viele« Juden. Dem Genossen Jurkowski wird vorgerechnet, in Kattowitz seien es sieben, darunter ein Mitarbeiter namens Birenbach. Was sagt der Beschuldigte darauf? Bronisława Jurkowska berichtet:

»Erstens: Ihr habt einen vergessen. Das bin ich. Ich bin Jude. Und zweitens: Habt Ihr den Birenbach um Erlaubnis gefragt, ehe Ihr ihn beschnitten habt? – Da gerieten die Herren ins Schleudern. Darauf zeigte der Józek mit dem Finger auf das Porträt an der Wand und sagte: Was macht eigentlich der Marx hier, dieser Bärtige? Nehmt den Marx ab und hängt den Dmowski hin. Nein, nett ist er nicht gewesen zu seinen Vorgesetzten, der Józek.«[25]

Für die Lage im März 1945 bleibt nüchtern festzuhalten: Die wichtigsten Grundlagen für die kommunistische »neue Ordnung« in Oberschlesien waren gelegt. Polnische Verwaltungsstrukturen waren im Entstehen begriffen. Die erwähnten Agenten der Gestapo in Kattowitz, die zuvor die Polen bespitzelt hatten, glaubten zwar eine Zeitlang, jetzt als »polnische Untergrundkämpfer« anerkannt, sogar Oberbürgermeister und Milizkommandant werden zu können. Doch sie wurden enttarnt, zum Tode verurteilt und hingerichtet.[26]

Die wirtschaftliche Lage war dramatisch, schlimmer als je zu deutscher Zeit. Noch dazu begannen die Sowjets, als seien sie in Oberschlesien in Feindesland, schon früh mit dem Abtransport von Industrieanlagen. Bronisława Jurkowska spricht mit Stolz davon, wie ihr Mann und andere Vertreter der »Sicherheit«, wie sie die Behörde nennt, die »Waffenbrüder« an der Demontage zu hindern versuchten. Voller Bewunderung spricht sie von der drahtigen Maria Eiger, »einem Menschen, der über seine Epoche hinauswuchs«, einer glühenden Aktivistin, die wie sie selbst vor dem Krieg wegen kommunistischer Betätigung im Gefängnis Bromberg-Fordon gesessen hatte. Diese Frau Eiger habe »eine ganze sowjetische Einheit in Schach gehalten«, die eine Fabrik demontieren wollte, bis die von ihr angeforderte Verstärkung eingetroffen war.

Auch die ersten Anfänge eines Kulturlebens ließen sich in Oberschlesien inzwischen beobachten. Die Künstlerkneipe »Wigwam« im Zentrum von Kattowitz wurde zum Treffpunkt für Interessierte. Der »literarische Salon« der Stefania Czajka erlangte in der Stadt Berühmtheit; die Dichterin Czajka war im Getto gewesen, nach dem Krieg war sie Hauptmann der Miliz. Der Kreis ihrer Gäste war eine bunte Mischung aus Soldaten, allen möglichen Staatsbeamten und Funktionären sowie Literaten. Schwer zu sagen, wann alles begann und ob Marceli Reich dort gewesen ist. »Aber eine Sache habe ich wirklich in Erinnerung: Wie ich in einem Konzert war, dem ersten Konzert in Kattowitz mit Werken von Chopin. Er war ja ein verbotener Komponist gewesen.«[27]

Seine Arbeit in Oberschlesien beschreibt Reich in seiner Autobiografie in knapp drei Sätzen: Er wurde »nach dem eben erst befreiten Kattowitz delegiert, wo ich die Zensur zu organisieren hatte. Ich tat dies zum Entzücken meiner Vorgesetzten so schnell, daß sie bald arbeitsfähig war, doch vorerst ohne Arbeit – denn die Post funktionierte noch nicht. Das trug mir den Ruf eines guten Organisators ein«.[28] Hier sind wir ganz auf seine eigenen Angaben angewiesen. Die schriftlichen Quellen sind spärlich. In dem Personalbefehl des Ministers, der im Februar die erste Hundertschaft UB-Leute in die Hauptstadt Kattowitz entsendet, taucht Reich gar nicht auf. Die Historiker im heutigen Oberschlesien, die den Namen Reich-Ranicki und auch die Akten kennen und gerne mehr wissen würden, breiten ratlos die Arme aus.

Selbst die Frage, wie lange er in Oberschlesien war, ist unklar. Zwar gibt es schwarz auf weiß die Eckdaten seines Einsatzes: Er sei vom 5. 2. bis zum 25. 3. 1945 als »Leiter einer Operationsgruppe« dort gewesen.[29] Genauere Angaben fehlen. Reich-Ranicki sagt heute, sein Aufenthalt sei viel kürzer gewesen. Von mir nach der Dauer des Aufenthalts in Oberschlesien gefragt, nannte er »vier, fünf Tage«; in einem Interview wenig später sprach er von »zehn bis zwölf Tagen«.[30] Dann sei er in das ostpolnische Lublin zurückgekehrt, aus dem er entsandt worden war, und von dort sofort nach Warschau geschickt und befördert worden. Unterwegs habe er in Łódź Station gemacht. Seine Frau Teofila, deren Einheit zuvor nach Breslau vorgestoßen war, war jetzt dort, in ihrer Heimatstadt. Reich-Ranicki erinnert sich:

»Dann habe ich eine Flasche Cognac mitgenommen und bin nach Łódź gefahren. Ich habe ihrem Chef, einem sowjetischen Offizier, den Cognac gegeben, und er hat sie freigegeben und sie ist mit mir nach Warschau gefahren.

[Teofila Reich-Ranicki wirft ein:] Der Gandscha. Das war der sowjetische Offizier.

[Gerhard Gnauck:] War der Gandscha in Ihrer Einheit?

[Marcel Reich-Ranicki:] Nein, der war höher.«[31]

Nicht zu vergessen: Der Abzug von Wehrmacht und deutscher Verwaltung war für viele, die 1945 in Oberschlesien geblieben waren, eine Erleichterung. Das Ende der deutschen

Zeit war für die Polen ein hoffnungsvoller Anfang. »Es war die Zeit einer sehr intensiven und sehr interessanten Arbeit«, erinnert sich Bronisława Jurkowska, die Frau des UB-Chefs, »alles war neu«. Neun Monate nachdem sie nach Kattowitz gekommen war, gebar Frau Jurkowska eine Tochter: Wanda. Doch für das junge Ehepaar Reich war die Zeit noch nicht gekommen. Marceli Reich, Übersetzer/Kontrolleur der Militärzensur, steckte erst in den Anfängen seiner Laufbahn.

VI. Eine merkwürdige Mission: Berlin 1946

Im schlesischen Chaos hatte Marceli Reich sich »den Ruf eines guten Organisators«[1] erworben. Im zertrümmerten Warschau, seiner nächsten Station, hat er mit seiner Arbeit in den ministerialen Korridoren diesem Ruf sicher nicht geschadet, ihn eher noch gefestigt. So kam ein Vorgesetzter, ein Major im Sicherheitsministerium, auf die Idee, Leutnant Reich noch einmal zu den Deutschen zu schicken. Diesmal nach Berlin, wo – so sahen es viele – Preußen-, Deutsch- und Nazitum jene explosive Mischung eingegangen waren, die gewaltiges Unheil über die Welt gebracht hatte. Diesmal in die Höhle des Löwen. Das gefiel Leutnant Reich. »Um Berlin wiederzusehen, habe ich einen Pakt mit dem Teufel geschlossen, mit dem polnischen Sicherheitsdienst.«[2]

Manches in der einstigen Reichshauptstadt muss dem jungen Mann, als er Anfang 1946 dort eintraf, aus seiner Gymnasialzeit vertraut erschienen sein. Doch vieles war, seit Goebbels dort gesprochen hatte (»Ihr werdet Berlin nicht wiedererkennen!«), in dieser Stadt ganz anders geworden. Schutt und Ruinen stachen ins Auge. Der größte innerstädtische Park, der Tiergarten, war ein einziger Kahlschlag; die Bäume zu Brennholz verarbeitet. Vor vielen Häusern waren provisorische Soldatengräber angelegt: »Fast jeder Vorgarten hat die stille Einquartierung«, schrieb eine Berlinerin in ihr

Tagebuch[3]. Vielerorts kündeten Schriftzüge in fremden Sprachen von einer neuen, fremden Herrschaft. Und die Zeitungen, die jetzt erschienen, trugen gänzlich andere Titel als noch einige Monate zuvor.

Auch die Menschen waren andere geworden. Die Alteingesessenen hatten manch schockierende Erfahrung hinnehmen müssen. Fremde Heere, Ost und West: Das hatte diese Stadt seit Ururgroßvaters Zeiten, seit Napoleon und Zar Alexander, nicht mehr erlebt. Und die Neu-Berliner, die Zwangs-Berliner, die Durchgangs-Berliner? Die deutschen Behörden hatten in der Stadt bis zuletzt Hunderte kleiner Zwangsarbeitslager betrieben. Jetzt drängten sich Verschleppte und Versprengte in mehreren Dutzend – dafür zumeist größeren – Lagern für Flüchtlinge und »Displaced Persons«. Bomber und Panzer, Kriegsschiffe und U-Boote waren in Europa längst zur Ruhe gekommen; die Menschenströme aber flossen weiter. Kaum glaubhaft erscheinen heute Schätzungen, wonach in der zweiten Jahreshälfte 1945 jeden Monat eine halbe Million Flüchtlinge neu nach Berlin hineinströmte – und sei es auch nur, um bald darauf, mit einem Schimmer von Hoffnung oder bitter enttäuscht, irgendwohin weiterzuziehen.[4]

In diese Stadt kam Mitte Januar 1946, zusammen mit drei Kameraden, Marceli Reich. Die vier kamen von Osten her; diesmal nicht auf einem Lkw, sondern bequem mit dem Personenwagen, wie es Vertretern einer Siegermacht gebührt. Ihre Familien hatten sie zu Hause lassen müssen; Teofila Reich war in Warschau geblieben. Kurz vor der Vierergruppe war bereits Oberst Dr. Prawin eingetroffen, ein Ökonom, der in Wien studiert hatte. 1941 hatte sich Prawin in Ostgalizien zur Roten Armee gemeldet, hatte in Stalingrad gekämpft, dann in der polnischen Division Kościuszko. Zweimal verwundet, siebenmal dekoriert, Kriegsende im Lazarett. Danach kurze Zeit Verwaltungschef des südlichen Ostpreußen. Der kahlköpfige Jakub Prawin, 44 Jahre alt, jüdischer Herkunft, sollte im besiegten Deutschland auf Jahre hinaus der ranghöchste Vertreter des neuen Polen sein. Ein weltgewandter Mann, dem es gefiel, sein Arbeitszimmer in Charlottenburg mit einem Porträt der Zarah Leander zu schmücken.

Jakub Prawin war Chef der Polnischen Militärmission. Einen Botschafter gab es in Berlin damals nicht; es gab ja auch keine deutsche Regierung, der er Botschaften hätte überbringen können. So war die Mission im besiegten Feindstaat die wichtigste Vertretung des sich nach und nach kommunistisch färbenden Polen. Akkreditiert war sie beim Alliierten Kontrollrat: bei den Sowjets, den Amerikanern, bei Briten und Franzosen. Prawin und seine Mitarbeiter, von denen manche zuvor in deutschen Lagern gesessen hatten, vertraten jetzt das neue Polen: ein Land in der Koalition der Sieger, doch verstümmelt und verwundet wie kein anderes.

Die Briten hatten zuvor in ihrem Sektor in Charlottenburg, so schrieb eine Berlinerin in ihr Tagebuch, »ganze Häuserblocks und Straßenzüge« beschlagnahmt. »Hunderte, vielleicht Tausende von Menschen sind plötzlich ohne Möbel, Betten, Herde. Keiner fragt, wohin sie gehen, wer sie aufnimmt, wie sie weiterexistieren.« Aber rätselhafterweise sei es irgendwie gegangen. Jeder sei irgendwo untergekommen. »Die Engländer sind höflich, bestimmt und vollkommen unpersönlich. Ausführende Organe, wie der Offizier sagt. Und er fügt hinzu: ›Die Offiziere der britischen Armee sind keine Rowdies.‹ …«[5]

Ein gut erhaltenes Haus im britischen Sektor, die Nr. 42 in der Schlüterstraße, hundert Meter vom Kurfürstendamm entfernt, bezog jetzt die Polnische Militärmission. Ein solides

Eckhaus, Parterre plus vier Etagen, dessen Fenster großenteils auf die belebte Lietzenburger Straße hinausgingen. Marceli Reich erinnert sich, er habe in dieser Mission gearbeitet und sich mit Restitution beschäftigt. Gleichzeitig sollte er in Berlin als Agent tätig werden, was er als eine ehrenvolle Pflicht empfand.[6] Doch er bekam »keinerlei Weisungen«, wie er schreibt; schließlich gewann er den Eindruck, »ich sei von der Warschauer Zentrale des Geheimdiensts vergessen worden«[7]. Man könnte meinen, die Warschauer Zentrale habe Wichtigeres zu tun gehabt, als Agenten mit falschen Bärten und Toupets in Berlin herumzukommandieren. In der Tat: es gab höchst bedeutsame andere Aufgaben, gerade für die Militärmission. Und zwar in Größenordnungen, die nur in enger Zusammenarbeit mit den vier Mächten zu bewältigen waren.

Kaum hatte sich Oberst Prawin in Charlottenburg installiert, da bekam er auch schon in rüdem Ton die ersten Weisungen aus Warschau. »Beschäftigt euch ausschließlich mit der Frage der Deutschen – das ist die vordringlichste«, mahnte ihn der stellvertretende Außenminister Wolski. Er sandte diese Worte in einer chiffrierten Depesche, »streng geheim«, da konnte man Klartext reden. Und schon zwei Tage später heißt es, unter Verweis auf die finanziellen Verluste, die jede Verzögerung bringe: »Ich verstehe Euer Schweigen über den Sachstand beim Abtransport der Deutschen nicht. Eine Frage von erstrangiger staatlicher Bedeutung. (…) Wer diese Frage nachlässig behandelt, begeht eine Straftat. Wie ist der Sachstand. Was treibt Ihr überhaupt? Wolski.«[8]

Oberst Prawin organisiert die Vertreibung

Und so machte sich der Oberst daran, die Vertreibung der Deutschen zu organisieren. Im Dezember 1945 hatte der Alliierte Kontrollrat entschieden, dreieinhalb Millionen Menschen, die noch in den deutschen Ostgebieten verblieben waren, in die britische und die sowjetische Besatzungszone zu schaffen. »Human and orderly«, auf humane und geordnete Weise sollte das vor sich gehen; so hatte man es auf der Potsdamer Konferenz beschlossen. Der Polnischen Militärmission fiel bei der Durchführung eine wichtige Rolle zu: Schlesien, Pommern, Ostpreußen waren seit Potsdam größtenteils unter polnischer Herrschaft. So war die Mission das Verbindungsstück zwischen den polnischen Behörden dort und den britischen und sowjetischen Stellen in Rest-Deutschland, die jetzt gemeinsam den »Abtransport« organisieren sollten.

Der Oberst handelte schnell. »In der Frage der Umsiedlung der Deutschen wurden mit der sowjetischen Seite zwei Bahnstrecken festgelegt«, meldete er Vizepremier Gomułka und Vizeminister Wolski nach Warschau. Eine solle von Stettin nach Lübeck verlaufen, die andere vom schlesischen Liegnitz über Wehrkirch bei Görlitz und Magdeburg bis nach Helmstedt, an die Grenze zur britischen Zone. Bis Wehrkirch sollten polnische Lokomotiven die Züge ziehen, danach sowjetische, und zu den eskortierenden polnischen Soldaten sollte dort ein sowjetischer Offizier zusteigen, »zur Begleitung«. Über die Nordstrecke solle täglich ein Zug mit 1500 Menschen verkehren, über die Südstrecke zwei. Drei Tage später meldete Prawin, »englische Experten« hätten einer etwas höheren Gesamtzahl von täglich 5500 Personen zugestimmt, wobei noch 1000 Personen eingerechnet waren, die über den Seeweg (Stettin–Lübeck) gebracht werden sollten.

Doch die Kriegszerstörungen und die Demontage von Eisenbahngleisen durch die Rote Armee waren auch dem Oberst gut bekannt. So fügte er vorsichtshalber hinzu, man möge bitte vorher prüfen, »ob das Bahngleis Lignitz-Werkirchen (sic!) existiert.«[9] Auch auf dem Seeweg gab es Hindernisse: Polen hatte als gerade wiedergegründeter Staat Mühe, in den Besitz seiner (oder anderer) Schiffe zu gelangen. Ein Abkommen mit den Sowjets vom März 1946 sah für Polen einen Teil der deutschen Handelsflotte vor. Der Seetransport der Vertriebenen begann daher erst im April und umfasste für diesen ersten Monat nur 16 655 Personen.[10]

Dagegen gingen die Transporte per Bahn zügig voran. »Human and orderly« sollte die Vertreibung verlaufen. Auch die Mitarbeiter der Militärmission, die oft Schlimmeres erlitten hatten als das, was Schlesier und Pommern jetzt erlebten, waren gegenüber den humanitären Anforderungen nicht ganz taub. »Wir sollten sie [die Züge] mit Öfchen für die Menschen und mit Sachen ausstatten«, schrieb Oberst Prawin schon zu Beginn – es war Januar – nach Warschau. Mehrfach hat die Mission große Mengen Läusepulver nach Schlesien auf den Weg gebracht. Doch waren es vor allem die Briten, deren Druck die polnischen Behörden an die Einhaltung humanitärer Normen erinnerte. Auch das Läusepulver stammte von ihnen. Die Briten beklagten den angeblichen »Abtransport von Alten, Kranken, schwangeren Frauen und die Aussiedlung innerhalb von zehn Minuten« sowie eine mangelhafte Verpflegung, schrieb Prawin warnend nach Warschau. Die Vertreter Londons wollten die Sache vor den Kontrollrat bringen und womöglich die Vereinbarung über die Aussiedlung aufkündigen! Doch der Oberst wusste, wie

Abhilfe zu schaffen war: »Wir werden scharf dagegenhalten«, kündigte er an. Warschau möge bitte geeignetes »Propagandamaterial« über den Ablauf der Aussiedlung schicken – und im Übrigen dafür sorgen, dass die örtlichen Organe sich tatsächlich an die Richtlinien hielten.[11]

Mit der Vertreibung wurde neues Leid gestiftet. Doch erst die anderen Aufgaben, welche die Mission in Charlottenburg beschäftigten, lassen erahnen, welch gewaltiges Unheil vorausgegangen war. Die Züge, die jetzt überfüllt nach Westen rollten, fuhren nicht etwa leer zurück. Wenn die Deutschen ausgestiegen waren, kletterten ehemalige Zwangsarbeiter und Kriegsgefangene, verschleppte polnische Kinder und KZ-Häftlinge sowie exilpolnische Repatrianten in die Waggons, um wieder in ihre Heimat zu gelangen. Es ging um Hunderttausende Menschen; auch das wollte erst einmal organisiert sein.

Zugleich war die Mission an der Überführung deutscher Kriegsverbrecher beteiligt, die in Polen vor Gericht gestellt werden sollten. Die prominentesten von ihnen hatten die Amerikaner in Frankfurt am Main interniert, von wo sie ein Sonderflugzeug des polnischen Sicherheitsministeriums unter strengster Bewachung nach Warschau bringen sollte. Ein anderer Prominenter, Gauleiter Greiser, musste über Berlin transportiert werden, wo er für eine Nacht in der Schlüterstraße in den Keller gesperrt wurde. Die weniger prominenten, darunter in einem Transport 115 Angehörige des Lagerpersonals von Auschwitz, wurden per Bahn, andere per Schiff nach Polen gebracht. Und immer wieder mahnte die Mission: die Eskorte und die Sicherheitsmaßnahmen müssten verstärkt werden. Bereits mehrfach war es Kriegsverbrechern gelungen, unterwegs zu fliehen. Auch Selbstmorde galt es zu verhindern.

Was hat nun Leutnant Reich in diesen mehr als drei Monaten in Berlin getan? Später sollte er schreiben, er habe in der Mission »sehr wenig zu tun« gehabt, seitens des Geheimdienstes habe sogar völlige Funkstille geherrscht. So habe er in seiner reichlich bemessenen Freizeit in Berlin die Häuser, die Schulen, die Bühnen aufgesucht, die ihm vertraut waren. »Ich war auf der Suche nach meiner verlorenen Jugend, der herrlichen und der schrecklichen.« Er sieht das zerstörte Schauspielhaus und wird sich seiner Heimatlosigkeit bewusst. »Die Abende verbrachte ich im Theater, das noch oft in provisorischen Sälen spielte, oder in Konzerten der Berliner Philharmoniker …«[12]

Derweil schwollen die Korrespondenzmappen der Militärmission von Woche zu Woche. Der Stab ihrer Mitarbeiter wuchs – zum 1. Mai 1946 bereits auf 66 Personen. Doch in den vielen Dutzend Ordnern mit »streng geheimen« Depeschen und nicht ganz so geheimen Notizen und Briefen, mit Berichten und Memoranden, selbst auf den Personallisten taucht der Name Reich kein einziges Mal auf. Hat er womöglich im Verborgenen gewirkt? Trug er vielleicht doch, wie er später einmal scherzte, einen »künstlichen Bart« und ein »Toupet«?[13]

Leutnant Reich fahndet nach Kriegsbeute

Ein Blick in die Akten des BRiOW bringt uns der Wahrheit näher. Hinter dieser Abkürzung verbirgt sich das »Büro für Restitution und Kriegsentschädigung«. Es hatte schon seit Mitte 1945 eine Zweigstelle (»Delegatura«) in Berlin. Das dem Industrieministerium unterstellte BRiOW sollte all das rückgängig machen, was sich vom Kriege noch rückgängig machen ließ: Es sollte alle von den Besatzern aus Polen fortgeschafften Sachwerte dokumentieren und, wo möglich, die Demontage, Sicherstellung und Rückführung der Güter in die Wege leiten. Eine gewaltige Arbeit, die sich in 45 Metern Akten niedergeschlagen hat.

Die Mitarbeiter des Büros, das zeitweise ebenfalls in der Schlüterstraße 42 residierte, waren zumeist Fachleute, die etwas von Wirtschaft oder Technik verstanden. Zumindest waren sie als solche tätig gewesen, bis der Krieg sie aus ihrer Lebensbahn warf. So etwa Stanisław Szenic. Der Jurist Szenic, Absolvent der Universität in Posen, hatte vor dem Krieg in verschiedenen Ministerien in Warschau gearbeitet. Danach war er in der besetzten Hauptstadt als kommissarischer Verwalter von Wohnhäusern und als Übersetzer tätig gewesen. Seit Herbst 1944 arbeitete er als Wirtschaftsfachmann auf verschiedenen Posten für die neue polnische Regierung, jetzt also an der Spree. Reich hat ihn, seinen »neuen Chef« in Berlin, in dem einzigen belletristischen Text, den er je geschrieben hat, gewürdigt: als einen »vornehmen Mann aus Posen, der, wie sich bald erwies, dem Einkauf alter Kunstwerke mehr Zeit als seinem Dienst widmete«.[14] Noch heute steht er ihm vor Augen: »Ein ganz kultivierter, gebildeter Mann.«[15]

Schlimmeres als Szenic hatte der Bauingenieur Stanisław Warhaftik im Krieg erlebt. Eine deutsche Einheit hatte das weißrussische Dorf ausgelöscht, in dem zuvor seine Frau und seine Kinder Zuflucht gefunden hatten. Der groß gewachsene Mann, jetzt Witwer, wurde von den Deutschen in ein Lager gesteckt. Er konnte jedoch bald fliehen und schloss sich den sowjetischen Partisanen an. Anfang 1945 kam er nach Oberschlesien, nach Beuthen, um die Technische Hochschule (»technikum«) mit aufzubauen. Jetzt saßen die beiden also in Berlin: der 42 Jahre alte, kleinwüchsige Szenic als Leiter der

»Delegatura«, der neun Jahre jüngere und einen halben Kopf größere Warhaftik als sein Stellvertreter.

Auch ihnen stand ein stetig wachsender Stamm von Mitarbeitern zur Seite. Schon im Sommer 1945 hatte die BRiOW-Stelle in Berlin zu arbeiten begonnen; als Reich dort arbeitete, hatte sie ihren Sitz ebenfalls in der Schlüterstraße 42 in Charlottenburg. Eine mit der Schreibmaschine erstellte Personalliste vom Frühjahr 1946 nennt 48 Namen, darunter am Ende die von acht deutschen Chauffeuren. Die Hauptarbeit, das Aufspüren und die Sicherstellung polnischen Eigentums, besorgten acht »Restitutionsreferenten«. Darauf folgt eine weitere Person, schlicht als »Referent« bezeichnet; sicher kein Wirtschaftsfachmann, womöglich ohne besondere Verwendung entsandt: Marceli Reich.[16] Ein bestimmter Ruf muss ihm jedoch angehaftet haben. Denn auch ein Mann, der wenig mit ihm zu tun hatte, der Journalist Bohdan Osadczuk-Korab, wurde von einem Diplomaten in der Militärmission gewarnt und war auf der Hut: »Ich hatte Angst vor Reich. Ich habe ihn gemieden, denn ich wusste, dass er für die bezpieka arbeitet.«[17]

Offiziell war jedoch in Berlin das »Büro für Restitution und Kriegsentschädigung« seine Arbeitsstelle. Zunächst einmal kümmerte sich Leutnant Reich wie seine Kollegen um das Tagesgeschäft. Fast 30 000 polnische Betriebe hatten dem BRiOW Verluste ihres Eigentums gemeldet und um Hilfe bei der Ermittlung und Rückführung gebeten. Vom Salzbergwerk Wieliczka bis zur Brauerei Żywiec, vom kleinsten Forschungsinstitut bis zur größten Fabrik: Die Besatzer hatten Polen als Ersatzteillager betrachtet, in dem man sich straflos bedienen konnte. Die verschleppten Güter und Anlagen befanden sich nunmehr in allen vier Besatzungszonen und in Österreich, ein Teil auf dem Gebiet des einstigen »Reichsprotektorats Böhmen-Mähren«, vereinzelt war das Diebesgut sogar bis nach Frankreich gewandert. Immer wieder gingen aus Polen Suchaufträge nach verschleppten Pferden ein, und eines Tages fragte der Oberbürgermeister von Posen, ob man für die von den Deutschen im Zoo der Stadt erschossenen Tiere nicht in München Ersatz beschaffen könne. »Uns fehlen: ein Elefant, ein Gnu, zwei Löwen, zwei Tiger, ein schwarzer Panther, zwei Leoparden, ein Wapiti-Hirsch und eine ganze Reihe von Affen der verschiedensten Arten«.[18]

Diese Bitte der Stadt Posen wurde vom BRiOW abschlägig beschieden. Das Büro hatte ohnehin alle Hände voll zu tun. Zur Jahreswende 1945/46 bezifferten polnische Stellen die Verluste ihrer Volkswirtschaft auf 1403 von den deutschen Besatzern demontierte und abtransportierte Fabriken; insgesamt 131 548 Geräte und Anlagen wurden vermisst.[19] Vermutlich mehr als die Hälfte des geraubten Eigentums, der Industrie- ebenso wie der Kulturgüter, befand sich in der britischen Zone. Doch auch in Berlin und der sowjetischen Zone war einiges zu finden, und zunächst konzentrierte das BRiOW seine Tätigkeit auf diesen Bereich. Anfang Februar erstellte Ingenieur Warhaftik eine Liste der bisherigen Erfolge: So wurden schon bis zum Herbst 1945 aus Berlin 78 Straßenbahnzüge in ihre Heimatstadt Warschau zurückgeführt, dazu Turbogeneratoren aus vier Kohlebergwerken und Turbinen. Der wohl größte Einzelfund waren die Anlagen der Stickstofffabrik in Mościce, die sich im Mitteldeutschen Industrierevier wiederfanden; sie füllten gut 350 Eisenbahnwaggons und wurden im Februar von den örtlichen sowjetischen Kommandanten zum Rücktransport freigegeben.[20]

In diese Zeit fallen die Aktivitäten Marceli Reichs. Auch er sammelt Hinweise auf gestohlenes polnisches Eigentum, fährt in seiner Leutnantsuniform zu Ortsterminen, um nach dem Verbleib der Güter zu fragen, sie zu markieren und ihren Rücktransport anzubahnen. So begibt er sich auf der Suche nach den Apparaturen der Krakauer Bergbauakademie nach Dahlem. Er spricht bei Professor Siebel vor, dem Präsidenten des Materialprüfungsamts. Der Professor belehrt Leutnant Reich: »Im Juni 1945 ist die vollständige Einrichtung des Instituts samt den aus Krakau stammenden Kisten von Vertretern der Roten Armee abtransportiert worden.«[21] Ähnliches widerfährt Reich in den Hygiene-Instituten der Stadt Berlin und der Universität: Die »vollständige Ausrüstung von sieben Abteilungen«, welche das Staatliche Hygieneinstitut in Warschau dort vermutete, ist angeblich nie dort gewesen (»während des Krieges ist keine Ausrüstung aus Polen eingetroffen«).

Und die Fotoapparate und Messgeräte, die Theodoliten und die Bürotechnik des Warschauer Hauptamts für Landvermessung? Der Besitz des Reichsamts für Landesaufnahme-Hansa Luftbild GmbH, muss Reich erfahren, »ist entweder zerstört oder von den Russen abtransportiert worden«. Und die Elektrogeräte einer Firma in Krakau? »Die vollständige Einrichtung der Firma Spreewerk wurde von den Russen abtransportiert.« Und die »325 Objekte«, welche die polnische Binnenschifffahrt vermisst? »Alle polnischen Schuten wurden von den Russen abtransportiert.« Noch zwei weitere Misserfolge Reichs meldet die BRiOW-Tabelle für die Zeit vom 20. Januar bis zum 5. Februar: Die Objekte sind entweder zerstört oder abgebrannt.[22] Ein Erfolg ist nicht verzeichnet.

Den anderen Referenten, Ingenieur Warhaftik, Rittmeister Buszkiewicz und drei weiteren Kollegen, geht es in diesen zwei Winterwochen sehr ähnlich. Eigentlich besteht diese Tabelle nur aus Misserfolgen, abgesehen von den noch ungeklärten Fällen und einigen polnischen Eisenbahnwaggons, die in Grunewald aufgefunden und dort gerade repariert werden. Vielleicht Zufall, vielleicht auch nicht: Die deutschen Betriebe konnten kein Interesse daran haben, das Diebesgut herauszugeben, und die vier Besatzungsmächte machten sich verstärkt Gedanken darüber, wie die Deutschen in ihren jeweiligen Zonen und Sektoren wieder auf die Beine kommen könnten – nicht zuletzt wegen der geplanten Reparationszahlungen. Bei der sowjetischen Besatzungsmacht hatte der Wind schon längst gedreht. Seit Herbst 1945 machte sie den polnischen Fahndern zunehmend das Leben schwer. Der sowjetische Marschall Schukow sei schon seit September dagegen gewesen, »uns weiterhin Genehmigungen für die Suche nach Ausrüstung zu erteilen«, schrieb Ingenieur Warhaftik in einem Bericht.[23]

Hinweise auf weitere Ortstermine, die Leutnant Reich wahrgenommen hätte, finden sich in den Akten nicht. Die meiste Zeit scheint er im Berliner BRiOW-Büro fortan am Schreibtisch verbracht zu haben. Er hatte ja acht Jahre zuvor als Lehrling in Charlottenburg »gelernt, wie ein gut organisiertes Büro funktioniert«.[24] Jetzt nahm er, einem Ressortleiter gleich, die Berichte der Mitarbeiter entgegen und verteilte Aufträge. Vielleicht lag ihm die Büroarbeit mehr als das mühsame Reisen, Stöbern und Verhandeln. Wenn jetzt der Kollege Ingenieur Przedborski aus Vallbeck meldet, er habe die Ausrüstung der Fabrik Linke-Hofmann sichergestellt, erhält Reich die Aufgabe: »Schicken Sie eine Person aus der Equipe von ›Pionki‹ zur vorübergehenden Bewachung der Maschinen in Vallbeck, bis die Equipe der Firma Linke-Hofmann eintrifft.«[25] Immer wieder finden sich auf Dokumenten handschriftliche Vermerke, zumeist von Ingenieur Warhaftik, an »ob. [obywatel] Reich«, Bürger Reich. Was ist zu tun, wenn die Erzdiözese Posen ihre mittelalterlichen Pergamente in der

Staatsbibliothek Berlin vermutet? »Ob. Reich, zur Berücksichtigung bei der Restitution«.[26]

Als jedoch Belohnungen verteilt werden, geht Bürger Reich leer aus. Er bezieht zwar ein Gehalt von 1500 Złoty, dazu Diäten, Tagessatz 275 Złoty. Doch zu den Glücklichen, die noch einmal eine saftige Prämie draufgeschlagen bekommen, dazu ein Lob des Bürochefs Szenic (»guter Restitutor«), gehört er nicht.[27]

Vertrauen ist gut, Kontrolle ist besser

All diese Behördenarbeit, die Versuche einer in Trümmern liegenden Siegermacht, von den Kriegsverlusten rückgängig zu machen, was rückgängig zu machen war – es war das Gebot der Stunde. Jede Regierung in Warschau, gleich welcher Couleur, hätte ähnlich gehandelt. Auch bei der Westverschiebung Polens und der Vertreibung der Deutschen war der Spielraum – wenn man ihn hätte nutzen wollen – gering. Die Vier Mächte hatten ja, vor allem auf Betreiben Stalins, entsprechende Vereinbarungen getroffen. Doch die neuen Machthaber in Polen hatten noch ganz andere Ziele, die mit den Plänen der westlichen Alliierten wenig gemein hatten. Der Würgegriff der Kommunisten saß noch längst nicht fest genug; das musste sich dringend ändern. Neben die ›Aufbauer‹ im Land wurden die ›Aufpasser‹ gestellt. Die Landreform, die Verstaatlichung der Industrie waren gerade erst eingeleitet. Als nächstes steuerte die Regierung unter Bolesław Bierut, dem »polnischen Stalin«, Anfang 1946 auf ein Referendum zu, mit dem sie sich (mittels Fälschung) erstmals einen Schein der Legitimität geben wollte.

Auch in einer so exponierten Behörde wie dem BRiOW

mit seinen Auslandsbüros wurden Aufpasser gebraucht. In den ersten Monaten lief dort manches nicht so, wie man es sich in Warschau wünschte. So wurde ein neuer, wohl etwas hitzköpfiger Mitarbeiter nach Berlin entsandt, der sich als Kontrolleur von Gnaden der kommunistischen Partei vorstellte. Er brachte es fertig, binnen kurzer Zeit alle im Büro, selbst die wenigen Parteimitglieder, gegen sich aufzubringen. In seinen Berichten überschüttete er Bürochef Szenic und seine Kollegen mit Vorwürfen wie dem, mit einem Dienstwagen der Marke »Adler« illegal eine Fahrt nach Warschau unternommen zu haben, »zu privaten Zwecken« Złoty in Mark zu tauschen, in auffällig großen Mengen Waren einzukaufen und vieles weitere mehr. Zugleich, so beklagte er, werde die »soziale Gerechtigkeit« verletzt, weil die Fahrer ausgebeutet und nicht pünktlich bezahlt würden.

Selbst den Streit um »eine Tafel amerikanische Schokolade im Wert von 100 Alliierten-Mark« hat der Kontrolleur festgehalten. Schlimmer noch: Szenic und andere, meinte er, torpedierten die Gründung einer Parteizelle im Büro, die ein »mitregierender und kontrollierender Faktor« hätte sein können. Die Mitarbeiter litten an einem »totalen Mangel an politischer Orientierung (…) oder vielmehr feindlicher Einstellung gegenüber den Systemen in Polen.« Kein Wunder, schreibt der Kontrolleur, dass bei der Einweihung des sowjetischen Ehrenmals kein einziger Mitarbeiter des BRiOW zugegen war.[28]

Doch dieser Revisor trieb es offenbar zu weit. Nach fünf Wochen in Berlin, nach offen ausgestoßenen Drohungen (»Ich sammele Material gegen euch«[29]) und lautstark auf der Straße ausgetragenen Konflikten, nach eigenem Geständnis auch unter Einfluss von Alkohol, wurde er im November 1945 abberufen.

Ein besserer Kontrolleur war offenbar Fähnrich Franciszek Filipiak vom UB. Der Maschinenbauer, Jahrgang 1919, auf Passfotos ein atemberaubend schöner junger Mann mit dunklem Haar, hatte einmal gehofft, Flieger werden zu können. Den Kriegsausbruch erlebte er in einem Fliegerhorst bei Lemberg und fand sich schnell in einem deutschen Lager wieder. »In den ersten Tagen der Befreiung trat ich dem Amt für Öffentliche Sicherheit bei, um mich am Faschismus zu rächen«[30], schrieb er später in seinem Lebenslauf. Von Juli 1945 an arbeitete er im BRiOW in Berlin, und die meisten Kollegen wussten offenbar, wer ihn dorthin entsandt hatte. Aus dieser frühen Zeit ist wenig bekannt über seine Arbeit; keine besonderen Vorkommnisse. Doch unvermittelt taucht sein Name zu Weihnachten wieder auf: Ein Major Iwczenko von den polnischen Grenztruppen an der Oder bittet den Berliner Bürochef Szenic in einem Schreiben um nähere Angaben über

> *»(...) euren Mitarbeiter ob. Filipiak, Franciszek, Sohn des Franciszek, der bei uns wegen illegalen Grenzübertritts, illegalem Tragen einer Offiziersuniform und einer Waffe festgehalten wird. – Beim Festgenommenen wurde eine größere Summe Geldes gefunden, die nach Aussage des Verhafteten Eigentum des BRiOW ist.«*[31]

Wie die Ermittlungen alsbald ergaben, hatte UB-Fähnrich Filipiak nicht nur diesmal krumme Dinger gedreht. Er hatte unter dem Vorwand einer Reparatur einen Dienstwagen verschwinden lassen. Einige Zeit später gelang es ihm, als er in Posen zum Gefängnis eskortiert werden sollte, zu fliehen. Selbst eine ihm hinterhergefeuerte Salve konnte ihn nicht aufhalten. Filipiak verschwand spurlos. Ein Gerücht wollte wissen, er habe sich nach Großbritannien abgesetzt.

Inzwischen hatte das Jahr 1946 begonnen. Im März hielt Winston Churchill eine berühmt gewordene Rede, in der er einen Begriff prägte: »Ein Eiserner Vorgang ist über dem

Kontinent herniedergegangen. Hinter dieser Linie liegen die Hauptstädte des alten Mittel- und Osteuropa: Warschau, Berlin, Prag, Wien, Budapest, Belgrad, Bukarest und Sofia«. Churchill beklagte die Entstehung von »Polizeiregierungen« und totalitärer Kontrolle in halb Europa. Der Griff der Kommunisten nach der ungeteilten Macht – auch in Polen – wurde fester, die Methoden professioneller, die Bespitzelung immer feiner. Das MBP wuchs und wuchs: Im April 1945 – der Krieg war noch nicht zu Ende – hatte es 12 000 hauptamtliche Mitarbeiter gehabt. Im Dezember waren es bereits 24 000.[32]

Worte, die »ins Ohr wie Dolche dringen«

Aus der Tätigkeit des »Fähnrichs Filipiak vom UB« hatte man im Berliner Büro kein großes Geheimnis gemacht. Jetzt schlägt die Stunde der Spitzel, die sich hinter Decknamen verbergen. Der erste von ihnen ist »Platon«. Er liefert im März eine ganze Reihe von Berichten. In »Bericht Nr. 6« gibt er seine ersten Eindrücke wieder:

> *»Als ich Mitte Januar 1946 in Berlin eintraf, zeigte sich, dass die Restitution gerade eine sehr kritische Zeit durchmachte. [...] Das Archiv der Restitutionsakten (ein sehr wichtiger Teil des Büros) war in einem Zustand, der jeder Beschreibung spottet. Damals vertraute man mir die Aufsicht und Leitung bei der Aufgabe an, das Archiv in Ordnung zu bringen. Nach mehrwöchiger Arbeit ist das Archiv heute in einem ordentlichen Zustand.«*[33]

Prägnant, anschaulich und in gutem Polnisch schildert »Platon« in diesem Bericht, welche Schwierigkeiten die Sowjets bei der Arbeit bereiten, aber auch das Durcheinander und den Mangel an Disziplin im BRiOW-Büro. Jetzt bekommt die Zentrale in Warschau die Informationen, die sie braucht.

Nicht das Geschwafel des weinseligen Parteigenossen Pilch, sondern – oft im Stenogrammstil – etwas Handfestes. Das hieß für Kommunisten vor allem: Informationen in Kaderfragen. Also Personenprofile, Einschätzungen, von denen Gedeih und Verderb der Mitarbeiter abhängen sollten.

Die Einschätzung der Mitarbeiter ging bei den Ortskräften los, die das BRiOW auf untergeordneten Posten in größerer Zahl beschäftigte. Zum Teil waren dies in Deutschland lebende Polen mit deutschem Pass, die irgendwie die Hitlerzeit überstanden hatten. Doch auch einige Deutsche waren unter den Mitarbeitern des Büros. In »Bericht Nr. 12« warnt »Platon« in knappen Sätzen vor den Deutschen, die als Chauffeure eingestellt waren. Darunter seien »ehemalige Militärs« mit unbekanntem Werdegang. »Ich habe keinen Zweifel, dass sie für einen feindlichen Geheimdienst als Informanten ein ausgezeichnetes Material darstellen.«[34]

Wichtiger war freilich die Ausspähung der höherrangigen Mitarbeiter, also der Referenten. So schreibt »Platon« in einem anderen, nur wenige Sätze umfassenden Bericht über seinen Kollegen Witold Drynkowski: »Beschäftigt sich gern mit Spekulationsgeschäften, kauft Dollars usw.« Seine »Aufrichtigkeit bei der Arbeit«, heißt es kurz und bündig, sei zu bezweifeln. »Er verkündet linke Anschauungen.«[35]

Rabenschwarz erscheint der erwähnte Rittmeister Buszkiewicz. »Faul, verantwortungslose und unseriöse Einstellung zur Arbeit. Beschäftigt sich sehr viel mit Handel und Spekulation. War zehn bis zwanzig Jahre (bis 39) Berufsoffizier der Polnischen Armee. Politische Einstellung absolut reaktionär, ist zweifellos ein erbitterter Feind der Demokratie. Platon 12. März 46«[36]

Das glatte Gegenteil weiß »Platon« in wenigen Worten von Ingenieur Przedborski zu berichten: Er sei sehr fleißig. Er handele und spekuliere nicht. Abschließend, wie üblich, die politische Einschätzung: »Aufrichtig demokratische Anschauungen. Ist Jude.«[37]

Bei den nächsten zwei Kollegen handelt es sich um Mitarbeiter der BRiOW-Zentrale in Polen, der Kopfstelle des Berliner Büros. Ihre Anschauungen und ihre Herkunft werden nicht angesprochen. Wichtiger ist etwas anderes:

»Nach meinen Informationen will Adam Fogiel, Mitarbeiter des Büros für Restitution in Warschau, emigrieren. Hauptmann Wiślicki ist darüber informiert, angeblich will er ihm das ermöglichen, indem er ihn an die Restitutionsmission in der amerikanischen Zone versetzt.«[38]

Damit fällt ein Schatten gleich auf zwei Personen. Alfred Wiślicki, Chef der BRiOW-Zentrale in Warschau und der oberste Vorgesetzte »Platons«, gerät in den Verdacht der Fluchthilfe. Gegen Fogiel selbst muss sofort etwas getan werden. Auf dem Dokument findet sich denn auch die handschriftliche Notiz: »Wenn die Reise Fogiels offizieller Natur sein soll – verhindern.«[39]

Selbst die eigenen Vorgesetzten dürfen und sollen bespitzelt, ihre Zuverlässigkeit überprüft werden. Eines Tages kommt Alfred Wiślicki aus Warschau nach Berlin. Vermutlich geht es wieder einmal um die Anlagen der großen Stickstofffabrik, der Firmen Linke-Hofmann, der Cegielski-Werke und anderer großer Objekte, über deren Rückführung aus Deutschland mit den Sowjets zäh verhandelt werden muss.[40]

»Platon« schreibt einen kurzen Bericht. Er gibt zu Protokoll, er habe Ingenieur Wiślicki »früher nur flüchtig gekannt«. Doch es reicht für die Einschätzung:

»...habe ich in B. den Eindruck gewonnen, dass er ein typischer Karrierist ist, der die Konjunktur geschickt für sich nutzt. Er hat sich in Berlin viel mit seinen persönlichen Angelegenheiten befasst, ist sehr

oft in verschiedene Lokale und Cabarets gegangen und hat seine Bekannten (Emigrantinnen) gesucht. In einem Gespräch in einem Café sagte er in meinem Beisein: ›In einem Jahr kann ich in Palästina sein.‹«[41]

Die Berichte des Herrn »Platon« aus Berlin verhallen in Warschau nicht ungehört. Vier Tage nach der Denunziation gegen den als reaktionär charakterisierten Buszkiewicz schreibt ein Oberstleutnant Kiemlicz eine Notiz: Das Sicherheitsministerium sei der Meinung, seine Weiterbeschäftigung sei »nicht angezeigt«.[42] Auch bei den Chauffeuren besteht Handlungsbedarf. Kiemlicz setzt ein kurzes Schreiben auf: »Nach Informationen des M.B.P.« seien in Berlin »deutsche Chauffeure, ehemalige Kriegsgefangene«, eingestellt worden. Aufgrund ihrer »ziemlich verdächtigen Vergangenheit« sei ihre Weiterbeschäftigung »nicht angezeigt«.[43] Einen Monat später berichtet ein Agent namens »Jurek«, er sei bei der Ausspähung der Mitarbeiter in Berlin erheblich vorangeschritten: »... mit Hilfe Platons ist es mir gelungen, Materialien zu erlangen, welche die bisherige Arbeit dieses Büros und einige Mitglieder der Restitution kompromittieren.«[44]

Und die Folgen? Rittmeister Buszkiewicz, der getadelte, wird schnell aus Berlin nach Polen abberufen. Der Warschauer Mitarbeiter Adam Fogiel scheint, wie eine Aktennotiz besagt, irgendwann tatsächlich in den Westen geflohen zu sein. Gleiches gilt für den in Berlin tätigen Ingenieur Przedborski.[45] Und die anderen Bespitzelten? Ihre Spuren verlieren sich.

Dichter und dichter wird das Netz der Agenten, der Kontrollen, der Bespitzelung, in Polen wie in den Vertretungen im Ausland. Und das Heer der Aufpasser sollte weiter wachsen. Im April 1946 verstummt »Platon«. Derweil nimmt ein neuer Agent im Berliner BRiOW-Büro seine Arbeit auf: Deckname »Żółw«, Schildkröte. Irgendwo, schwer zu orten, sitzt auch ein »Prospero«, der, dem Shakespeare'schen Helden gleich, über strategischen Weitblick und besondere Kräfte zu gebieten scheint.

Die Atmosphäre der Verdächtigungen, der Unsicherheit muss auch Leutnant Reich gespürt haben. Das Sicherheitsministerium, genauer: dessen II. Selbständige Abteilung, der Nachrichtendienst, hatte ihn nach Berlin geschickt. Doch dann hatte er ihn, so schildert er es, vergessen: »Von ihm kamen keinerlei Weisungen – was mich mit der Zeit immer mehr wunderte und immer weniger betrübte.«[46] So saß er unterbeschäftigt im BRiOW-Büro und studierte das noch recht karge Berliner Kulturprogramm. Oder er ging Arm in Arm mit Maryla Borkowicz spazieren, der alleinstehenden, dunkelhaarigen Frau mit den traurigen schwarzen Augen – so erscheint sie auf Fotos jener Zeit.[47] Und in einem Café um die Ecke, am Kurfürstendamm, stieß er auf die reife Tatjana, die Frau mit den großen blauen Augen, seine Verführerin von einst. Doch das Gespräch kam nicht recht in Gang. Beim Abschied fragte sie ihn: »Bleibst du in Warschau?« – »Ja.« – »Und du glaubst wirklich, die Politik sei dein Beruf?« – »Ja.« – »Du machst einen Fehler. Dein Platz ist in Deutschland und nicht in Polen, dein Beruf ist die Literatur und nicht die Politik.« – »Die Literatur ist überhaupt kein Beruf, sondern ein Fluch«, hat Leutnant Reich erwidert.[48]

Die Monate in Berlin haben in Marceli Reichs Erinnerung tiefe Spuren hinterlassen. In der »sehr sentimentalen Geschichte«, seinem zeitlebens einzigen literarischen Versuch, schildert er, wie ein junger polnischer Leutnant einem großen Wagen mit eifrigem deutschem Chauffeur entsteigt, um ins Deutsche Theater zu gehen. Er sieht »Nathan den Weisen«, Lessings Stück, das zu Toleranz mahnt, und lässt die Hitler-Diktatur Revue passieren. Bald geht er in eine andere Aufführung, und dieser Abend ist der Dreh- und Angelpunkt der ganzen Geschichte:

> *»Nach der Vorstellung will er allein sein. Man spielt nämlich ein Stück, das ihn immer sehr aufregt. Es ist die Geschichte eines jungen Intellektuellen, der das Pech hat, in einem totalitären Staat zu leben, sich gegen seine Umwelt aufbäumt und zerrieben wird. Es ist ein vorbildlicher Polizeistaat – alle werden von allen ausspioniert. Der Minister traut nicht seinem Sohn, der sich nach Paris begeben hat, und schickt ihm einen Agenten nach, der ihn bespitzeln soll. (...) Dieser junge Intellektuelle ist besonders verdächtig – er ist nämlich gerade aus dem Ausland zurückgekehrt. Zwei Männer, die mit ihm zusammen erzogen wurden, werden geholt, um ihn, natürlich gegen entsprechende Entlohnung, zu erspähen. Immer wieder hört man von der Bühne das Wort ›erspähen‹. Das Stück ist an der Zeit, denkt sich unser Mann im Zuschauerraum des Deutschen Theaters ...«*[49]

Vom »Hamlet« ist die Rede; der Ermordung des Polizeichefs Polonius gelten die nächsten Gedanken des Erzählers. Dieses Drama, sollte Reich später schreiben, hat seinen Lebensweg oft gekreuzt, »mit Sicherheit häufiger als irgendein anderes Drama der Weltliteratur«. Dieser Hamlet – »er liest und denkt zu viel ... Er ist der Welt, in der er lebt, überlegen und ihr zugleich nicht gewachsen.«[50] Doch habe er, schreibt Reich, es »nicht gewagt«, über Hamlet auch nur den kleinsten Aufsatz zu verfassen.[51] Einen Aufsatz nicht – doch die »sehr sentimentale Geschichte« hat er wohl geschrieben. Die Erinnerung an diesen Hamlet treibt ihn um: auch im Sommer 1958, zwölf Jahre danach, als er, kaum im freien Westen angelangt, sich sein Berlin-Erlebnis von der Seele zu schreiben versucht.

Mutmaßungen über »Platon«

Wer war nun dieser »Platon« an der Spree, dessen Worte – wie es im »Hamlet« heißt – »ins Ohr wie Dolche dringen«? »Platon« war 1946 mit größter Wahrscheinlichkeit ein Mitarbeiter des »Büros für Restitution und Kriegsentschädigung«. Mitte Januar hat er nach eigenen Worten in Berlin seinen Dienst angetreten; im März schickt er eine Reihe von Berichten nach Warschau (im April verstummt er). Dieser »Platon« ist ein sprachgewandter Mann, der weiß, wie man ein Büro organisiert. Ein Mann, der die Referenten in diesem Büro, ihre politischen Anschauungen und ihre Tätigkeit, auch jene außerhalb der Dienstzeit, aus nächster Nähe kennt. Ein Mann auch, der sich selbst nach kurzer Bekanntschaft nicht scheut, in wenigen Sätzen über Menschen, darunter einen ranghohen Vorgesetzten, Urteile zu fällen; Urteile, in denen für Zwischentöne wenig Platz ist. Ein Mann schließlich, der sich nicht in den Westen absetzt, sondern gut ein Jahr später, als die Mitarbeiter des Berliner Büros vom Sicherheitsministerium »überprüft« werden, immer noch zur Verfügung steht, das Vertrauen dieses besonderen Hauses genießt, vermutlich also auch weiterhin dort arbeitet.[52]

Wer war »Platon«? War es der Bürochef, der kunstsinnige Szenic? Nein. In einer Akte über ihn ist sein Werdegang penibel festgehalten, auch das, was die Organe der »Sicherheit« zu verschiedenen Zeiten von ihm hielten. Demzufolge hatte er bis zu den sechziger Jahren immer nur einen Arbeitgeber, keinen geheimen Nebenberuf.[53] – War »Platon« etwa sein Stellvertreter, der Ingenieur Warhaftik? Auch das ist auszuschließen; Warhaftik wurde zwar noch in Berlin angeworben, doch erst Ende April und unter einem anderen Decknamen. Davon wird noch die Rede sein. Als nächstes kämen ein »Inspektor«

und mehrere »Referenten« in Betracht. Einige von ihnen – Rittmeister Buszkiewicz, Drynkowski, Ingenieur Przedborski – sind selbst von »Platon« bespitzelt worden und können daher mit ihm nicht identisch sein. Über andere Referenten sagen Restitutionsberichte oder Personallisten aus, dass sie ihre Arbeit in Berlin bereits 1945 aufgenommen hatten – während »Platon« Mitte Januar 1946 eintrifft. Und die Chauffeure, die Sekretärinnen, die Köchin? Unwahrscheinlich.

Wer also war der Spitzel »Platon«? Letzte Sicherheit ist bisher nicht zu gewinnen. Eine Karteikarte, die den Decknamen zuordnet, ist bisher nicht aufgetaucht. Das schnelle Wachstum des Büros in diesen Monaten erschwert die Identifizierung zusätzlich. Nur Indizien und die Intuition legen nahe: Hinter »Platon« könnte sich Marceli Reich verbergen. Er selbst bestreitet ja nicht, im Gegenteil, er hebt hervor, das Sicherheitsministerium habe ihn nach Berlin entsandt. Er spricht in diesem Zusammenhang, wie erwähnt, von einem »Pakt mit dem Teufel« – warum eigentlich? Doch nach seinem Eintreffen in Berlin habe ihn das Ministerium »vergessen«, sagt er dann, und ihm »keinerlei Weisungen« geschickt. Keinerlei weitere Anweisungen? Mag sein.

Im April 1946 wird Leutnant Marceli Reich nach Warschau zurückbeordert. Er kehrt ins Sicherheitsministerium zurück. Ein Jahr vergeht. Im Juni 1947 entscheidet ein Sektionsleiter in der II. Selbständigen Abteilung des Ministeriums, das relevante Aktenmaterial über – oder vielmehr: gegen – die Mitarbeiter des BRiOW in Berlin zusammenzutragen. Die Berichte von »Platon«, »Schildkröte«, »Jurek« und anderen sollen gebündelt analysiert werden. Die Unterschrift unter dieser Entscheidung auf dem Deckblatt der neuen Akte ist unverkennbar: Es ist die schwungvoll aufgetragene Unterschrift von Marceli Reich, der inzwischen zum Sektionsleiter aufgestiegen ist, zuständig unter anderem für die Geheimdienstarbeit in Deutschland.[54] So entsteht die hier mehrfach zitierte Objektakte »Odra« (polnisch für den Fluß Oder), zwei dicke Bände, heute die Akte IPN BU 0236/35. Im DDR-deutsch ein »Operativvorgang«.

Ebenfalls im Jahre 1947 findet eine Inspektionsreise zu den BRiOW-Büros statt, die nach Berlin auch in anderen deutschen Städten entstanden sind. Die Reise firmiert unter »Kontrolle des Staatsrats«; die oberste Führung wollte in den Auslandsmissionen nach dem Rechten sehen, und so machten sich Vertreter verschiedener Warschauer Ressorts auf den Weg ins besetzte Deutschland. Eugeniusz Szyr ist darunter, der Vizeminister für Handel und Industrie. Ein Ergebnis dieser Mission sind Hinweise auf Unregelmäßigkeiten im BRiOW.[55]

Unter den Reisenden war ein Mann, der wie kein anderer die zu besuchenden Orte und die Arbeitsbedingungen kannte: Marceli Reich. Von dieser Dienstreise ist ein Foto überliefert.[56] Dazu eine Handvoll Erinnerungen, die einiges zum Kolorit beitragen. Der polnische Gesandte mit dem deutsch klingenden Namen sieht zerbombte Städte, er kommt nach Nürnberg – während dort der große Kriegsverbrecherprozess stattfindet. Natürlich lernt er den Journalisten Edmund Osmańczyk kennen, bis 1939 Sprecher des »Bundes der Polen in Deutschland«, danach im Untergrund, nach Kriegsende Berichterstatter aus Potsdam und vom Nürnberger Prozess:

»Ein netter Mann. Immerhin ein Anhänger der neuen [polnischen] Regierung. Ich glaube, ich habe ihn auch in Nürnberg gesehen. Ich war da ganz kurz, zwei Tage oder so. Ich habe das nie aufgeschrieben, weil ich bei keiner Gerichtsverhandlung dabei war. Ich war in Hamburg und in Köln und in Frankfurt. Und irgendwie bin ich dann auch noch, bevor wir nach München kamen, in Nürnberg gewesen.«

Hat Reich den berühmten Gerichtssaal betreten? Hier stockt die Erinnerung. »Vielleicht doch, aber nicht während einer Verhandlung.« Was auf dieser Rundreise genau seine Aufgabe war, wissen wir nicht. »Ich war vom Außenministerium geschickt worden«, sagt Reich.[57]

Gewisse andere Ressorts wuchsen derweil immer schneller. Sie arbeiteten und produzierten immer mehr Papier. Hin und wieder begegnen wir auf diesen Regalkilometern einem Bekannten. Eines Tages musste offenbar werden, wer »Schildkröte« war: Kein anderer als der fleißige Mitarbeiter Warhaftik, der groß gewachsene Ingenieur, der zweite Mann im Berliner Büro für Restitution und Kriegsentschädigung. Im April 1946 sei er dort unter diesem Decknamen vom Sicherheitsministerium angeworben worden, heißt es in einer später über ihn angelegten Akte. Er galt als politisch zuverlässig; fortan schrieb er Personenprofile über seine Kollegen.

Allerdings wurde bemängelt, dass »Schildkröte« der Zusammenarbeit mit dem MBP »mit Angst« begegne. So beschloss man, ihn später, nach seiner Rückkehr nach Warschau, »aus dem Agentennetz auszugliedern« und ihn künftig nur als »vertraulichen Kontakt« zu führen.[58]

Wer »Jurek«, »Platon« und »Prospero« sind, muss für heute offen bleiben. Vorhang zu.

VII. Auf dem Weg zum Gipfel: London 1948–1949

In der »Allee der Freunde«

Mitteleuropa nach dem Krieg. Der Schlachtenlärm ist verklungen, der Rauch gen Himmel gestiegen. Die Menschenströme, die großen, haben ihre Ziele erreicht. In Warschau ist jeder zweite Einwohner ums Leben gekommen. Die Verbliebenen wissen: Das war kein Krieg wie jeder andere. Noch immer hängt in der Stadt ein intensiver Brandgeruch in der Luft, wie ein Dichter notiert.[1] Lässt sich da an Zukunft denken?

Eine weitere Bataille stand bevor: der Kampf um den Staat, um die Macht. Die »relativ liberale Periode der ersten Nachkriegszeit«[2] war nur als Übergangszeit gedacht; jetzt ging sie zu Ende. Einen Schritt nach dem anderen machten die Kommunisten auf diesem Weg. In einem Referendum ließen sie sich im Juni 1946 die Bodenreform, die Verstaatlichung der Industrie und die Oder-Neiße-Grenze absegnen. Diese erste Machtprobe gewannen sie klar. Ein halbes Jahr später dann gefälschte Parlamentswahlen: die einzige noch bedeutsame Oppositionskraft, die Bauernpartei PSL, erhält zehn Prozent der Mandate, die Mehrheit geht an Kommunisten und Sozialisten, die sich eines fernen Tages vereinigen werden. Der Kommunist Bolesław Bierut wird Staatspräsident, sein Parteigenosse Modzelewski Außenminister, ein Sozialist

Regierungschef. Der in der Sowjetunion geschulte Kommunist Stanisław Radkiewicz ist wie bisher Minister für Öffentliche Sicherheit. Er bekleidete dieses Amt schon in der provisorischen Regierung – seit 1944. Dazu bedurfte es keiner Wahlen.

Wen das Kommende mit Sorge erfüllte, der richtete seine Hoffnungen auf die Bauernpartei. Ihr Vorsitzender Stanisław Mikołajczyk war nach dem Krieg aus dem Londoner Exil zurückgekehrt; bis zu den Wahlen duldete man ihn im Amt eines Vizepremiers. Doch die Schlinge zog sich allmählich zu. Die letzte Warnung war im September 1947 der Krakauer Prozess gegen führende Vertreter seiner Partei und der Untergrundorganisation »Freiheit und Unabhängigkeit« (WiN), in dem acht Todesurteile gefällt wurden. Wenige Wochen später gelangte Mikołajczyk unter Mitwirkung der amerikanischen und der britischen Botschaft in einem Lastwagen nach Gdingen, wo er an Bord des Frachtschiffes »Baltavia« ging. Wenig später war er wieder dort, wo er hergekommen war – in London, im Exil, wo zu jenem Zeitpunkt weit über 100 000 polnische Soldaten und Kriegsflüchtlinge ausharrten.

Auch die Wege Marceli Reichs sollten bald nach Großbritannien führen. London war damals mehr als nur eine von vielen europäischen Hauptstädten. Nachdem die U.S. Army schnell demobilisiert worden war, hatte keine Macht der westlichen Welt so viele Soldaten unter Waffen wie Großbritannien. Seine Kriegsverluste betrugen etwa 400 000 Menschenleben, wobei 60 000 Zivilisten inbegriffen sind. Doch die Anstrengungen dieses Landes waren bedeutend gewesen; Premierminister Winston Churchill musste dafür im Sommer 1945 mit einer Wahlniederlage bezahlen. Seitdem regierte Clement Attlee von der Labour-Partei.

Marceli Reich verbrachte das Jahr 1947 in Warschau, und es verlief für ihn vergleichsweise unspektakulär. Der junge Geheimdienstmann wohnte damals, wie mehrere Dokumente verraten, in der Aleja Przyjaciół (»Allee der Freunde«) Nr. 8. Diese ruhige Straße, eine winzige Sackgasse, war im Krieg von deutschen Beamten und Offizieren bewohnt und wurde daher nicht zerstört. Sie befindet sich mitten in der Stadt und endet am Grundstück des Sicherheitsministeriums. Im Erdgeschoss der Nr. 8 befand sich jetzt das Kasino der Miliz. Hier speisten und verpflegten sich Minister, Generäle und »parteitreue Literaten« samt Ehefrauen. Auch die übrigen Nachbarn im Treppenhaus waren den neuen Machthabern verbunden: Genosse Radkiewicz war darunter, der Sicherheitsminister, und General Aleksander Zawadzki, nach dem Krieg der erste Wojewode Oberschlesiens, der 1952 Staatsratsvorsitzender werden sollte.[3]

Verglichen mit diesen Herren war Marceli Reich mit seinen 27 Jahren ein Leichtgewicht. Doch nach seiner Rückkehr aus Berlin hatte er sich im MBP, dem Sicherheitsministerium, auf der Karriereleiter nach oben bewegt. In der II. Selbständigen Abteilung des MBP (Nachrichtendienst) war er zunächst »als Leiter des Deutschlandreferats« tätig. Nachdem der Nachrichtendienst im Juli 1947 zum »VII. Departament« des Ministeriums umgebildet worden war, stieg er auf und wurde kommissarisch stellvertretender Direktor der II. Abteilung dieses Dienstes.[4] Das zeugt vom Vertrauen, das er bei seinen Vorgesetzten genoss. In der Zentrale des Nachrichtendienstes arbeiteten damals 60 bis 70 Beamte, und der II. Abteilung unterstand die operative Arbeit in Deutschland und Österreich, in Nordamerika und Großbritannien samt Kolonien (Reich war inzwischen Chef der britischen Sektion geworden) sowie im Nahen und Fernen Osten.[5] Wer im obersten

Stockwerk des Ministeriums arbeitete, im wuchtigen Gebäude an der Koszykowa/Ecke Ujazdowskie-Allee, dessen Blick ging weit in die Ferne.

Aus Reich wird Ranicki

Es vergingen nur einige Monate, da bedeutete man dem geschätzten Mitarbeiter, er solle noch einmal einen Auslandsposten übernehmen. Es ging wie im Falle Berlins um eine doppelte Mission; diesmal sollte neben dem MBP auch das Außenministerium den Kandidaten vorbereiten helfen. Allerdings gab man ihm zu verstehen, er müsse in London – um diese Stadt ging es – unter einem anderen Namen auftreten, »da mein Familienname Reich für die Tätigkeit als Konsul nicht recht passend schien … Ich wollte das Ganze nicht hinauszögern, stimmte gleich zu und wählte, ohne lange zu überlegen, den Namen Ranicki. Ich dachte, das würde nur für den Aufenthalt in England gelten.«[6] Wie kam Reich gerade auf diesen, auch in Polen seltenen Namen? In seiner Autobiografie sagt er es nicht, doch ein andermal ist es ihm entschlüpft: »Der Name Ranicki ist mir eingefallen, weil ich gerade ein Mädchen kannte, das Ranicka hieß. Ein reiner Zufall.«[7] Vielleicht doch mehr als Zufall: Dieses »Mädchen« war sicherlich eine Kollegin, die »Zensorin/Übersetzerin« Janina Ranicka, die damals in Warschau in der Auslandspostzensur arbeitete.[8]

Um nun die Formalitäten schnell zu erledigen, füllt Ranicki am 30. Dezember 1947 für das Außenministerium einen Fragebogen aus, mit dem er sich formell um die Anstellung bewirbt. Zwei unterschriebene Lebensläufe fügt er bei. Das meiste darin deckt sich mit den Angaben in anderen Dokumenten. Doch einige Ungenauigkeiten lassen den Leser stutzig werden. Marceli ist hier aufgestiegen in den Jahrgang 1917; das Abitur will er bereits 1936 abgelegt und danach zwei Jahre an einer »Akademia Handlowa« in Berlin studiert haben. Wo von der Kriegszeit die Rede ist, tauchen Getto und Judenrat nicht auf; stattdessen hat sich Reich »mit verschiedenen Gelegenheitsarbeiten sowie durch Fremdsprachenunterricht« über Wasser gehalten. Auch die jüdische Herkunft ist, anders als in früheren Fragebögen, jetzt nicht mehr erkennbar.[9] Jedenfalls ist Marceli Ranicki mit dem 1. Januar, wie es im Vertrag heißt, im Außenministerium »umysłowy pracownik kontraktowy«, Geistesarbeiter auf Vertragsbasis. Sofort wird er als »praktykant« dem Konsularbüro zugewiesen, allerdings mit der VI. Besoldungsgruppe, der eines Vizekonsuls. Einen Monat später ist es soweit: Mit Wirkung vom 1. Februar wird Ranicki zum Vizekonsul in London ernannt.[10]

Die Vorbereitungen dauerten also nur wenige Wochen. Später sollte Ranicki schreiben, der Aufenthalt in London habe ihn damals sehr gereizt. Sein Chef im MBP sagte dem angehenden Vizekonsul, dieser besitze sein »volles Vertrauen«, im Übrigen werde sich gleich noch ein sowjetischer Berater um ihn kümmern und in seine Aufgaben einführen, »ein freundlicher, ein liebenswürdiger Mensch und nicht ohne Humor«[11]. Des weiteren erfahren wir, jener Berater habe Ranicki zwar auf Herz und Nieren geprüft, doch wenig beigetragen, vielmehr habe Ranicki selbst – er war ja nun kein kleines Licht – andere schulen sollen. »So wurde ich vorübergehend zum Instrukteur des polnischen Geheimdiensts.« Sein Wissen über Nachrichtendienste und Spionageabwehr will Ranicki nach drei Jahren im Dienst des MBP »aus einer einzigen und für diesen Zweck wohl nicht immer zuverlässigen Quelle: aus Romanen, Erzählungen und Reportagen« bezogen haben.[12]

Wie die sowjetischen Berater diese Schulung erlebt haben, wissen wir nicht. Doch die Erinnerungen eines anderen Zöglings des Geheimdienstes, der darauf vorbereitet wurde, bald an Bord der »Batory« nach London überzusetzen und dort seinen Dienst aufzunehmen, können wir nachlesen. Es geht um den 1923 geborenen Krzysztof Starzyński, den Neffen des letzten Warschauer Vorkriegsbürgermeisters Stefan Starzyński. Im September 1947 war er aufgrund persönlicher Bekanntschaften zum Nachrichtendienst gekommen. Eingangs klärte ihn Oberstleutnant Gadomski auf: dieser Dienst, Teil des Sicherheitsministeriums, sei

»›das Auge und das Ohr der Regierung und der Partei‹ (...) Dann rief er seinen Stellvertreter und meinen neuen Vorgesetzten, den Leiter der Englischen Sektion ins Büro. Mit ihm sollten wir nun die letzten Einzelheiten besprechen. Hier sah ich nun den Mann zum ersten Mal, unter dem ich später auch in London dienen würde. Gadomski stellte ihn mir vor: ›Dies ist Hauptmann Marceli Reich.‹«[13]

Starzyński war ein kleines Licht; über seinen neuen Chef Ranicki konnte er nicht viel wissen. Umgekehrt sah die Lage anders aus:

»Er war der einzige außer Gadomski, der im Geheimdienst meinem richtigen Namen kennen würde. Weil der in Warschau viel zu bekannt war, hatte Ranicki vorgeschlagen, ich solle einen Decknamen wählen, der so ähnlich klang wie mein richtiger Name. Ich nannte mich daraufhin Skalinski und war erleichtert, daß damit der Name Starzyński niemals in den Listen des Ministeriums auftauchen würde. Der kleine rote Ausweis für Mitarbeiter der Staatssicherheit lautete also auf den Namen ›Krzysztof Skalinski‹.

Außerdem bekam ich eine Dienstpistole ausgehändigt, die ich in einem Schulterholster tragen konnte. Dann gab man mir dicken Stoff, aus dem ich mir einen langen Mantel oder eine Jacke schneidern lassen sollte, um die Ausbeulung der Pistole zu kaschieren. Das

war dringend nötig, da die Waffe ein großes sowjetisches Neun-Millimeter-Modell war und sonst nur schwer zu verstecken gewesen wäre.«[14]

Von Ranicki weiß der Entsendekandidat zu berichten, er habe »im politischen Auslandsgeheimdienst nach Romuald Gadomski an zweiter Stelle« gestanden, auch wenn er aufgrund seiner Brille und seines intellektuellen Auftretens »eher wie ein Student« gewirkt habe[15]. »Ranicki versuchte zwar immer als überzeugter und loyaler Kommunist zu erscheinen, doch wirkte er zu intellektuell, bürgerlich und war immer auf Distanz bedacht. (…) Er sah in seinen dunklen Anzügen oft eher wie ein Bankangestellter aus.« Ranicki habe akzentfrei polnisch gesprochen.[16]

Dass die Vertreter des neuen Polens an der Themse vor interessante Aufgaben gestellt sein würden, kann man sich vorstellen. Vieles war in Bewegung: Zwischen den beiden Teilen Europas, fortan »Ost« und West« genannt, stieg die Spannung – der Kalte Krieg zog auf. Die polnische Regierung lehnte die Hilfe des Marshall-Plans ab, während in Amerika das »Komitee für unamerikanische Aktivitäten« begann, die vermeintliche fünfte Kolonne aus Sympathisanten des Kommunismus zu verfolgen. Das unruhige Jahr 1948 begann mit der Machtübernahme der Kommunisten in Prag und erreichte im Sommer einen Höhepunkt: Die Sowjets blockierten West-Berlin; für die nächsten elf Monate war die Luftbrücke im Einsatz.

In dieser Zeit waren Funkverkehr und Korrespondenz zwischen dem Außenministerium in Warschau und Botschaft und Generalkonsulat in London besonders dicht. Die Akten zeigen ein breites Spektrum von Problemen, von denen viele die Lage im Kalten Krieg widerspiegeln. Etwa die Eisler-Affäre: Der deutsche Kommunist Gerhart Eisler, Bruder des

Komponisten Hanns Eisler, war während des Krieges in die USA emigriert, wo er als mutmaßlicher sowjetischer Agent in Haft geriet. 1949 gelang es ihm, illegal das Land zu verlassen und als blinder Passagier an Bord der »Batory« Kurs auf Europa zu nehmen. Erst als das polnische Passagierschiff vor der südenglischen Küste war, bekamen die Amerikaner mit, was geschehen war. Sie forderten von den Briten die Festsetzung und sofortige Auslieferung Eislers. Warschau dagegen erklärte den Deutschen zu »seinem« politischen Flüchtling, der unter polnischer Flagge fahre und geschützt werden müsse. Eine symbolisch aufgeladene, dramatische Situation, in der schnell gehandelt werden musste. Am 14. Mai 1949 sendet Generalkonsul Albert Morski kurz nach Mitternacht eine chiffrierte Depesche, einen sogenannten »Blitz«, an die Zentrale in Warschau:

»Wir haben beschlossen, Pański, Ranicki und Antkowiak an Bord der Batory zu schicken. Wir rechnen mit der Möglichkeit, dass das Schiff nicht eingelassen wird, wenn wir der Auslieferung Eislers nicht zustimmen, und haben erwogen, außerhalb der Hoheitsgewässer Englands die »Warma« aus Rotterdam bereitzustellen. Leider undurchführbar. Sogar für ein Wasserflugzeug wird die Zeit wohl nicht reichen. [...] Wenn es gelingt, Eisler hier in Schutz zu nehmen, sollte er auf die »Puck« gesetzt werden, die in der Nähe Dänemarks ist und direkt nach Gdingen fährt.«[17]

Ein Seegefecht des Kalten Krieges. Die Mitarbeiter des Konsulats sind die ganze Nacht über im Einsatz und beschreiben in weiteren Depeschen seinen Verlauf. Irgendwann ist die Lage so weit gediehen, dass sich an Bord der »Batory« – immer noch auf hoher See – polnische und amerikanische Diplomaten sowie etwa 50 britische Polizisten gegenüberstehen, letztere zum Teil in Zivil. Es kommt zu einem Handgemenge mit polnischen Matrosen. Mitten in diesen Turbulenzen bringt Eisler es fertig, eine erstklassige politische Rede zu halten, in der er Polen um politisches Asyl bittet. Dennoch: Er wird festgenommen und verurteilt. Doch wenig später wird er freigelassen. Laut Botschafter Michałowski erklärt er diesem, »er fahre nach Deutschland, um für die Freundschaft mit Polen und gegen den Revisionismus zu kämpfen«.[18] Noch einige Tage vergehen, und Michałowski teilt mit, es sei mit Unterstützung der britischen Behörden gelungen, Eisler unter falschem Namen in ein Flugzeug nach Prag zu setzen. Der Botschafter vergisst nicht zu betonen, die britische Presse sei klar auf Seiten Eislers gewesen; die »antiamerikanischen« Gefühle im Land hätten zugenommen.

Auf anderen Gebieten führen Botschaft und Konsulat fort, was vor zwei Jahren schon die Militärmission und andere polnische Vertretungen in Berlin beschäftigte: Es geht um Restitution, Auslieferung von Kriegsverbrechern, Repatriierung und vieles andere mehr. Polnische Kinder sind seit dem Krieg über die ganze Welt verstreut; je einige hundert hat es nach Neuseeland und nach Tanganjika verschlagen. Doch die meiste Arbeit ist in Europa zu leisten: »Der Auffindung und Repatriierung von 100 000 Kindern aus Deutschland messen wir große Bedeutung bei«, heißt es in einer aus Warschau nach London gesandten Depesche[19].

Doch das Wichtigste für die polnischen Vertretungen in London ist etwas anderes. Nach Angaben des britischen Home Office vom Juli 1947 halten sich immer noch 161 000 Polen im Lande auf, darunter 116 000 Militärangehörige mit ihren Familien[20]. Viele der Emigranten haben Rang und Namen. In der Tat, eine große Herausforderung für den jungen Vizekonsul in doppelter Mission.

Im Konsulat an der 52/4 Queen Anne Street wird Ranicki

zunächst der zweite Mann nach dem Generalkonsul. Wie sich sein Untergebener Starzyński erinnert, führte er »ein äußerst zurückgezogenes Leben, war immer überkorrekt und darum bemüht, den Anschein eines überzeugten Kommunisten zu erwecken. Sein Privatleben schottete er völlig ab. Es galt als tabu für seine untergebenen Offiziere. Er sagte uns nicht einmal, dass in der Londoner Zeit sein Sohn geboren wurde. Ein einziges Mal lud er uns in seine kleine Privatwohnung ein, achtete aber darauf, dass wir seine Frau Teofila nicht zu sehen bekamen.«[21] Die Konsulararbeit, wird Ranicki später schreiben, beanspruchte etwa 80 bis 90 Prozent seiner Zeit. Im Konsulat wurden ihm »unter anderem die Personalangelegenheiten, die Fragen des Exilpolentums sowie die Aufsicht über das Pass- und Visa-Referat und das Referat für Sozialfürsorge anvertraut«[22]. In dem hier zitierten Bericht des Konsulats werden Mängel »an vielen Fronten« beklagt, z.B. die Tatsache, dass das Exilpolen-Referat bisher keinen »Mitarbeiter [hatte], dem man zumindest den Auftrag geben könnte, die polnischsprachige Presse auf hiesigem Gebiet und die sehr zahlreichen Publikationen der Exilorganisationen dauerhaft und gründlich zu bearbeiten, ganz zu schweigen von der Aufklärung [rozpracowywanie] der hiesigen Organisationen«[23].

Diesen Zustand hinzunehmen war Ranickis Sache nicht. Die Präsenz von 161 000 Emigranten, die zum Teil ihre Rückkehr erwogen, brachte gewaltige Aufgaben mit sich. Um so mehr, als ihre politische Haltung Warschau gegenüber alles andere als freundlich war. So schrieb der neue Vizekonsul an das Außenministerium: »die positiven Elemente sind mehrheitlich nach Polen zurückgekehrt, und die Interessenten, die sich jetzt melden, sind Elemente, deren Loyalität gegenüber dem Staat in sehr vielen Fällen zu ernstem Zweifel Anlass gibt«. Ein gewisser Prozentsatz der Polen »hält sich in Großbritannien unter falschem Namen auf – manchmal mit dem Ziel, eine kriminelle politische Betätigung zu verbergen.«[24]

»Die Polen unterhalten eine Spionagekette«

Wie wollte nun der neue Mann in London der Lage Herr werden? Er hatte ja neben der Konsulararbeit noch etwas Zeit. Aus Akten des Außenministeriums geht hervor, dass Ranicki einen »speziellen Bericht« zum Thema Emigration schrieb und persönlich »den Auftrag erteilte, eine Kartei der Emigranten zu erstellen, ›für die sich die Behörden der VRP [Volksrepublik Polen] interessieren könnten‹. Nach achtmonatiger Tätigkeit Ranickis umfasste diese Kartei etwa 2100 Namen.«[25] Außerdem koordinierte er die Arbeit geheimer Mitarbeiter. Er selbst stand über ihnen, war – in der Geheimdienstsprache – »Resident«, also der oberste Geheimdienstmann in Großbritannien. Er hat diese Arbeit folgendermaßen beschrieben:

»Von den vierzig Angestellten des Konsulats waren außer mir noch drei oder vier für den Geheimdienst tätig. Überdies hatten wir (außerhalb des Konsulats) zehn bis fünfzehn Mitarbeiter, meist arbeitslose oder pensionierte Journalisten. Sie informierten uns regelmäßig über die polnische Emigration, deren Zentrum sich in London befand, dem Sitz der polnischen antikommunistischen Exilregierung. Für bescheidene Honorare berichteten sie ausführlich über meist belanglose Vorkommnisse jeglicher Art: über die verschiedenen Parteien und Richtungen innerhalb der Emigration, über die internen Kämpfe, die unaufhörlichen Intrigen und natürlich über einzelne Politiker. […] Agenten in der Exilregierung, die uns hätten

berichten können, hatten wir nicht, auch keine Sekretärin und keinen Portier. Ich selbst hatte keinerlei Kontakte mit Exilpolen [...]. Meine Sache war es, die verschiedenen Auskünfte und Berichte zu begutachten und nach Warschau weiterzuleiten. Das Echo, das aus der Zentrale kam, war spärlich. [...] Ich war, um es gelinde auszudrücken, weder ein eifriger noch ein talentierter Organisator dieses geheimen Informationsdienstes.«[26]

Ranickis Vorgesetzte teilten diese bescheidene Selbsteinschätzung nicht. Sie hatten zumeist allen Grund, zufrieden zu sein: War es doch gelungen, die Spitze des Englandreferats im Geheimdienst, offenbar ein gut eingespieltes Team, 1948 geschlossen ins polnische Generalkonsulat in London zu verpflanzen.[27] Die Londoner Blätter – von den Diensten zu schweigen – bekamen hin und wieder mit, was in den polnischen Vertretungen gespielt wurde. Die Aufdeckung eines polnischen Agenten beschäftigte einmal »die gesamte Abendpresse«, wie Botschafter Michałowski vertraulich nach Warschau meldete, wobei eine der Schlagzeilen gelautet habe: »Die Polen unterhalten in England eine Spionagekette«.[28] Doch die Enthüllungen schadeten offenbar nur wenig; Ranicki wurde befördert, im August 1948 war er bereits Konsul ohne das Wörtchen »Vize«. Anfang 1949 wurde er kommissarisch Leiter des Generalkonsulats, in dieser Funktion der jüngste unter Londons Diplomaten. Noch etwas: Kraft einer Anordnung des Präsidenten Bierut erhielt er den Rang eines Hauptmanns, den höchsten, den er erreichen sollte.[29]

Doch seine Ämter in London verpflichteten ihn nach eigener Darstellung zu nichts anderem als dazu, die erwähnten ausführlichen Berichte geheimer Mitarbeiter, die ihm über seine Untergebenen zugingen, nach Warschau weiterzuleiten. Starzyński, einer dieser Untergebenen, berichtet, man habe die »Geheimen« zumeist einmal im Monat getroffen. Er selbst habe als sogenannter »kontroler« zeitweise acht solcher Agenten geführt. Das ganze Netz habe bis zu 50 Agenten gezählt.[30] Starzyński berichtet:

> *»Ich traf jeden ›meiner‹ Agenten etwa einmal im Monat und meistens in Restaurants oder Cafes, manchmal auch in einer der zahlreichen Londoner Parkanlagen. Dabei wanderten dann immer Umschläge mit Beträgen zwischen zehn und 20 Pfund über den Tisch. Ein Büroangestellter verdiente damals etwa fünf Pfund die Woche, also waren es ansehnliche Summen, die da für einen mehr oder weniger interessanten Bericht gezahlt wurden. Die Treffen in den Restaurants beinhalteten einen weiteren Bonus für mich und die Spione: eine gute Mahlzeit, bezahlt von Warschaus Geheimdienst. […] Ranicki war es, der alle Berichte an Warschau persönlich absegnete, und er war es auch, der die sensibelsten Geheimdienstangelegenheiten selbst übernahm.«*[31]

Pflegte Ranicki selbst Kontakt zu Emigranten? Er selbst bestreitet es. Vermutlich haben beide Seiten auf derlei Bekanntschaften wenig Wert gelegt. Doch als ich ihm und seiner Frau Teofila von einem neuen Buch über den (emigrierten) polnischen General Anders erzähle, erinnert sie sich sofort an ihren Besuch in einem bekannten Emigrantenlokal: »Wir waren in London im ›Weißen Adler‹, gleich nach dem Krieg.« Ihr Mann wirft ein: »Ein einziges Mal. Und ich hatte Angst, sie würden mich hinauswerfen.«[32] In diesem Lokal sahen beide, wie Teofila erzählt, an jenem Tag von weitem die Frau des Generals Anders. Weniger heikel war die Verbindung zu dem Schriftsteller Antoni Słonimski[33], der 1949 Leiter des Instituts für Polnische Kultur in London wurde.

Sehr brisant dagegen der Kontakt Ranickis zu einem Intellektuellen, der aus Sicht des Regimes in Warschau einer der wichtigsten und »wertvollsten« Emigranten war. Höhepunkt dieser Verbindung, die sich in den Akten des MBP lückenlos rekonstruieren lässt, war ein neunzigminütiges Gespräch im Londoner Waterloo Park. Neben dem Konsul hatte auf der Parkbank Platz genommen: Stanisław Cat-Mackiewicz, kurz »Cat« genannt, der berühmte Historiker und Publizist, der spätere Premier in der polnischen Exilregierung. Die Sache hatte eine Vorgeschichte: Der konservative Exilpolitiker war schon vor zwei Jahren zu dem Schluss gekommen, aus persönlichen wie politischen Gründen sei es für ihn am besten, nach Polen zurückzukehren. Dort wollte er seine Landsleute aufklären und warnen: »vor weiteren Wäldern, Verschwörungen, konspirativer Betätigung und vor allem davor, sich an amerikanischen Spielchen zu beteiligen«[34]. So versuchte er, über den polnisch-jüdischen Journalisten Bernard Singer Bedingungen für seine Rückkehr nach Polen auszuhandeln. Singer, der vor dem Krieg die erwähnten Reportagen aus Deutschland geschrieben hatte, war jetzt Chefredakteur des »Tygodnik Polski«, den die Botschaft in London heraus-gab, und – was wichtiger war – Mitarbeiter des MBP, des Nachrichtendienstes. Doch die Verhandlungen blieben erfolglos.

Da schaltete sich 1949 der Resident Ranicki ein. Zunächst wollte er Cat, dem man ohne sein Wissen den Decknamen »Cezar« (Cäsar) gegeben hatte, dazu überreden, eine Geschichte des polnischen Exils von 1939 bis 1949 zu schreiben. Ein Werk für den internen Gebrauch sollte es sein, natürlich gegen Honorar, was der Anfang einer Zusammenarbeit hätte sein sollen. Cat nagte am Hungertuch, so dass ein solches Angebot erfolgversprechend schien. Wenig später die Anregung Ranickis: Cat möge doch ein Buch schreiben über den polnischen Nachrichtendienst der Vorkriegszeit, um anschließend »zügig dazu überzugehen, dass ›Cezar‹ die ›politischen Profile‹ von Exilaktivisten erstellt usw. usw., um dann zu den uns am meisten interessierenden Dingen zu kommen«[35].

Unmittelbarer Gesprächspartner des Politikers ist zunächst noch Singer, bis sich der Konsul schließlich persönlich engagiert. Ihm liegt gar nicht daran, Cat eine schnelle Rückkehr nach Polen zu ermöglichen; zunächst will er seine Dienste im Londoner Emigrantenmilieu nutzen, wofür er ihm regelmäßige Zuwendungen verspricht – und dazu Unterstützung für seine Frau und die beiden Töchter in Polen.

Mit diesem Plan im Kopf steuert Ranicki, der als Geheimdienstmann den Decknamen »Albin«[36] führt, die Parkbank von Waterloo an. Cat bittet den Konsul mehrfach um absolute Geheimhaltung. Dann entfaltet er sein Bild der Lage in Europa: »Polen ist und bleibt im Einflussbereich Russlands«, stellt er fest. Im Falle einer vielfach erwarteten russisch-amerikanischen Konfrontation werde Russland siegreich sein; das polnische politische Exil habe seine Raison d'être verloren. Für ihn bedeutet das: »ich will in mein Land zurückkehren, und zwar so schnell wie möglich.« Die Rückkehr dieses konservativen Vordenkers ins kommunistische Polen wäre – darüber waren sich alle im klaren – ein Schock für das gesamte Exil. Doch Ranicki fordert für die Einreiseerlaubnis einen Preis, der Cat zu hoch erscheint. Er »hatte nicht die Absicht, ein Spitzel zu werden. In dieser Lage schloss ›Albin‹ eine Rückkehr Mackiewiczs nach Polen aus«[37]. Der Autor Cat-Mackiewicz stand abermals vor dem Nichts. Während Ranicki seinen Treffbericht an die Zentrale schrieb, rief Cat seinen »Kollegen« Singer an, um sein Herz auszuschütten: »Dieser Herr [Ranicki] ist sich nicht bewusst, mit wem er redet. Er hat mir Angebote gemacht, die unter meiner Würde und unter der Würde eines Journalisten sind.« Wenig später teilt ein anderer Agent Ranicki mit, Cat habe kurz vor dem Selbstmord gestanden.[38]

Mitarbeiter Starzyński fürchtet einen »Mordauftrag«

Noch eine andere Episode fällt in die Dienstzeit Ranickis in London. Einzige Quelle hierfür sind bisher die Erinnerungen des damaligen Agenten Starzyński, seines dortigen Untergebenen, und nichts (außer Starzyńskis Behauptungen) weist darauf hin, dass der Konsul in diese Sache verstrickt war. So soll sie hier nur als Illustration dafür dienen, mit welchen sich verschärfenden Methoden die östlichen Geheimdienste »Feinde« und »Verräter« bekämpften – auch auf westlichem Territorium. In seinem Bericht schreibt Starzyński durchaus schlüssig, eine Anweisung besonderer Art aus Warschau habe ihn erschüttert: ein »kaltblütiger Mordauftrag«, gerichtet gegen einen des Verrats verdächtigten polnischen Diplomaten und MBP-Agenten.[39]

Es ging um Dr. Stanisław Markowski, Jahrgang 1902, seit Dezember 1945 im Generalkonsulat tätig, seit 1946 als Vizekonsul. »Markowski spielte doppelt. Tatsächlich hatte er nie die Absicht gehabt, den neuen Herrschern in Polen zu diesen. Statt dessen informierte er die Exilregierung und vermutlich auch die britische Spionageabwehr…«[40] Im Jahr 1948 – als gleichrangiger Kollege hat inzwischen Ranicki seine Arbeit aufgenommen – werden an Einstellung, Loyalität und Motivation Markowskis, wie in seiner Personalakte nachzulesen ist, immer mehr Zweifel wach. Zugleich wird eine Rivalität zwischen den beiden Vizekonsuln sichtbar. Bald ist Markowski nicht mehr im Dienst, hat jedoch noch Kontakt zum Konsulat. Markowski wird zu dieser Zeit von einem geheimen Mitarbeiter mit den Worten zitiert, Ranicki habe ihn »mit Spionen umgeben und das dilettantisch – er sollte noch lange lernen, um Detektiv zu werden«.[41] Eines Tages taucht Markowski unter, stellt sich den britischen Behörden, bleibt jedoch in London, in einem nördlichen Stadtbezirk, wo er bald ausfindig gemacht wird.

Einige Zeit ist verstrichen; man schreibt Mai 1949. Jetzt wird Starzyński eingespannt: Er soll den Ex-Konsul im Alltag beobachten und einen Anschlag vorbereiten helfen. Ende Mai »traf der Auftragskiller, als diplomatischer Kurier aus Polen getarnt, in London ein. Sein Name war Sztylka und in seinem Diplomatengepäck befand sich eine Pistole. Er war ein grobschlächtiger, ungebildeter Kerl, der sich nicht viele Gedanken über sein Handwerk machte.«[42] Nach der Tat sollte der Mörder sofort zum Flughafen fahren und Großbritannien verlassen.

Ein Menschenleben stand auf dem Spiel. Starzyński zog die Notbremse und tat, was er – nach eigenen Angaben – schon länger erwogen hatte. Er informierte New Scotland Yard und den Geheimdienst MI 5. Die Briten baten ihn, das Spiel zunächst weiterzuspielen und Diskretion zu wahren. Doch der Mordplan scheiterte: Während einer Generalprobe ohne Pistole verlief sich der »Kurier«, der kein Wort Englisch sprach. Die Sache wurde auf Eis gelegt.[43]

Als Starzyński ein halbes Jahrhundert später in Deutschland seine Memoiren veröffentlichte – die Suche nach einem Verleger hatte eine Weile gedauert –, nahm auch Ranicki zu dem Buch Stellung. »Teils amüsant, teils langweilig«, kommentierte er und fügte hinzu: »In meiner Kompetenz in London hat es niemals handgreifliche Aktivitäten gegeben. Ich habe auch nie davon gehört. Die Vorstellung, daß man in London einen polnischen Ex-Konsul liquidieren wollte, ist geradezu absurd.«[44]

Konnte er wirklich nie etwas von Handgreiflichkeiten gehört haben? Absurd sind diese Informationen gewiss nicht.

Ich habe dazu General Czesław Kiszczak befragt und ihm zuvor »Mein Leben« geliehen. Der General, Jahrgang 1925, war als junger Mann im Londoner Generalkonsulat im Einsatz gewesen, kurz bevor Ranicki dort seinen Dienst antrat. Auch er hatte dort eine geheime Mission, allerdings für den militärischen Nachrichtendienst; er operierte mit versiegelten Briefen (bei inhaltlichen Details ist er schweigsam). Jahrzehnte später war er als Innenminister der Herr über Zehntausende von Agenten. Als ich ihn auf den Namen Ranicki anspreche, lehnt er sich im Sessel zurück: »Ah, mein ehemaliger Untergebener ...«

Kiszczak sagt, man könne derartige Aktionen gegen illoyale Mitarbeiter des Geheimdienstes nicht ausschließen. »Ich habe an solchen Aktivitäten nicht teilgenommen, aber ich habe von älteren Mitarbeitern davon gehört. Sie sprechen nicht gern darüber.«[45]

Zumindest ein Fall dieser Art ist bekannt geworden, wenngleich aus etwas späterer Zeit: Władysław Mróz, Hauptmann des zivilen Nachrichtendienstes, geriet in den offenbar begründeten Verdacht, an seinem Einsatzort Paris dem französischen Dienst DST zuzuarbeiten. Wenig später wurde er von einem »alten Bekannten« aus der Zentrale, den er »zufällig« traf, am Stadtrand von Paris in eine Falle gelockt und erschossen. Der polnische Geheimdienstresident in Frankreich war nach Angaben eines späteren Überläufers selbst damit beauftragt, die Operation vor Ort zu beaufsichtigen. Am fraglichen Abend im Oktober 1960 empfing er jedoch einen polnischen Parlamentarier – offenbar um die Franzosen irrezuführen. Der Mörder selbst ist unbekannt; vermutlich gehörte er einer »Liquidationsgruppe« an, die es im Nachrichtendienst gegeben haben soll und deren Existenz und Zusammensetzung selbst intern streng geheim gehalten wurde.[46]

Etwas anderes als Mord sind die in Polen von Militärgerichten verhängten Todesurteile: Ein solches traf auch Starzyński und seine Frau Janina Ejdys, Agentin in London wie er selbst, allerdings in Abwesenheit: 1950 waren sie beide nach Australien ausgewandert. Wie ein Historiker ermittelt hat, ist jedoch 1962 »Janina Ejdys trotz des Schutzes durch die australische Spionageabwehr aus ungeklärten Gründen tragisch ums Leben gekommen«[47].

Auch Markowski, Vorgänger, dann Kollege Ranickis in London, war in den Augen des Regimes offenbar ein »Verräter«, der die Seiten gewechselt hatte. Cat-Mackiewicz wiederum war einer jener Prominenten, welche die neuen Herrscher in Polen zu umgarnen und einzuspannen versuchten. Doch die Mehrheit der Polen in London waren einfache Emigranten, Soldaten oder Offiziere, die sich Tag für Tag über die Frage den Kopf zerbrachen: zurückgehen, bleiben oder weiterwandern? Manch einer hat den Weg zurück gefunden – in eine dramatisch veränderte, oft auch äußerlich kaum wiederzuerkennende Heimat. Manche Heimkehrer sind früher oder später in die Mühlen des stalinistischen Terrorapparats geraten, darunter auch etliche Militärs, etwa General Stanisław Tatar, der im November 1949 zurückkehrte und zwei Jahre später in einem Schauprozess zu lebenslanger Haft verurteilt wurde.

Ranicki hat, nachdem seine Geheimdienstarbeit offenbar geworden war, gegenüber deutschen Medien immer wieder bestritten, von der »Heimholung« von Emigranten, denen später Leid zugefügt wurde, gewusst oder gar an ihr beteiligt gewesen zu sein. Hat er andererseits irgendwann in seiner Geheimdienstzeit – wie der Stasi-Offizier im Film »Das Leben der anderen« – Menschen in Gefahr zu helfen versucht? In zwei Gesprächen habe ich Reich-Ranicki diese Frage gestellt.

Beim ersten Mal bekam ich eine Antwort: »Ich hatte doch gar keine solchen Möglichkeiten!«[48] Beim zweiten Mal brauste er auf und antwortete nicht. Er selbst findet für seine Handlungen die folgenden kühnen Worte:

> *»Nein, ich bedauere nicht, was ich getan habe. Meine ganze Tätigkeit hat niemandem geschadet, wahrscheinlich aber auch niemandem genützt. Ich habe in der Zeit bis 1950 so und nicht anders gehandelt, weil ich damals an den Kommunismus geglaubt habe.«*[49]

VIII. Der Sturz. Zurück nach Warschau

»Wir waren privilegiert«

In London war es den Ranickis soweit recht gut gegangen. Allmählich näherte sich das zweite Jahr ihres Aufenthalts seinem Ende. Im Vereinigten Königreich lebten die Ranickis in einer ganz anderen Welt; sie waren weit entfernt von der Trümmerlandschaft Warschaus, weit weg von den Orten, die sie an Demütigung und Tod erinnert hätten. Und sie waren in der Nähe von Marcelis Schwester Gerda Böhm und ihrem Mann Gerhard. Beide hatten im Sommer 1939 Berlin verlassen und an der Themse den Krieg überlebt. Teofilas älterer Bruder Aleksander wohnte in London wie auch ein Berliner Cousin Marcelis, dem es rechtzeitig gelungen war, nach London zu flüchten. Er war in Wilton Park angestellt und kümmerte sich um die »reeducation« gefangener deutscher Offiziere und Generäle.

»Unser Leben dort war schöner, luxuriöser und auch freier als im zerstörten Warschau: Es ging uns sehr gut in den beinahe zwei Londoner Jahren. Wir hatten, wovon wir in Warschau nicht einmal träumen konnten: eine gut ausgestattete, geräumige Wohnung. Auch bekamen wir einen ziemlich großen, amerikanischen Wagen. Mit der Literatur befaßte ich mich allerdings nur wenig. Hingegen gingen wir häufig ins Theater, in die Oper, in Konzerte. Die beiden Eindrücke, die sich meinem Gedächtnis am stärksten eingeprägt

haben: Wilhelm Furtwängler, der unter anderem die ›Neunte‹ dirigierte, und Laurence Olivier, der allerlei von Shakespeare bis Anouilh spielte. Wir reisten durch England und Schottland und mitunter für ein Wochenende nach Paris. Wir verbrachten den Urlaub einmal in der Schweiz, einmal in Italien. Wir waren privilegiert.«[1]

Für die Ranickis waren die Londoner Jahre eine Zeit der Stabilität. Ihr wichtigster Tag dürfte der 30. Dezember 1948 gewesen sein, als Andrzej Aleksander, ihr erstes und einziges Kind, geboren wurde.[2]

Aber eines Tages trat die Angst wieder in ihr Leben. Am Wegesrand leuchteten, eines nach dem anderen, rote Lämpchen auf; so etwa sollte es Ranicki später beschreiben. Der Konsul und Geheimdienstresident, der kommissarische Leiter des Generalkonsulats, kürzlich zum Hauptmann befördert, ahnte nicht, dass er binnen weniger Wochen aus der Partei und beiden Ministerien, für die er arbeitete, ausgeschlossen würde.

Die Ängste speisten sich – so beschreibt er es heute – aus dem Konflikt zwischen Stalin und Tito, aus der Zwangsvereinigung zweier Parteien zur Polnischen Vereinigten Arbeiterpartei (PVAP), aus dem Machtantritt des neuen Parteichefs Bierut in Warschau: »Auf die relativ liberale Periode der ersten Nachkriegszeit folgte die Zeit des Stalinismus in Polen.« In Budapest wurde dem vormaligen Innenminister László Rajk der Prozess gemacht. Der deutschstämmige Rajk, dessen Familie früher Reich geheißen hatte, wurde im Oktober 1949 hingerichtet. Der Schauprozess war nicht der einzige seiner Art. Die Revolution vernichtete jetzt nicht nur ihre Gegner, sondern begann, ihre Kinder zu fressen. »Bei manchen [Prozessen] waren die antisemitischen Akzente unverkennbar. Wir waren entsetzt. Und aufs tiefste erschreckte uns, was sich in unserer unmittelbaren Umgebung abspielte.«[3]

Paula Born, die zum Freundeskreis der Ranickis gehörte, »eine kultivierte und gebildete Frau, die in der polnischen Botschaft das Amt des Ersten Sekretärs versah«[4], war im Sommer 1949 nach Polen in Urlaub gefahren und nicht mehr zurückgekehrt. Umgehend erfuhr der Konsul, dass man sie verhaftet hatte. »Sie blieb einige Jahre im Gefängnis – ohne Prozeß, ohne jeglichen Grund.«[5]

Die Akte Born im polnischen Institut des Nationalen Gedenkens enthüllt die Wahrheit über das neue System. Paulina Born, so ihr eigentlicher Name, wurde am 28. August 1896 geboren[6] und hatte vor dem Zweiten Weltkrieg in Paris in der Zentrale eines internationalen Gewerkschaftsverbands gearbeitet. Nach 1939 war sie in vergleichbarer Funktion in der Schweiz tätig, wo sie offenbar Noel Field kennen lernte, einen ehemaligen amerikanischen Diplomaten. Field war schon früh Kommunist gewesen. Er wurde zu einem aktiven Antifaschisten, der aus Mitteln amerikanischer Schriftsteller Flüchtlinge unterstützte, die vor dem NS-Terror geflohen waren. 1949 wurde er vom ungarischen Geheimdienst aus einem Hotel in Prag entführt, in Ungarn inhaftiert und gefoltert. Seine erzwungenen Geständnisse sollten alsbald gegen Rajk und andere »Verdächtige« in Osteuropa, die mit ihm in Berührung gekommen waren, ins Feld geführt werden. In vielen Fällen endeten die Prozesse mit Todesurteilen.

Offenbar wurde auch Paulina Born im August 1949 Opfer dieser Terrorwelle, wie sie in einem Brief später berichtete: »Infolge der verbrecherischen Tätigkeit der ehemaligen Beamten des Ministeriums für Öffentliche Sicherheit wurde ich verhaftet und war bis zum 21. Juli 1953 im Gefängnis.« Die Haftbedingungen im Gefängnis »Warszawa I«, dem berüchtigten Arrest an der Rakowiecka-Straße, »haben meine Gesundheit ruiniert«.[7] Ein Foto jüngeren Datums in ihrer Akte sagt alles:

ein zerstörtes Leben. Das Bild wurde vermutlich für einen Reisepassantrag aufgenommen; darin haben die Behörden über Paulina Born festgehalten: »165 cm. Augen braun. Haarfarbe dunkel. Gesichtsform oval. Volkszugehörigkeit jüdisch.«[8]

Ranicki erinnert sich präzise, wie damals im Kampf gegen nicht hinreichend parteitreue Bürger der Vorwurf des »Kosmopolitismus« aufkam. Seine Lage und die seiner Frau beschreibt er folgendermaßen:

»Wir hatten allen Anlaß, Angst zu haben, zumal ich sehr bald als ›kosmopolitisch‹ galt. [...] Ich hatte die Sache des Kommunismus noch nicht ganz aufgegeben, aber meine Illusionen waren schon erheblich kleiner geworden. Bei einem Besuch in Warschau fragte ich in der Zentrale des Nachrichten-Auslandsdienstes, ob meine Tätigkeit in London überhaupt noch erwünscht sei. Man werde mir innerhalb von wenigen Wochen Bescheid geben – bekam ich zu hören. Ich wartete nicht ab, ich bat um meine Abberufung. Meine Vorgesetzten waren zufrieden.«[9]

Er mag es nicht, sich in der Rolle des Opfers zu beschreiben. Er selbst will stets der Auslöser gewesen sein. Erst hat er an den Kommunismus geglaubt; das sei, sagt er, der Grund für sein Handeln gewesen. Dann hat er selbst sich, »ohne lange zu überlegen«, den Decknamen Ranicki gegeben. Jetzt ist er es, der um Abberufung bittet. Nicht genug damit, trifft er gleich eine weitere, folgenschwere Entscheidung über die Zukunft seiner Familie:

»In diesen Jahren geschah es nicht selten, daß Diplomaten kommunistischer Staaten (auch polnische Diplomaten) nach ihrer Abberufung die Rückkehr verweigerten oder, wenn sie im Westen auf Dienstreise waren, absprangen. [...] Die Wahrheit ist: Wir haben eine solche Möglichkeit überhaupt nicht erwogen. Wir hielten es für eine Anstandspflicht, nach Polen zurückzukehren. Warum eigentlich?«[10]

Die Antwort gibt Ranicki gleich selbst und wirkt doch nicht allzu überzeugend: »Vielleicht« habe es mit dem preußischen Gymnasium zu tun, wo ihm beigebracht worden sei, »dass man unter allen Umständen loyal zu sein habe und dass niemand verächtlicher sei als der Verräter«. Aber »noch ein ganz anderer Faktor« könnte eine Rolle gespielt haben: Das Schicksal eines flüchtigen Geheimdienstmanns habe »sehr bitter« sein können. Meint Ranicki damit jene »Handgreiflichkeiten«, von denen im vorigen Kapitel die Rede war? Hat er tatsächlich nie von ihnen gehört? Jedenfalls gibt er auf die im Nachhinein gestellte Frage, ob es falsch oder töricht war, nach Polen zurückzukehren, keine Antwort und sagt nur: »Leichtsinnig war es auf jeden Fall.«[11]

Und wie ist es nun wirklich gewesen? Wer oder was führte den Sturz herbei? Dass Konsul Ranicki »aus politischen Gründen« um seine Abberufung bat, wie er es später gelegentlich darstellte[12], dafür gibt es nicht den geringsten Anhaltspunkt. In den Akten findet man nicht die Spur eines Zweifels an seiner Linientreue. Hätte es irgendeinen Hinweis darauf gegeben, so hätte er sich, wie im Falle seines bereits erwähnten Vorgängers Markowski, wahrscheinlich in den Akten niedergeschlagen.[13]

Das Agentennetz bricht auseinander

Es gibt, wie wir gleich sehen werden, eine plausible Erklärung für den Sturz des Konsuls und Residenten Ranicki. Doch zunächst der Reihe nach:

Die erste rote Warnlampe leuchtete auf, als Bürger Ranicki in London ein Schreiben vom 29. Oktober 1949 erhielt, das ihm knapp und trocken mitteilte: »Ich berufe den

Bürger zum 31. Oktober ab [...] und ernenne ihn zum 1. November 1949 zum Botschaftsratsrat im Außenministerium, zur Verfügung des Personalbüros«.[14] Unterschrieben hatte der Minister persönlich.

Der Entlassene reagiert sofort. Er reist, wie erwähnt, nach Warschau. Im nächsten Dokument des Ministeriums vom 4. November, nunmehr an »Botschaftsrat« Ranicki »im Hause« gerichtet, heißt es dann: »Auf Bitten des Bürgers vom 3. November 1949 gewähre ich ihm unbezahlten Urlaub vom 1. November 1949 bis zum 31. Januar 1950.«[15]

Dieser »Urlaub« muss dramatisch verlaufen sein. Das Sicherheitsministerium, das die Entsendung Ranickis als Konsul nach London (und jetzt womöglich auch seine Abberufung) veranlasst hatte, meldet sich zu Wort. Ranicki muss, nicht zum ersten Mal, einen mehrseitigen »Sonderfragebogen« für MBP-Mitarbeiter ausfüllen, eigenhändig einen »Lebenslauf« und dann auch noch »Ergänzungen zum Lebenslauf«[16] schreiben. Das Sicherheitsministerium eröffnet ein Disziplinarverfahren. Die Leitung des VII. Departaments (Nachrichtendienst) berät und verhört den Betreffenden. Ranicki wehrt sich. Er schreibt an den mächtigen General Komar, Chef des zivilen und des militärischen Nachrichtendienstes in einer Person. Zunächst kann Ranicki noch nach London zurückkehren.

Der General hat derweil ganz andere Sorgen. Zu Beginn seiner Amtszeit waren Ranicki, seine Warschauer Mitarbeiterinnen und Mitarbeiter nach England entsandt worden. Zwei Jahre danach steht der General, wie er bekennen muss, vor einem Scherbenhaufen. Die anfangs so erfolgreiche Truppe in London ist, wie er dem Vize-Sicherheitsminister meldet, arg geschrumpft: Übriggeblieben sind jetzt »eine Schreibkraft und der Resident [Ranicki], der noch dazu über keine Agentenkontakte verfügt«. Mit einem Wort: »Die Residentur leistet faktisch fast gar keine nachrichtendienstliche Arbeit und ist in der Endphase des Einfrierens ihrer Agentenschaft.« Scheitern auf der ganzen Linie: »Wir müssen die Notwendigkeit ins Auge fassen, in nächster Zeit den Residenten abzuberufen.«[17]

Die Gründe für den Zusammenbruch des Agentennetzes sind mehrere. General Komar nennt in seinem langen Brief die Abberufung dreier hauptamtlicher Mitarbeiter aus London (darunter Sztylka, der mutmaßliche Killer), nicht näher bezeichnete Zwischenfälle (Enttarnungen?) und als neuste Entwicklung das Untertauchen zweier Untergebener Ranickis, des erwähnten Krzysztof Starzyński und seiner Frau. Vermutlich ein Fall von »Verrat«.

General Komar vertraute dem Residenten offenbar bis zuletzt. Ranicki habe viel getan, heißt es, um den bewährten Starzyński zu halten. Als Ranickis Mitarbeiter von dem neuen Kurs verschärfter »Wachsamkeit« gegenüber Feinden des Kommunismus erfahren habe, sei er sehr »bedrückt« gewesen, doch »der Resident hat ihn beruhigt«: einem loyalen Mann wie ihm werde doch nichts passieren.[18] Doch noch am selben Tage, am 11. November 1949, schreibt Starzyński dem polnischen Botschafter in London einen Brief: »Ich teile Ihnen meine Entscheidung mit, meine Verbindungen zu dem in Polen regierenden Regime zu zerreißen und mich als politischer Flüchtling unter die Obhut der britischen Behörden zu begeben.«[19] In einem weiteren Brief bietet der »Deserteur« ein Geschäft an: Er werde den Briten keine Geheimdienstdetails verraten, es sei denn, die Polen würden ihn beschatten oder ein Attentat gegen ihn vorbereiten: »Wenn ihr mich vergesst, werde auch ich euch vergessen. Meine Absicht ist lediglich, irgendwo im Westen ein ruhiges Leben zu führen, ohne Angst vor einer ›Säuberung‹ oder Freiheitsentzug …«[20]

Kritik an Resident Ranicki findet sich in der hier zitierten Akte nicht. Doch wenn ein möglicherweise 50 Agenten zählendes Netz zusammenbricht, kann der Chef nicht ungeschoren davonkommen. Jedenfalls begann man in Warschau, in der Vergangenheit Starzyńskis, Ranickis und weiterer Mitarbeiter zu stöbern. Die Führung des Nachrichtendienstes beschloss nach drei Sitzungen, Ranicki zu entlassen. Noch im November befand sich der Ex-Konsul mit Frau und Kind zurück in Warschau.

Am 12. Dezember 1949 kann ein MBP-Mitarbeiter mit Genugtuung feststellen, Ranicki sei abberufen worden, weil er »den Dienstbedingungen in der Öffentlichen Sicherheit (als Übersetzer im Warschauer Ghetto)«[21] nicht entsprochen habe.

Doch Ranicki fordert im MBP ein ordentliches Verfahren. Nach eingehender Prüfung findet das Ministerium im Lebenslauf des Konsuls und Residenten drei dunkle Flecken. Ein Oberst Siedlecki nennt in einem »Raport« an den Genossen Sicherheitsminister drei Hauptvorwürfe. Er stellt fest,

»a) dass Reich Marceli beim Eintritt in den Apparat der B. P. [Öffentlichen Sicherheit] im Oktober 1944 im Sonderfragebogen ungenaue Angaben zu seiner Zugehörigkeit zur K.P.D. […] gemacht hat, wie er auch verheimlichte, nahe Verwandte außerhalb der Grenzen der Republik Polen zu haben;
b) dass er in der Besatzungszeit den Posten des Korrespondenzchefs/Chefdolmetschers im Warschauer Getto innehatte;
c) dass er als Leiter des Konsulats der Republik Polen in London – entgegen der Richtlinie des Außenministeriums – nicht über die Ausstellung eines Einreisevisums nach Polen an seinen Schwager Gerhard Beohm [soll heißen: Böhm] informiert hat, und dass der Verdacht besteht, dass er die Erteilung des Visums absichtlich verheimlicht hat.«[22]

Ranicki gibt nicht auf; diesmal kämpft er wie ein Löwe. Er gibt Widerworte und verweigert ein Schuldbekenntnis. Noch einmal beschreibt er seine Jahre im Krieg, betont, wie unbedeutend seine Funktion im Getto gewesen sei und dass er, von einer Ausnahme abgesehen, die Gespräche mit den Deutschen nie selbst übersetzt habe, weil »ich im Getto nie den Passierschein hatte, der zum Verlassen des Gettos berechtigte«.

Über seinen Londoner Schwager Gerhard Böhm gibt er zu Protokoll, dieser sei, »von der II. Abteilung des Generalstabs nach Warschau geholt, in Handelsangelegenheiten« nach Polen gekommen.[23] Was Ranicki nicht wissen konnte: Der Handelsreisende Böhm, zeitweise Gast des Hotels »Bristol«, wird in Warschau beschattet. Als er am 25. Dezember 1949 in Gdingen an Bord der »Batory« gehen will, greifen die Grenztruppen zu und nehmen ihn fest.

Die Partei hat immer recht: »ideologische Fremdheit«

Damit nicht genug. Als nächstes erwartet Ranicki die Konfrontation auf Parteiebene. Die PVAP-Organisation Stadtmitte leitet ein Ausschlussverfahren gegen ihn ein. Es kommt zu einer dramatischen Sitzung, in der ihn einige Genossen scharf angreifen. Mit Wirkung zum 3. März 1950 wird Ranicki ausgeschlossen. »Die offizielle Begründung lautete: wegen ideologischer Entfremdung. Ich hielt dieses Urteil für falsch. Aber nach einiger Zeit hatte ich begriffen, dass die Partei im Recht war …«[24]

Noch einmal: Worum ging es eigentlich? General Kiszczak, der in jenen Jahren für den militärischen Nachrichtendienst in London war, glaubt nicht an Argumente wie die

»Rolle im Getto«, Ranickis »Kosmopolitismus« oder ideologische »Fremdheit«. Nachdem er sich den Vorgang angehört und die Autobiografie von Marcel Reich-Ranicki gelesen hat, kommt er zu dem Schluss: »Es muss dort einen kriminellen Hintergrund gegeben haben.«[25] Ein krimineller Hintergrund? Konnte die Handelstätigkeit des Schwagers als solcher gelten? Oder die falschen Angaben gegenüber Vorgesetzten?

Wie auch immer es gewesen ist: Ohne einen starken politischen oder zumindest »personalpolitischen« Willen hätte der Sturz des bewährten Konsuls Ranicki kaum inszeniert werden können. Ein Historiker des Instituts des Nationalen Gedenkens in Warschau verweist zusätzlich auf wichtige Begleitumstände: auf die politische Verschärfung in Moskau, auf das polnische ZK-Plenum vom November 1949 und die sich allerorts verstärkenden Aufrufe zur »Wachsamkeit«. In der fraglichen Zeit wurden schließlich etwa 200 Mitarbeiter des Nachrichtendienstes entlassen, offenbar »bevorzugt« Personen jüdischer Herkunft. Im Mai 1950 stürzte nach dieser Darstellung – zum Abschluss des ganzen Prozesses – der einst so mächtige General Wacław Komar, der Chef des Zivilen und des Militärischen Dienstes.[26] Komar wurde inhaftiert und gefoltert; er war jüdischer Herkunft, hatte außerdem am spanischen Bürgerkrieg teilgenommen. Das klang doch sehr nach »Kosmopolitismus«.

Das freie, luxuriöse Leben in London fand ein jähes Ende. Doch einem Mitarbeiter wie Marceli Ranicki, der keine Reue zeigte, sich gar zur Wehr setzte, der das System herausforderte, indem er auf seine Treue zum System pochte, musste man eine besondere Lektion erteilen. Man ließ es nicht mit der Abberufung bewenden.Am 10. Januar 1950 erreicht den sowjetischen Oberst Orechwa, nach wie vor Chef der Kaderabteilung des MBP, eine kurze Notiz, in der es heißt:

»Im Einklang mit der Entscheidung des Bürgers Vizeminister vom 9. I. 50 wurde Hauptmann Reich Marceli mit 14-tägigem gewöhnlichem Arrest bestraft, bei 50-prozentiger Kürzung der Bezüge für die Zeit der verbüßten Strafe, sowie mit disziplinarischer Entfernung vom Dienst in der B. P. [Öffentlichen Sicherheit] zum 31. I. 50.«[27]

Gewöhnlicher Arrest im Gebäude des Sicherheitsministeriums an der Koszykowa-Straße, wo er einst gearbeitet hatte: Das bedeutete eine Einzelzelle. Schlimm scheint er dort nicht behandelt worden zu sein. Später konnte er darüber sagen: »In einem gewissen Sinne waren diese Tage im Gefängnis die schönsten, die ich erlebt habe in jenen Jahren.«[28] Er saß in der Zelle und hatte Zeit, das Geschehene zu überdenken. »Meine politische Karriere war endgültig gescheitert – und mit gutem Grund.«[29] Aber was würde die Zukunft bringen – für einen Mann ohne erlernten Beruf, noch dazu mit Familie? Plötzlich erscheint am Ende des Tunnels ein Licht:

»In der Zelle durfte ich lesen. Ich konnte mir von Tosia [Teofila] ein Buch schicken lassen, das politisch unbedenklich sein mußte. Ich entschied mich für einen deutschen Roman, für das ›Siebte Kreuz‹ der Anna Seghers. Allerdings war die Glühbirne, die sich an der Decke hinter einem Drahtgitter befand, sehr schwach. Mehr Licht – das war im Augenblick das wichtigste. Ich bot meine ganze Energie auf, um eine größere Glühbirne zu bekommen – und schließlich wurde sie mir gegönnt. […] Aber den Roman von Anna Seghers lesend, den ich noch heute liebe und bewundere, […] überlegte ich mir in der jetzt gut erleuchteten Zelle, ob es vielleicht möglich sein könne, zur lange vernachlässigten Partnerin meiner frühen Jahre zurückzukehren – zur Literatur also.«[30]

IX. Teofila – die Schicksalsgefährtin

Kindheit in Łódź, Krieg in Warschau

Teofila, Theophila: griechisch für »die Geliebte Gottes«. Ein wenig steht Teofila immer im Schatten ihres Mannes. Ihr Mann ist gerade aus dem Außenministerium und aus der »Sicherheit« entlassen und aus der Partei ausgestoßen worden. Gestern war Marceli noch Generalkonsul in London, jetzt sind sie beide wieder in Polen. Der Wind hat gedreht. Wieder eine Stunde Null in ihrem Leben. Teofila ist seit einem Jahr die Mutter ihres gemeinsamen Sohnes Andrzej. Zur Welt gekommen ist er in der Weltstadt London; aufwachsen wird er im armen, zerstörten, stalinistischen Warschau.

Über Teofilas Kindheit und Jugend wissen wir nur wenig. So müssen wir den inzwischen vergilbten Fragebögen folgen, die sie gegen Ende des Krieges ausfüllen musste. Sie sagen folgendes: Geburtsdatum: 12. März 1920. Geburtsort: Łódź. Volkszugehörigkeit: polnisch. Bekenntnis: mosaisch. Staatsbürgerschaft: polnisch. Name des Vaters: Fajwel Langnas. In der Rubrik »Name des Vaters laut Dokumenten« treten zwei Namen auf, neben dem jüdischen Fajwel der polnische: Paweł. Geburtsjahr: 1886. Beruf: Kaufmann.

Der Name der Mutter war Mindla, was später zu Emilia abgewandelt wurde. Geboren 1885 in Pabianice, aufgewachsen mit zehn Geschwistern, »ohne Beruf.« Der Vater Fajwel stammte aus Zgierz.[1] Die Eltern kamen in das nahegelegene Łódź, wo sie in der Benediktstraße in einem Haus wohnten, vor dem, wie Teofila sich erinnert, leichte Mädchen auf Kundschaft warteten. Łódź war schon damals eine Großstadt. Władysław Reymont, der in jenen Jahren den Nobelpreis erhielt, hat der aufstrebenden Metropole im Roman *Das Gelobte Land* ein Denkmal gesetzt.

Teofila Langnas besuchte in Łódź eine deutsche Schule. Es gab dort mehrere davon, vor allem private. »Sie waren teurer als die polnischen, aber die polnischen waren nicht schlechter«, erinnert sich Karl Dedecius, ein anderer Bürger dieser Stadt. Im polnischen Gymnasium, das er besuchte, zahlte man 30 Złoty im Monat, im deutschen das Doppelte.[2] So ging Karl, der Deutsche, Sohn eines Mitarbeiters der Sittenpolizei, in eine polnische Schule. Die ein Jahr ältere Teofila dagegen, die Jüdin aus gutem Hause, ging in eine deutsche. Teofila hatte noch einen großen Bruder, Jahrgang 1913. Er hieß Aleksander und studierte bereits Geschichte. 1932 ging er in die USA.

Zur Mutter sagte man Mindzia, die Tochter Teofila nannten alle Tosia. In der Schule wurde sie Thea gerufen. Sie erinnert sich noch, wie Onkel Emek, ein Geschäftsmann, der bankrott gegangen war, sie zum ersten Mal ins Kino mitnahm. Sie sahen einen populären Ufa-Film von 1931: *Der Kongress tanzt*, mit Lilian Harvey (»Das gibt's nur einmal, das kommt nicht wieder«). Teofila erinnert sich aber auch, wie sie in der Schule im Krippenspiel einen Engel spielen wollte und zu hören bekam: »Eine Jüdin kann doch kein Engel sein.« Damals traf sie ihre erste unwiderrufliche Entscheidung: Diese Schule betrete ich nie wieder.[3]

Teofilas Vater war nicht irgendein Kaufmann. Er war Miteigentümer der Tuchfabrik »Langnas, Goldblum und Zajączkowski«. Sie stellte große, karierte Tücher her, wie sie die

Arbeiterinnen in Łódź sich gerne um die Schultern legten. Die Fabrik beschäftigte 50 Personen.[4] Die Familie besaß in Łódź auch zwei oder drei Häuser. Auf einem Foto aus dem Jahr 1933 sehen wir Herrn Langnas, wie er mit seiner Frau an der Reling der »Kościuszko« steht, eines Dampfers der Polnischen Transatlantischen Schifffahrtsgesellschaft. Beide tragen helle Farben, sommerlich, doch elegant. Er wirkt mit seiner Brille und der Krawatte etwas steif; sie dagegen lächelt, während die frische Brise den Saum ihres Kleids anhebt. Wohin sie damals gefahren sind, ist nicht bekannt. Von Teofila aber wissen wir, dass sie bereits vor dem Krieg Frankreich, England, Schottland, Österreich und Dänemark bereist hat.

Als die deutsche Wehrmacht 1939 Polen überfällt und besetzt, wird alles anders: Fajwel Langnas wird enteignet und darf fortan seine eigene Fabrik nicht einmal betreten. Als er tags darauf von einem jungen deutschen Soldaten auf der Piotrkowska, der Flaniermeile von Łódź, geohrfeigt wird, bricht er psychisch zusammen. Robust sei der Vater ja nie gewesen, sagt man in der Familie über ihn. Immer häufiger spricht er jetzt von Selbstmord. Die Familie flieht aus der Stadt, die in »Litzmannstadt« umbenannt und dem »Warthegau« einverleibt wird, Sie geht nach Warschau, wohin viele geflohen sind, weil man darauf vertraute, im Generalgouvernement ein wenig mehr Sicherheit zu haben. Am 21. Januar 1940, als die Familie gerade aus dem Haus ist, nimmt sich Fajwel Langnas in Warschau das Leben. Er hängt sich mit dem Gürtel am Fenster auf. Teofila versucht noch, ihn loszuschneiden – es gelingt ihr nicht. Der Arzt kommt zu spät.

»Marceli, kümmere dich um das Mädchen!«

Es muss in der Złota-Straße geschehen sein, wo der junge Marceli wohnte. In der Küche hörte er die Worte seiner Mutter, und er hört sie noch heute: »Geh sofort dahin, der Langnas hat doch eine Tochter, ihrer muß man sich jetzt annehmen.« Er war schon auf der Treppe, als ihn die Stimme seiner Mutter noch einmal erreichte: »Kümmere dich um das Mädchen!«[5] Von diesem Tag an waren Tosia und Marceli zusammen, er im Vordergrund, sie stets einen Schritt hinter ihm. Später wurde in der Złota-Straße die Mauer gebaut, das Getto entstand; Teofila und ihre Mutter zogen eine Straße weiter in ein möbliertes Zimmer in der Sienna-Straße, gleich hinter der Mauer. Zwei Jahre vergingen, die Vernichtung begann. Da heirateten Teofila und Marceli – und flohen.

Doch die Zeiten der Trennung kamen schnell. Die erste war wohl die schlimmste. Nach ihrer gemeinsamen Flucht und einem Leben im Versteck in der Pańska-Straße, noch ganz nah am Getto, hatte Marceli Reich, seines Aussehens wegen, im Häuschen der Gawins Unterschlupf gesucht. Derweil arbeitete Teofila, mit »arischen Papieren« ausgestattet, irgendwo in der Stadt. Sie gab vor, »Kazia« zu sein, ein arisches Mädchen vom Lande, und bot ihre Dienste als Hausmädchen an. Um Arbeit zu finden, las sie im von den Besatzern geduldeten *Nowy Kurier Warszawski* die Anzeigen. Aber immer wieder geriet sie in Schwierigkeiten. Einmal konnte sie keinen Eierkuchen machen und musste sich deshalb eine neue Arbeit suchen. Ein andermal setzte sich Teofila an den Flügel, als sie allein im Haus war, und spielte Chopin. Was spielte sie da? Vielleicht das Nocturne cis-moll, das Nocturne des Pianisten Szpilman? Die Dame des Hauses kam unerwartet zurück und hörte die Musik. Ein Hausmädchen, das Chopin spielt – da stimmt etwas nicht. »Ich weiß, wer du bist«, sagte sie zu Teofila. »Pack deine Sachen…« Wieder musste Teofila den *Kurier* studieren. Als sie die siebte Arbeitsstelle antrat, tauchte eines Nachts der Hausherr in ihrem Zimmer auf: »Ich weiß, wer du bist«, sagte er und wollte sich zu ihr ins Bett legen. Doch der Hund schlug an. Am Morgen packte Teofila ihre Sachen und floh – zu Marceli, zur Familie Gawin.[6] Da waren sie wieder vereint.

Auch später sollte es Zeiten der Trennung geben. In den letzten Kriegsmonaten, als sie Marceli nach Kattowitz geschickt hatten, erreichte Teofila mit ihrer Militärzensureinheit beim Stab der II. Polnischen Armee, so beschreibt sie es, die »Festung« Breslau.[7] Als Leutnant Reich 1946 nach Berlin aufbrach, blieb sie in Warschau. Aber ansonsten waren sie zusammen.

Gelegentlich hat Teofila auch eigene Pläne geschmiedet. Schon immer hatten ihr die Künste am Herzen gelegen. Vor dem Krieg hatte sie in Łódź eine Kunstschule besucht, das Abitur gemacht. Sie träumte von einem Studium in Paris. Doch das Schicksal wollte es anders. In Warschau musste sie für den Getto-Kommissar Auerswald Zeichnungen anfertigen, um ihn bei guter Stimmung zu halten. Ähnlich wie der Künstler Bruno Schulz, der im galizischen Drohobytsch in der Villa des Gestapo-Manns Landau die berühmt gewordenen Fresken malte.

Nachdem sie im Oktober 1944 in Lublin als neue Mitarbeiterin des Ressorts für öffentliche Sicherheit die »Verpflichtung«[8] unterschrieben hatte und zur Militärzensur eingeteilt wurde, spürte sie schnell, dass das nicht ihre Sache war. Aber in einer Zeit ohne Computer und Kopiergeräte waren Grafiker sehr gefragt. So bat Teofila Reich, die inzwischen zur Leiterin der Kartei der Personalabteilung der Militärzensur in Warschau aufgestiegen war, am 2. Oktober 1945 um ihre Versetzung. Sie bat in einem »Raport« in schöner weiblicher Handschrift darum, »der Personalabteilung des MBP zur Verfügung« gestellt zu werden. Zur Begründung schreibt sie – in der weiblichen Form, was damals keineswegs üblich war: »Ich bin Grafikerin und möchte in meinem Beruf tätig sein, was im Rahmen des Ministeriums möglich ist. Ich bin sicher, dass ich in einer Arbeit, die meinen Qualifikationen entspricht, wesentlich mehr Nutzen bringe als bisher.« Auf dem Antrag ist von unbekannter Hand vermerkt: »Bin einverstanden.«[9]

Als ihr Mann sich schon in Berlin aufhält, schreibt sie einen weiteren »Raport«, diesmal an Hauptmann Taborycki, den damaligen Chef des Hauptamts für Zensur. Sie macht ihre Prioritäten deutlich: »Da ich von der Akademie der Schönen Künste aufgenommen worden bin, wo die Vorträge von 8 Uhr früh bis 1 Uhr nachmittags stattfinden werden, bitte ich darum, mir zu gestatten, nur in den Nachmittagsstunden zu arbeiten, und mir dadurch das Studium zu ermöglichen.« Aber diesmal ist sie zu weit gegangen. Ein Vorgesetzter namens Oliwa setzt mit fetten roten Lettern auf das Dokument: »Ich meine, dass sie bei dieser Einstellung zur Arbeit keinen Wert darstellt, und Bürgerin Reich sollte entlassen werden.«[10] In der Tat: Allzu lange hat »Bürgerin Reich« dort nicht mehr gearbeitet. Die Tabelle mit dem Titel »Dienstverlauf« vermerkt unter dem Datum des 1. April 1946: »entlassen auf eigenen Wunsch«.[11]

Sieht man von diesem kleinen Zwischenfall ab, verlief das Berufsleben der Teofila Reich reibungslos und unspektakulär. Auf jeder Bitte um Versetzung oder kurze Beurlaubung lesen wir »einverstanden«, »ich gewähre diese Bitte« und ähnliches. Im Jahre 1945 war sie in die Partei eingetreten. Dass im selben

Ressort ihr Mann arbeitete, der mit der Zeit immer einflussreicher wurde, hat ihr mit Sicherheit nicht geschadet, vielleicht sogar etwas mehr Eigenständigkeit gestattet. Diese nutzte sie im Frühjahr 1946: für das Studium an der Akademie. Doch schon nach dem ersten Semester bricht sie das Studium ab.[12]

Im selben Jahr erneuert Teofila die Verbindung zum Ministerium. Sie unterschreibt einen befristeten Vertrag als »grafik kontraktowy«, etwa: Grafiker auf Honorarbasis. Darin wird eine »finanzielle Entlohnung in der Summe von 4200 Złoty monatlich« festgehalten. Teofila darf die Kantine der Sektions- und Abteilungsleiter nutzen, dazu die »Zuteilungskarte« des MBP. Sie unterschreibt eine Erklärung, wonach sie sich mit der Arbeitsaufnahme »als Grafiker in der Schulungsabteilung des Personalbüros des MBP« verpflichtet, »das Dienstgeheimnis zu wahren und alle Nachrichten, die aufgrund der obigen Tätigkeit als Grafiker zu mir gelangen, streng geheim zu halten«. Zuwiderhandlung ist strafbar.

Die Grafikerin aus dem Getto

Als die Karriere ihres Mannes an Dynamik gewinnt, entfaltet sich auch Teofilas berufliche Tätigkeit. Bis zum Dezember 1947 arbeitet sie für das MBP. Offenbar überschneidet sich diese Beschäftigung – schon seit Dezember 1945, wenn wir dem Fragebogen glauben wollen – mit einer Tätigkeit für die Polnische Nachrichtenagentur PAP. In London, wo sie mit ihrem Mann die Jahre 1948 und 1949 verbringt, ist sie dann Korrespondentin für *Głos Ludu*, die »Volksstimme«, und für die Armeezeitung *Polska Zbrojna* (»Wehrhaftes Polen«). Sie schreibt unter den Pseudonymen Aleksander Walczak und

Piotr Marczak.[13] Davon erfahren wir in den Erinnerungen ihres Mannes so gut wie nichts.

Und dann der schwere Schlag. Zwischen Marceli Ranicki, Leiter des Generalkonsulats und Geheimdienstresident in London, und seinen Auftraggebern kommt es zum Konflikt. Ranicki wird abberufen, entlassen, ausgestoßen. Für zwei Wochen kommt er in Arrest; Tosia darf ihm Lektüre ins Gefängnis schicken, wo er *Das siebte Kreuz* von Anna Seghers liest. »In hohem Maße dramatisch« für seine Frau beschreibt Marcel Reich-Ranicki die folgenden Wochen und Monate:

»Tosia hat man in einem vertraulichen Gespräch nahegelegt, sich von mir abzuwenden und sich auch gleich offiziell scheiden zu lassen. Sie lehnte das Ansinnen der Partei ohne Begründung ab. Kurze Zeit darauf erlitt sie einen schweren, äußerst heftigen Nervenzusammenbruch. War es eine Spätfolge ihrer Erlebnisse während der deutschen Okkupation? Oder hatte dieser Zusammenbruch eher damit zu tun, was sie nach unserer Rückkehr aus London durchmachen mußte? Die Ärzte waren sicher, daß beides zutraf und sich gegenseitig steigerte. Nach mehreren Wochen im Krankenhaus konnte sie zwar entlassen werden, mußte aber noch viele Jahre in medizinischer Behandlung bleiben. Wenig später erhielt sie einen nicht uninteressanten Redakteursposten im Polnischen Rundfunk.«[14]

Hubert Meller erinnert sich aus jener Zeit gut an das Ehepaar. Von 1946 an war er Mitarbeiter, später sogar Chef der Polnischen Militärmission in Berlin gewesen, doch 1951 fand auch seine Karriere im Außenministerium ein jähes Ende. So wurde er Chef der fremdsprachigen Redaktionen des Polnischen Rundfunks. Seine aus Deutschland stammende Frau leitete die »deutsche Redaktion«. Meller beaufsichtigte den Bau der heutigen Rundfunkzentrale an der Aleje Niepodległości, in der zunächst nur die fremdsprachigen Redaktionen ihren Sitz hatten. Teofila war seine Mitarbeiterin: »Sie arbeitete in der

Abteilung für Kontakte zu den Hörern«, erinnert er sich. Marceli dagegen sei freier Mitarbeiter gewesen. Bei Details ist Meller vorsichtig. »Die Ranickis waren Leute, die noch ganz in ihren Leiden lebten. Vor allem Teofila. Das spürt man. Ich habe diese Stimmung gespürt. Dass sie im Getto gewesen waren, war für niemanden ein Geheimnis.« Eine intelligente Person, sagt Meller. »Aber man spürte, wie sie sich quält.«[15]

Kaum hatte Teofila die Arbeit im Rundfunk aufgenommen, als ihre Schwierigkeiten in der Partei begannen. Marceli hatten sie Anfang 1950 ausgeschlossen; jetzt kam seine Frau an die Reihe. Nach ihrer Rückkehr aus London hatte sie zunächst nur einen »Kandidaten«-Parteiausweis bekommen, wegen ihrer (bürgerlichen) Herkunft und wegen ihres »Getrenntsein[s] vom normalen Parteileben«, wie es im offiziellen Jargon hieß, das zwei Jahre gedauert habe. Immerhin, sie gab sich Mühe: In der Wahlkampagne war sie Agitatorin der Nationalen Front und verantwortlich für die Wandzeitung; auch war sie Mitglied des Betriebsrats. Richtig unangenehm wurde es 1951: Man machte ihr zum Vorwurf, sie habe in Łódź die erwähnten Häuser geerbt (in die vermutlich längst andere Leute einquartiert worden waren). Teofila muss sich rechtfertigen. Sie erklärt, sie habe dieses Erbe formell nie besessen, erst als man sie darauf hinwies, habe sie rechtliche Schritte unternommen, um in den Besitz dieses Erbes zu gelangen, denn nur danach könne sie auf das Erbe verzichten. Aber es ging der Partei ja nicht um den Besitz. Es ging vor allem um Teofilas Herkunft, die so leicht nicht auszulöschen war, und um die richtige Haltung.

Nun begann Teofila, Briefe zu schreiben, Referenzen vorzuweisen, Reue zu zeigen und Selbstkritik zu üben. Eine Paulina Grońska, Kollegin beim Rundfunk, schreibt über sie: »Sie hat als aufgeklärtes Mitglied unserer Partei einen großen Entwicklungsweg zurückgelegt.« Auch ein Abteilungsleiter im MBP verfasst einige freundliche Worte. Teofila Reich beteuert, sie unterhalte keinen Kontakt zu ihrem Bruder Aleksander, von dem sie nur wisse, dass er irgendwo in den USA sei und sich dem Journalismus zugewandt habe.[16]

Schließlich legt Teofila in einem langen Brief an die Warschauer Parteiorganisation ihre Lebensbeichte ab. Sie beschreibt ihre Flucht aus dem Getto. Sie schreibt, sie habe sich im Versteck bei der Familie Gawin über politische Fragen Gedanken gemacht und das Milieu ihrer Herkunft kritisch bewertet. »Ich habe die Widerwärtigkeit des Kapitalismus bereits begriffen.« Und Teofila appelliert:

> »*Vom bourgeoisen Milieu trennen mich inzwischen fünf Jahre Besatzung, Nomadendasein, Bedrängnis und harter Kampf ums Dasein. Diese Zeit war eine Zäsur in meinem Leben (…). Sieben Jahre lang habe ich der Partei angehört, (…) ich habe den Parteiorganisationen in Institutionen angehört, die ausgesprochen politisch waren, was mir eine politische Reifung und Aufklärung ermöglicht hat.*«

Abschließend betont sie, die Vorwürfe gegen ihren Mann seien dienstlicher Natur; der Parteiausschluss »war und ist für uns ein schwerer Schlag«.[17]

Zugleich gibt sie zu Protokoll, sie und ihr Mann würden gegen diese Entscheidungen Berufung einlegen. Sie würden kämpfen. Auf die Immobilien in Łódź, Armii Ludowej-Straße 7 (früher POW-Straße 7) und Południowa-Straße 8, hat sie inzwischen zugunsten des Staates verzichtet: »diese Entscheidung wird mir von meiner Weltanschauung diktiert, mit der ein kapitalisierter Besitz nicht zu vereinbaren ist«[18].

Formal betrachtet stellt sich die Auseinandersetzung folgendermaßen dar: Im August 1952 bittet Ranicka bei der Partei um Aufnahme in die Reihen der Vollmitglieder. Sie wird aufgenommen, doch bereits im November von Genosse

Das Panorama der Geburtsstadt Włocławek.

Włocławek, Piekarska-(Bäcker-) Straße 4: Das Geburtshaus von Marceli Reich heute.

Dawid und Helene Reich, die Eltern von Marceli, der hier als Dreijähriger zu sehen ist.

Karikatur des scharfzüngigen Warschauer Schriftstellers und Kritikers Antoni Słonimski (1894–1976). Zusammen mit Julian Tuwim und Jarosław Iwaszkiewicz begründete er 1919 die Skamander-Gruppe der experimentellen Poeten. Słonimski und besonders Tuwim haben Marceli Reich nachhaltig beeinflusst und waren stilprägend für ihn.

GAZETA ŻYDOWSKA

Cena 20 gr

יודישע צייטונג

Kraków, środa 7 stycznia 1942 | Rok III | 20 groszy | Nr 3

OSTATNIE KOMUNIKATY WOJENNE

KOMUNIKAT NIEMIECKI z dnia 6 stycznia:

KOMUNIKAT WŁOSKI z dnia 6 stycznia:

KOMUNIKAT NIEMIECKI z dnia 5 stycznia:

KOMUNIKAT WŁOSKI z dnia 5 stycznia:

Fiński komunikat wojenny:

Dalsze sukcesy Japończyków

Okrążenie wojsk amerykańskich

Siły zbrojne Stanów Zjednoczonych okrążone na półwyspie Bataan

Japończycy wysadzili wojska na wyspie Borneo

Atak na wyspy Hawajskie

Dalsze ataki powietrzne

Alarm powietrzny w San Francisco

Przymus legitymowania się w Gen. Gubernatorstwie

Początek zaciemnienia godz. 16,55

Koniec zaciemnienia godz. 8,40 rano

Die Titelseite der »Gazeta Żydowska« (Jüdische Zeitung), wie sie in den Gettos verkauft wurde, hier mit der Schlagzeile vom 7. Jan. 1942: »Die neusten Kriegskommuniqués«. Auf den folgenden Seiten ein Brief von Janusz Korczak und eine Konzertkritik von Marceli Reich (unter dem Pseudonym Wiktor Hart).

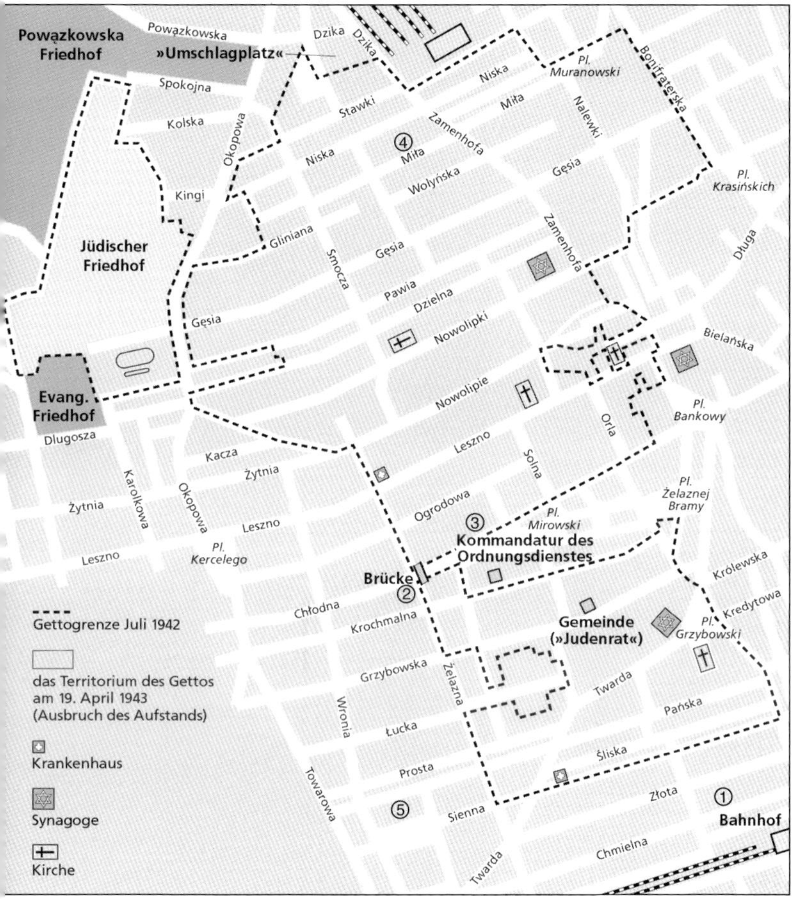

Plan des Warschauer Gettos von 1942 bis 1943 mit den verschiedenen Wohnungen von Marceli Reich; später auch von ihm und Teofila. – 1. Wohnung von Marceli Reich (1938–1940) in der Złota-Straße, ganz in der Nähe des Bahnhofs. – 2. Wohnung in der Chłodna-Straße in unmittelbarer Nähe zu der berüchtigten Verbindungsbrücke. Diese Wohnung (1940–1941) gehörte bis Ende 1941 zum Getto, das danach systematisch verkleinert wurde. – 3. Wohnung 1942, Chłodna-Straße. – 4. In der Miłastraße wohnten Marceli und Teofila ab Herbst 1942/43. – 5. Für kurze Zeit konnte sich das Ehepaar Reich nach der Flucht am 3. Februar 1943 aus dem Getto in der Pańska verstecken, ehe sie von den Gawins aufgenommen wurden.

Während der Zeit im Warschauer Getto schuf Teofila Reich zwei Aquarellzyklen, die wie durch ein Wunder nicht vernichtet wurden. Drei Motive zeigen den angeordneten Umzug ins Getto, den überlebensnotwendigen Schmuggel an der Mauer und das Warten der Todgeweihten auf dem Umschlagplatz am Nordende des Gettos, wo die Züge nach Treblinka abfuhren. Von dort wäre auch Teofila Reich einmal fast abtransportiert worden.

Das Getto wurde an den Rändern verkleinert, immer mehr Menschen auf immer weniger Raum zusammengepfercht, bis schließlich 450 000 Menschen unter den bedrückendsten Umständen hier wohnten. Still resignierende Menschen ebenso wie robuste Typen, die Lebensmittel schmuggelten, deutschen, polnischen und jüdischen Uniformierten an der Gettogrenze Bestechungsgeld zuschoben und sich nicht entmutigen ließen. Ohne die Schmuggler wäre alles noch schlimmer gewesen: Die offiziellen Lebensmittelrationen sahen für Deutsche pro Tag 2310 Kalorien vor, für Polen 654 und für Juden 184. Krankheiten, Seuchen und Hunger forderten immer mehr Opfer.

Eingang zum Gebäude des Judenrates in Warschau – an der Tür Angehörige der jüdischen Gettopolizei.

Werbung für Dinge des täglichen Lebens in polnischer und deutscher Sprache. Im Warschauer Getto spitzte sich die Lage immer mehr zu – jenseits der Mauer ein Schein von Normalität.

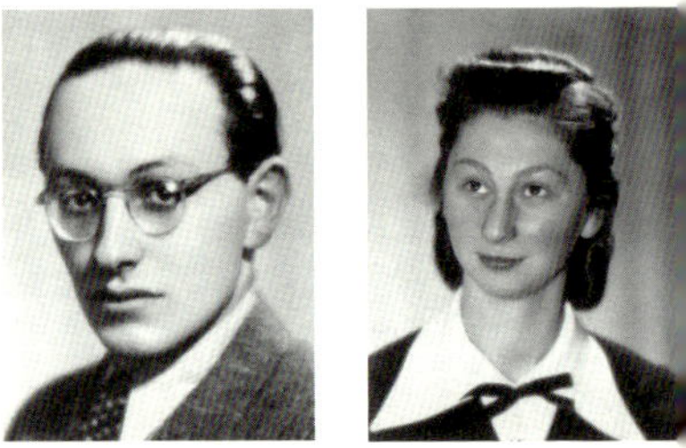

Porträts Marceli und Teofila

Die berüchtigte Verbindungsbrücke an der Chłodna-Straße.

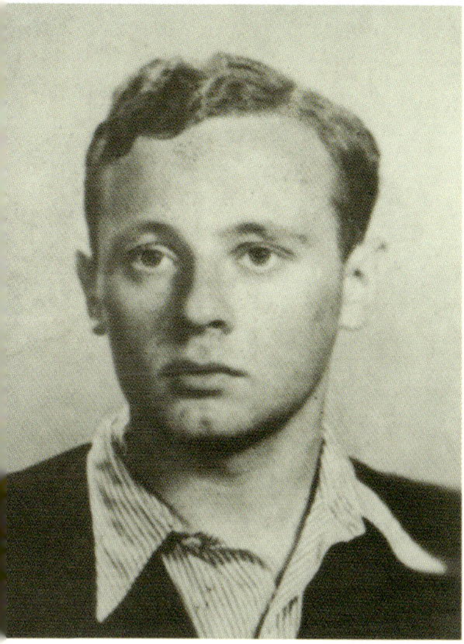

Antoni Marianowicz, ein Nachbar Marceli Reichs, aufgenommen im Warschauer Getto am 28. Juli 1942, während der ersten Deportationen.

Dank Maskerade überlebt: Antoni Marianowicz 1943, nach der Flucht aus dem Getto, in der Kleinstadt Wołomin bei Warschau.

Nach dem Gettoaufstand wurde die große Synagoge in der Tłomackie-Straße auf Befehl des SS-Brigadeführers Jürgen Stroop im Mai 1943 gesprengt.

Hinter dem neuen Gartenzaun das Haus der Gawins in der Osada Ojców-Straße, in dem die Familie 1943/1944 Teofila und Marceli Reich beherbergte.

Als wäre die Zeit stehen geblieben: Der Kachelofen auf dem Dachboden des Hauses. Hier haben die Reichs die meisten Nächte verbracht.

Barbara Rochowska, geborene Gawin, die als Kind Tag für Tag mit den »Untermietern« lebte. Im Fußboden ist die Klappe zu erkennen, der Einstieg in das winzige Kellerloch.

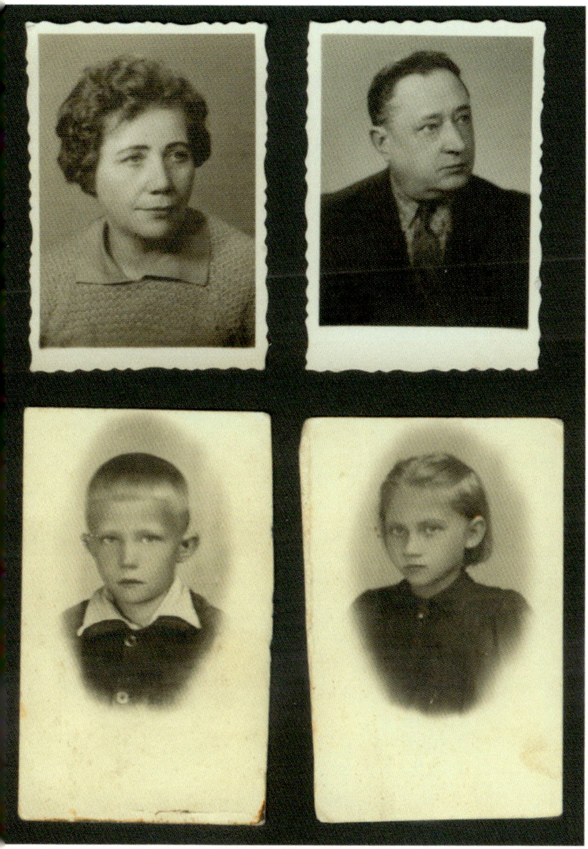

Die Familie Gawin – Eugenia, Bolesław (Bolek) und die Kinder Waldemar und Barbara – auf Bildern aus der Kriegszeit.

Barbara Rochowska und Familie Reich-Ranicki sind auch sechs Jahrzehnte nach dem Krieg noch in Verbindung.

Józef Jurkowski verkündet im Juli 1944 die Gründung der provisorischen kommunistischen Regierung Polens. Ein halbes Jahr später wurde er UB-Chef für ganz Oberschlesien – und einer der Vorgesetzten Marceli Reichs.

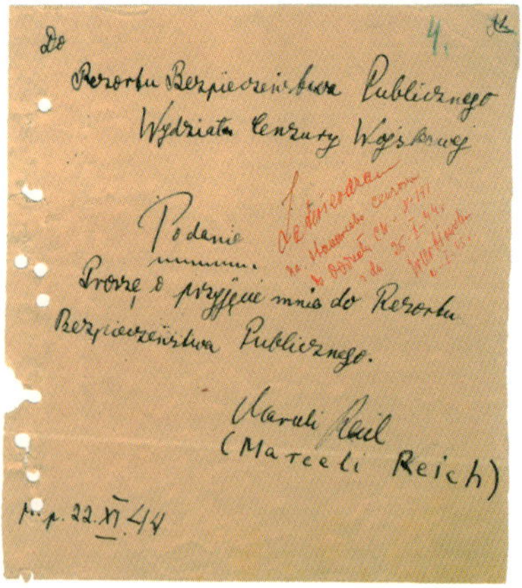

Do

Rezortu Bezpieczeństwa Publicznego
Wydziału Cenzury Wojskowej

Podanie

Proszę o przyjęcie mnie do Rezortu Bezpieczeństwa Publicznego.

Marceli Reich
(Marceli Reich)

[illegible] 22.XI.44

Ein Antrag: »Ich bitte um Aufnahme in das Ressort [später umbenannt: Ministerium] für Öffentliche Sicherheit.« Genossin Wierbłowska fügt hinzu: »Bestätigt für das Amt eines Zensors«, Einheit Nr. 191.

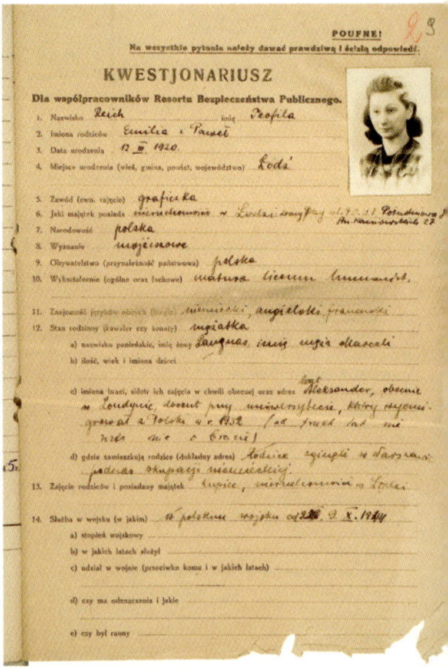

POUFNE!

Na wszystkie pytania należy dawać prawdziwą i ścisłą odpowiedź.

KWESTJONARIUSZ

Dla współpracowników Resortu Bezpieczeństwa Publicznego.

1. Nazwisko Reich imię Teofila
2. Imiona rodziców Emilia i Paweł
3. Data urodzenia 12 III 1920.
4. Miejsce urodzenia (wieś, gmina, powiat, województwo) Łódź
5. Zawód (ewn. zajęcie) graficzka
6. Jaki majątek posiada [illegible]
7. Narodowość polska
8. Wyznanie mojżeszowe
9. Obywatelstwo (przynależność państwowa) polska
10. Wykształcenie (ogólne oraz fachowe) matura [illegible]
11. Znajomość języków obcych (biegle) niemiecki, angielski, francuski
12. Stan rodzinny (kawaler czy żonaty) mężatka
   a) nazwisko panieńskie, imię żony [illegible] Marceli
   b) ilość, wiek i imiona dzieci
   c) imiona braci, sióstr ich zajęcia w chwili obecnej oraz adres brat Aleksander, obecnie w Londynie, docent przy uniwersytecie, który wyemigrował z Polski w r. 1932 [illegible]
   d) gdzie zamieszkują rodzice (dokładny adres) Rodzice zginęli w Warszawie podczas okupacji niemieckiej.
13. Zajęcie rodziców i posiadany majątek kupiec, [illegible] w Łodzi
14. Służba w wojsku (w jakim) w polskim wojsku od [illegible] X. 1944
   a) stopień wojskowy
   b) w jakich latach służył
   c) udział w wojnie (przeciwko komu i w jakich latach)
   d) czy ma odznaczenia i jakie
   e) czy był ranny

Die ersten Schritte nach dem Krieg gehen sie gemeinsam: Gleichzeitig mit Marceli Reich wird seine Frau Teofila Mitarbeiterin der »Sicherheit« – ebenfalls in der Postzensur. Ihre Einheit stößt Richtung Breslau vor.

»Schaut! Diese Mauern sind von Verbrechen getränkt«, lauten die ersten Worte auf der Gedenktafel am ehemaligen Gebäude der polnischen Sicherheitsbehörde UB in Kattowitz. Sie erinnert daran, dass hier Gestapo und UB »die besten Söhne des polnischen Volkes inhaftierten, folterten und mordeten«.

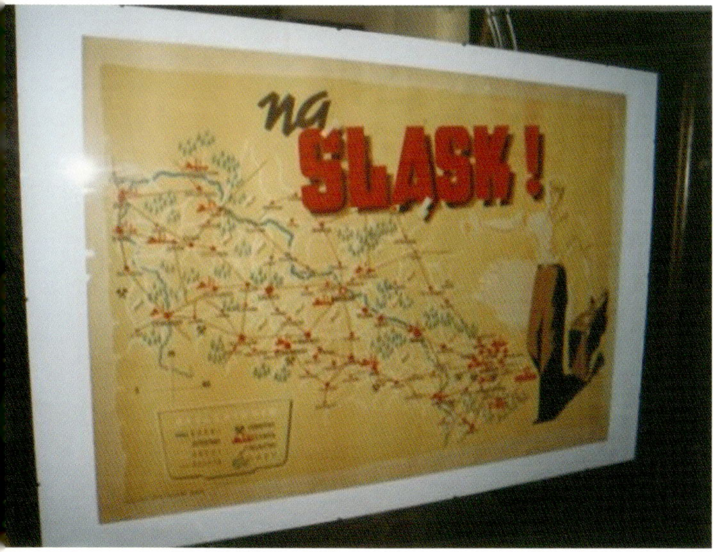

»Auf nach Schlesien!« Ein Plakat verheißt Neusiedlern in Polens Wildem Westen Wohnraum und einen neuen Anfang nach dem Trauma von Krieg und Besatzung.

Die Eroberung der Stadt Gleiwitz in Oberschlesien durch sowjetische Infanteristen am 24. Januar 1945.

Nach der Befreiung des Konzentrationslagers Auschwitz durch sowjetische Truppen am 26. Januar 1945 verlassen die Überlebenden das Lager.

Ein Treck während der Vertreibung aus den deutschen Ostgebieten im Frühjahr 1946. Eine Gruppe Vertriebener zieht durch das Dorf Grochow.

Das zerstörte Berlin 1946 am Kurfürstendamm; im Hintergrund die Gedächtniskirche.

Marceli Reich mit Maryla Borkowicz, der Sekretärin am polnischen Restitutionsbüro in Berlin, wo Reich arbeitete. Die Jüdin hatte den Krieg mit gefälschten Papieren in der polnischen Provinz überlebt.

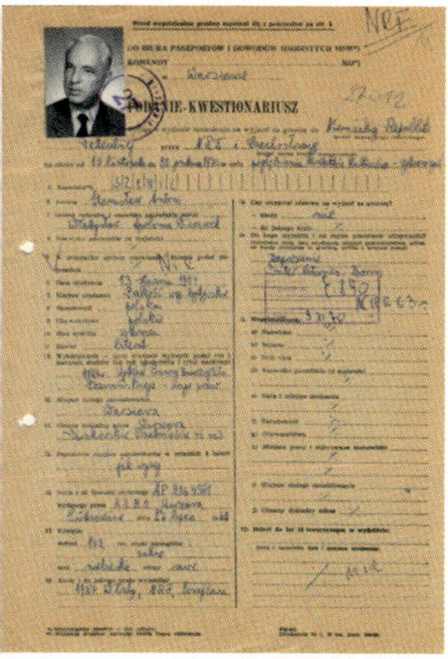

Der Jurist Stanisław Szenic, hatte vor dem Krieg in verschiedenen Ministerien in Warschau gearbeitet und war seit Kriegsende als Wirtschaftsfachmann u. a. auch in Berlin tätig, wo er der Vorgesetzte von Marceli Reich und Chef des Berliner Restitutionsbüros wurde: »Ein ganz kultivierter, gebildeter Mann.«

Schlüterstraße 42, Berlin-Charlottenburg: Hier residierte seit 1946 die Polnische Militärmission. Ihr Chef Oberst Prawin, hatte seinen Schreibtisch im Erdgeschoss. Das Restitutionsbüro, in dem Marceli Reich arbeitete, war damals hier untergebracht. Zum Kurfürstendamm sind es etwa 100 Meter.

Der kultivierte Oberst Jakub Prawin (4. v. r.) im Kreis seiner Mitarbeiter in Berlin, zu denen auch Marceli Reich (2. v. l.) gehörte. Aufnahme Januar 1946.

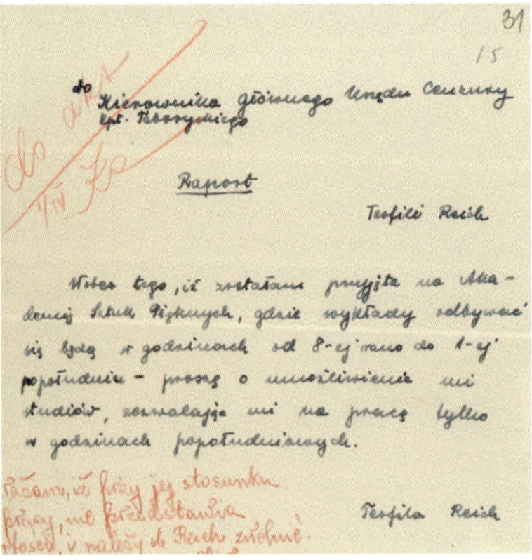

31

15

do Kierownika Głównego Urzędu Cenzury
kpt. [illegible]

Raport

Teofili Reich

Wobec tego, iż zostałam przyjęta na Akademię Sztuk Pięknych, gdzie wykłady odbywać się będą w godzinach od 8-ej rano do 1-ej popołudniu – proszę o umożliwienie mi studiów, zezwalając mi na pracę tylko w godzinach popołudniowych.

Teofila Reich

Während Marceli Reich in Berlin ist, studiert seine Frau in Warschau an der Kunstakademie. Sie bittet ihren Arbeitgeber, die Zensurbehörde, sie vormittags freizustellen. Darauf der handschriftliche Vermerk: »sollte entlassen werden.«

Alfred Wiślicki, einer der von »Platon« Bespitzelten. »Ein typischer Karrierist« sei er, schreibt »Platon«, und nicht ganz zuverlässig; er sei »sehr oft in verschiedene Lokale und Cabarets gegangen und hat seine Bekannten (Emigrantinnen) gesucht.«

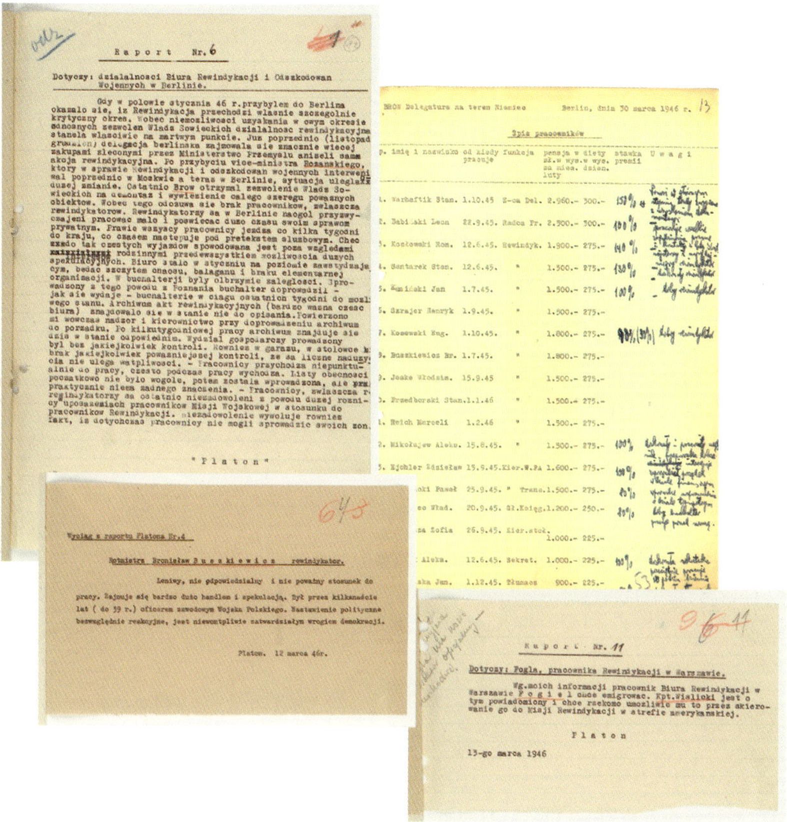

Raport Nr. 6

Dotyczy: dzialalnosci Biura Rewindykacji i Odszkodowan Wojennych w Berlinie.

Gdy w polowie stycznia 46 r. przybylem do Berlina okazalo sie, iz Rewindykacja przechodzi wlasnie szczegolnie krytyczny okres. Wobec niemozliwosci uzyskania w owym okresie odnosnych zezwolen Wladz Sowieckich dzialalnosc rewindykacyjna stanela wlasciwie na martwym punkcie. Juz poprzednio (listopad grudzien) delegacja berlinska zajmowala sie znacznie wiecej zakupami zleconymi przez Ministerstwo Przemyslu anizeli sama akcja rewindykacyjna. Po przybyciu vice-ministra Rozanskiego, ktory w sprawie Rewindykacji i odszkodowan wojennych interweniowal poprzednio w Moskwie a teraz w Berlinie, sytuacja ulegla duzej zmianie. Ostatnio Brow otrzymal zezwolenie Wladz Sowieckich na demontaz i wywiezienie calego szeregu powaznych obiektow. Wobec tego odczuwa sie brak pracownikow, zwlaszcza rewindykatorow. Rewindykatorzy sa w Berlinie naogol przyzwyczajeni pracowac malo i poswiecac duzo czasu swoim sprawom prywatnym. Prawie wszyscy pracownicy jezdza co kilka tygodni do kraju, co czasem nastepuje pod pretekstem sluzbowym. Checz do tak czestych wyjazdow spowodowana jest poza wzgledami rodzinnymi przedewszystkiem mozliwoscia duzych spekulacyjnych. Biuro stalo w styczniu na poziomie zawstydzajacym, bedac szczytem chaosu, balaganu i braku elementarnej organizacji. W buchalterji byly olbrzymie zaleglosci. Sprowadzony z tego powodu z Poznania buchalter doprowadzil – jak sie wydaje – buchalterie w ciagu ostatnich tygodni do mozliwego stanu. Archiwum akt rewindykacyjnych (bardzo wazna czesc biura) znajdowalo sie w stanie nie do opisania. Powierzono mi wowczas nadzor i kierownictwo przy doprowadzeniu archiwum do porzadku. Po kilkutygodniowej pracy archiwum znajduje sie dzis w stanie odpowiednim. Wydzial gospodarczy prowadzony byl bez jakiejkolwiek kontroli. Rowniez w garazu, w stolowce brak jakiejkolwiek powazniejszej kontroli, ze sa liczne naduzycia nie ulega watpliwosci. – Pracownicy przychodza niepunktualnie do pracy, czesto podczas pracy wychodza. Listy obecnosci poczatkowo nie bylo wogole, potem zostala wprowadzona, ale praktycznie niema zadnego znaczenia. – Pracownicy, zwlaszcza rewindykatorzy sa ostatnio niezadowoleni z powodu duzej roznicy uposazeniach pracownikow Misji Wojskowej w stosunku do pracownikow Rewindykacji. Niezadowolenie wywoluje rowniez fakt, iz dotychczas pracownicy nie mogli sprowadzic swoich zon.

"Platon"

BROW Delegatura na teren Niemiec — Berlin, dnia 30 marca 1946 r.

Spis pracowników

L.p.	imię i nazwisko	od kiedy pracuje	funkcja	pensja w zł. w wys. za mies. luty	diety w wys. dzien.	stawka premii	Uwagi
1.	Warhaftik Stan.	1.10.45	Z-ca Del.	2.960.-	300.-	150%	[illegible]
2.	Babiński Leon	22.9.45.	Radca Pr.	2.300.-	300.-	100%	[illegible]
3.	Kozłowski Rom.	12.6.45.	Rewindyk.	1.900.-	275.-	140%	[illegible]
4.	Sentarek Stan.	12.6.45.	"	1.500.-	275.-	130%	[illegible]
5.	Kamiński Jan	1.7.45.	"	1.500.-	275.-	100%	[illegible]
6.	Szrajer Henryk	1.9.45.	"	1.500.-	275.-		
7.	Kosewski Eug.	1.10.45.	"	1.800.-	275.-	[illegible]	[illegible]
8.	Buszkiewicz Br.	1.7.45.	"	1.800.-	275.-		
9.	Joske Włodzim.	15.9.45	"	1.500.-	275.-		
10.	Przedborski Stan.	1.1.46	"	1.500.-	275.-		
11.	Reich Marceli	1.2.46	"	1.500.-	275.-		
12.	Mikołajew Aleks.	15.8.45.	"	1.500.-	275.-	100%	[illegible]
13.	Kjchler Zdzisław	15.9.45.	Kier. W. Pa	1.600.-	275.-	100%	[illegible]
	…cki Paweł	25.9.45.	" Trans.	1.500.-	275.-	80%	[illegible]
	…co Wład.	20.9.45.	Gł. Księg.	1.200.-	250.-	80%	[illegible]
	…na Zofia	26.9.45.	Kier. stoł.	1.000.-	225.-		
	… Aleks.	12.6.45.	Sekret.	1.000.-	225.-	100%	[illegible]
	…ska Jan.	1.12.45.	Tłumacz	900.-	225.-		[illegible]

Wyciąg z raportu Platona Nr. 4

Rotmistrz Bronisław B u s z k i e w i c z rewindykator.

Leniwy, nie odpowiedzialny i nie poważny stosunek do pracy. Zajmuje się bardzo dużo handlem i spekulacją. Był przez kilkanaście lat (do 39 r.) oficerem zawodowym Wojska Polskiego. Nastawienie polityczne bezwzględnie reakcyjne, jest niewątpliwie zatwardziałym wrogiem demokracji.

Platon. 12 marca 46r.

Raport Nr. 11

Dotyczy: Fogla, pracownika Rewindykacji w Warszawie.

Wg. moich informacji pracownik Biura Rewindykacji w Warszawie F o g i e l chce emigrowac. Kpt. Wislicki jest o tym powiadomiony i chce rzekomo umozliwic mu to przez skierowanie go do Misji Rewindykacji w strefie amerykanskiej.

P l a t o n

13-go marca 1946

Vier Dokumente aus Berlin 1946 – 1. Die Personalliste des Restitutionsbüros in Berlin. – 2. Der Mitarbeiter »Platon« berichtet über die Lage im Berliner Büro seit seiner Ankunft »Mitte Januar 1946«: »Damals vertraute man mir die Aufsicht und Leitung bei der Aufgabe an, das Archiv in Ordnung zu bringen. Nach mehrwöchiger Arbeit ist das Archiv heute in einem ordentlichen Zustand.« – 3. »Platon« wittert bei einem Kollegen Fluchtgefahr und denunziert seinen Vorgesetzten Wiślicki: »Nach meinen Informationen will Adam Fogiel, Mitarbeiter des Büros für Restitution in Warschau, emigrieren. Hauptmann [Alfred] Wiślicki ist darüber informiert, angeblich will er ihm das ermöglichen, indem er ihn an die Restitutionsmission in der amerikanischen Zone versetzt.« – 4. »Platon« berichtet über den Kollegen Buszkiewicz: »Faul, verantwortungslose und unseriöse Einstellung zur Arbeit. Beschäftigt sich sehr viel mit Handel und Spekulation. War zehn bis zwanzig Jahre (bis 39) Berufsoffizier der Polnischen Armee. Politische Einstellung absolut reaktionär, ist zweifellos ein erbitterter Feind der Demokratie.«

Marceli Ranicki, mit 28 Jahren der jüngste Konsul in London, war zunächst stellvertretender Leiter des Generalkonsulats mit rund 40 Angestellten. Hier mit seinem Dienstwagen als Diplomat in London 1948.

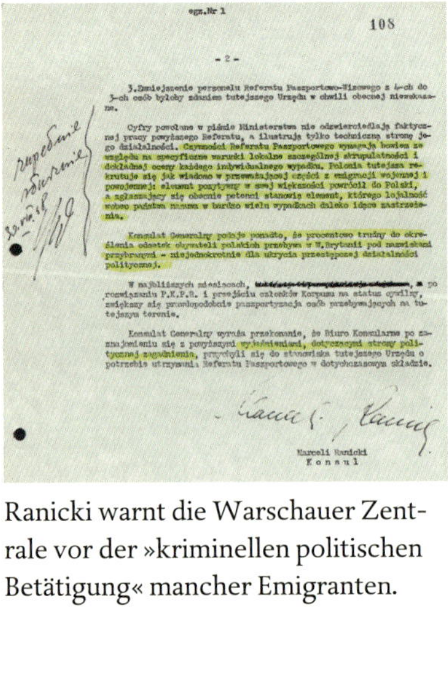

egz.Nr 1

108

- 2 -

3.Zmniejszenie personelu Referatu Paszportowo-Wizowego z 4-ch do 3-ch osób byłoby zdaniem tutejszego Urzędu w chwili obecnej niewskazane.

Cyfry powołane w piśmie Ministerstwa nie odzwierciedlają faktycznej pracy powyższego Referatu, a ilustrują tylko techniczną stronę jego działalności. Czynności Referatu Paszportowego wymagają bowiem ze względu na specyficzne warunki lokalne szczególnej skrupulatności i dokładnej oceny każdego indywidualnego wypadku. Polonia tutejsza rekrutuje się jak wiadomo w przeważającej części z emigracji wojennej i powojennej: element pozytywny w swej większości powrócił do Polski, a zgłaszający się obecnie petenci stanowią element, którego lojalność wobec państwa naszego w bardzo wielu wypadkach daleko idące zastrzeżenia.

Konsulat Generalny podaje ponadto, że procentowo trudny do określenia odsetek obywateli polskich przebywa w W.Brytanii pod nazwiskami przybranymi - niejednokrotnie dla ukrycia przestępczej działalności politycznej.

W najbliższych miesiącach, [illegible], a po rozwiązaniu P.K.P.R. i przejściu członków Korpusu na status cywilny, zwiększy się prawdopodobnie paszportyzacja osób przebywających na tutejszym terenie.

Konsulat Generalny wyraża przekonanie, że Biuro Konsularne po zapoznaniu się z powyższymi wyjaśnieniami, dotyczącymi strony politycznej zagadnienia, przychyli się do stanowiska tutejszego Urzędu o potrzebie utrzymania Referatu Paszportowego w dotychczasowym składzie.

Marceli Ranicki
K o n s u l

Ranicki warnt die Warschauer Zentrale vor der »kriminellen politischen Betätigung« mancher Emigranten.

- 4 -

60

IV. P e r s o n e l.

Stan personalny na dzień 15 października 1949r.

Urzędnicy etatowi:

1. Marceli Ranicki	Konsul, p.o. Kier.Kons.Gen.	VI grupa uposaż.
2. Paweł Lewkowicz	Wicekonsul	VII " "
3. Zygmunt Schreiber	Wicekonsul	VII " "
4. Zdzisław Szparkowski	Wicekonsul	VII " "

Pracownicy kontraktowi:

5. Mieczysław Gumkowski	VII grupa uposaż.
6. Kazimierz Surak	VII " "
7. Irena Janczewska	VIII " "
8. Zygmunt Petryka	VIII " "
9. Anna Dąbrowska	VIII " "
10. Augustyna Rejzin	VIII " "
11. Edyta Kukuk	VIII " "
12. Maria Borkowska	VIII " "
13. Kazimierz Fierpaul	VIII " "
14. Roman Piechocki	VIII " "
15. Marian Głaz	VIII " "
16. Stanisław Sztyika	VIII " "
17. Halina Kwiatkowska	VIII " "
18. Stefania Wieczorek	IX " "
19. Regina Dajos	IX " "
20. Józef Sadkowski	X " "
21. Józef Mieloszyk	X " "
22. Ludwik Dehmel	X " "
23. Bolesław Wiśniewski	X " "

Pracownicy bez uregulowanego stosunku służbowego z Centralą:

24. Danuta Horrocks
25. Maria Michałowicz
26. Marta Grabowska
27. Barbara Janczewska
28. Anna Szymańska,
29. Clair E. Yuille
30. Halina Horrocks
31. Stanisław Biernacki
32. Józef Pawłowski
33. Julian Kędzierski

An der Spitze: Im Oktober 1949 ist Ranicki kommissarisch Leiter des polnischen Generalkonsulats in London, »VI. Besoldungsgruppe«.

Durch den polnischen Ex-Agenten Krzysztof Starzyński, der bis 1949 in London tätig war, wurde die Geheimdiensttätigkeit von Marceli Ranicki bekannt. Starzyński lebt nach 1950 mit neuer Identität in Auckland in Neuseeland.

Stanisław Cat-Mackiewicz, kurz »Cat« genannt, der berühmte Historiker und Publizist, der spätere Premier in der polnischen Exilregierung, mit dem sich der Vizekonsul Marceli Ranicki zu einem Gespräch im Waterloo Park trifft.

Alfred Kalmanowicz, der ältere Cousin von Marceli Reich aus Włocławek und einzige Verwandte, der nach dem Krieg noch in Polen war, arbeitete nach 1945 in Berlin und ab 1950 im MBP, dem Sicherheitsministerium.

»Auf die relativ liberale Periode der ersten Nachkriegszeit folgte die Zeit des Stalinismus in Polen«: Die Diplomatin Paulina Born, Freundin von Marceli und Tosia Reich in London, wird bei einem Aufenthalt in Warschau 1949 verhaftet. Sie bleibt vier Jahre ohne Urteil in Haft. Später rehabilitiert, emigriert sie nach Israel.

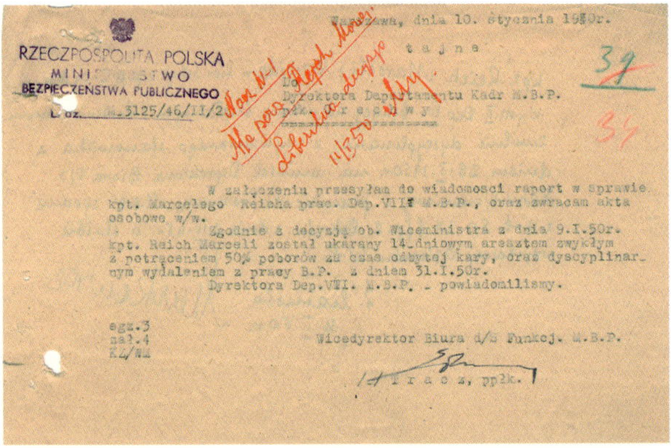

RZECZPOSPOLITA POLSKA
MINISTERSTWO
BEZPIECZEŃSTWA PUBLICZNEGO
L. dz. M.3125/46/II/2

Warszawa, dnia 10. stycznia 1950r.

tajne

Do
Dyrektora Departamentu Kadr M.B.P.

W załączeniu przesyłam do wiadomości raport w sprawie kpt. Marcelego Reicha prac. Dep.VII M.B.P., oraz zwracam akta osobowe w/w.

Zgodnie z decyzją ob. Wiceministra z dnia 9.I.50r. kpt. Reich Marceli został ukarany 14-dniowym aresztem zwykłym z potrąceniem 50% poborów za czas odbytej kary, oraz dyscyplinarnym wydaleniem z pracy B.P. z dniem 31.I.50r.

Dyrektora Dep.VII. M.B.P. - powiadomiliśmy.

egz.3
zał.4
KZ/WM

Wicedyrektor Biura d/s Funkcj. M.B.P.

/-/ Fracz, ppłk.

»14 Tage gewöhnlichen Arrests« für Hauptmann Reich und Entlassung aus dem Sicherheitsministerium zum 31. Januar 1950. Sowjet-Oberst Orechwa bestätigt mit roter Tinte den Erhalt.

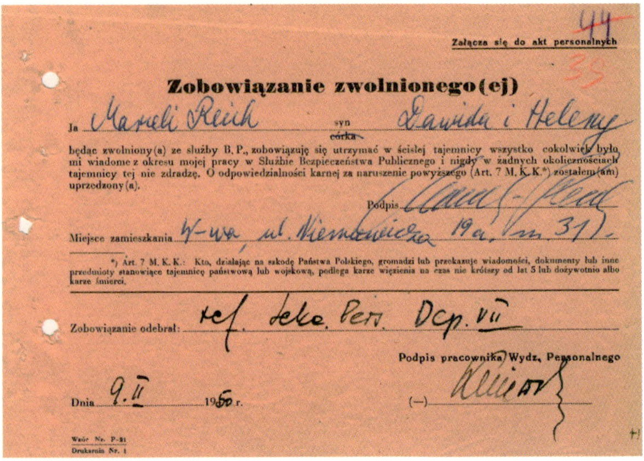

Załącza się do akt personalnych

Zobowiązanie zwolnionego(ej)

Ja Marceli Reich syn ~~córka~~ Dawida i Heleny

będąc zwolniony(a) ze służby B. P., zobowiązuję się utrzymać w ścisłej tajemnicy wszystko cokolwiek było mi wiadome z okresu mojej pracy w Służbie Bezpieczeństwa Publicznego i nigdy w żadnych okolicznościach tajemnicy tej nie zdradzę. O odpowiedzialności karnej za naruszenie powyższego (Art. 7 M. K. K.*) zostałem(am) uprzedzony(a).

Podpis

Miejsce zamieszkania W-wa, ul. Niemcewicza 19a, m. 31.

*) Art. 7 M. K. K.: Kto, działając na szkodę Państwa Polskiego, gromadzi lub przekazuje wiadomości, dokumenty lub inne przedmioty stanowiące tajemnicę państwową lub wojskową, podlega karze więzienia na czas nie krótszy od lat 5 lub dożywotnio albo karze śmierci.

Zobowiązanie odebrał: ref. Sekc. Pers. Dep. VII

Podpis pracownika Wydz. Personalnego

Dnia 9.II 1950 r.

(-)

Wzór Nr. P-21
Drukarnia Nr. 1

Der entlassene Marceli Reich verpflichtet sich, auch künftig über alles Dienstliche Stillschweigen zu bewahren.

Auf diesem Kartenausschnitt finden sich verschiedene Wohnungen von Marceli Ranicki Ende der 40er und in den 50er Jahren. Allee der Freunde (Al. Przyjaciół) ①. Von dort zwei Minuten zu Fuß: Auf dem angrenzenden Grundstück Ecke Koszykowa/Al. Ujazdowskie: das MBP-Gebäude ②. Niemcewicz-Straße ③.

Die Wohnung in der »Allee der Freunde«, eine der Prominentenstraßen von Warschau, wo die Ranickis bis Anfang 1948 wohnten.

Das Ministerium für öffentliche Sicherheit, für das Marceli Reich (Ranicki) arbeitete. Rechts angrenzend: Sein oben abgebildetes Wohnhaus (Rückseite).

Nach der Entlassung aus dem Ministerium und der Partei wohnt die Familie in der Niemcewicz-Straße in einer Zweizimmerwohnung, unweit vom Hauptbahnhof. Hier schrieb Marceli Reich viele seiner ersten Kritiken und begann seine steile Karriere: Er wurde später zum einflussreichsten Literaturkritiker der Bundesrepublik.

Die junge Familie Ranicki 1956 in Warschau, zusammen mit dem 8-jährigen Andrzej (später Andrew), der 1948 in London geboren wurde.

LEGITYMACJA CZŁONKOWSKA

Nr 160

ZWIĄZEK LITERATÓW POLSKICH

Okaziciel niniejszego

Ob. Marceli RANICKI

ur. 2 czerwca 1920 r.

w Włocławek

jest członkiem-kandydatem Związku Literatów Polskich Oddziału w Warszawskiego

PREZES ODDZ.

m. p.

SEKRETARZ ODDZ.

Podpis

data 24 czerwca 1952 r.

Die Literatur – seine Heimat? Neben der Entlassung wurde gegen Reich auch ein Publikationsverbot verhängt. Er darf Mitglied des Schriftstellerverbandes – hier sein Ausweis – bleiben, wofür er immer noch dankbar ist: »… ein Lichtblick in einer für mich besonders finsteren Zeit.«

Der Dichter Julian Tuwim (1894–1953) ist für Marceli Reich der bedeutendste polnische Dichter des 20. Jahrhunderts.

Zwei alte Bekannte von Reich-Ranicki: die Schriftsteller Antoni Marianowicz (l.) und Antoni Słonimski im Schriftstellerferienheim Obory bei Warschau, 1961.

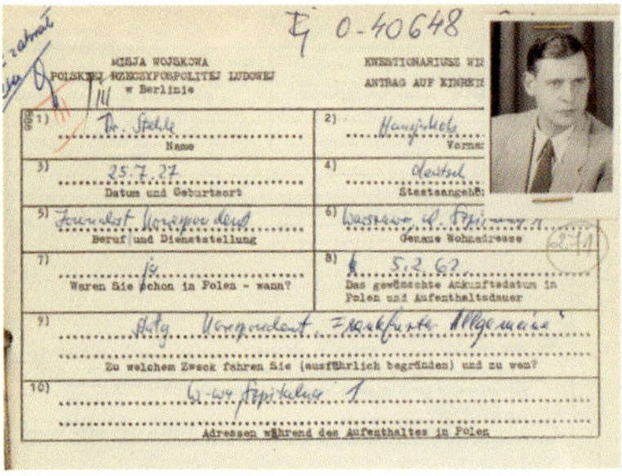

0-40648

MISJA WOJSKOWA
POLSKIEJ RZECZYPOSPOLITEJ LUDOWEJ
w Berlinie

KWESTIONARIUSZ WI[...]
ANTRAG AUF EINREI[...]

1) Dr. Stehle — Name	2) Hansjakob — Vorna[...]
3) 25.7.27 — Datum und Geburtsort	4) deutsch — Staatsangehö[...]
5) Journalist Korrespondent — Beruf und Dienststellung	6) Genaue Wohnadresse
7) ja — Waren Sie schon in Polen - wann?	8) 5.2.62 — Das gewünschte Ankunftsdatum in Polen und Aufenthaltsdauer

9) Korrespondent „Frankfurter Allgemeine" — Zu welchem Zweck fahren Sie (ausführlich begründen) und zu wem?

10) Adressen während des Aufenthaltes in Polen

Der erste Warschauer FAZ-Korrespondent Hans-Jakob Stehle – ein wichtiger Ansprechpartner Ranickis.

Der Kulturpalast wurde 1955 fertiggestellt und ist mittlerweile eines der Wahrzeichen von Warschau. Das Gebäude erhebt sich zum Teil auf dem Gelände des Warschauer Gettos, das von der SS im Mai 1943 niedergebrannt und völlig vernichtet wurde. Hier eine Ansicht von 1960.

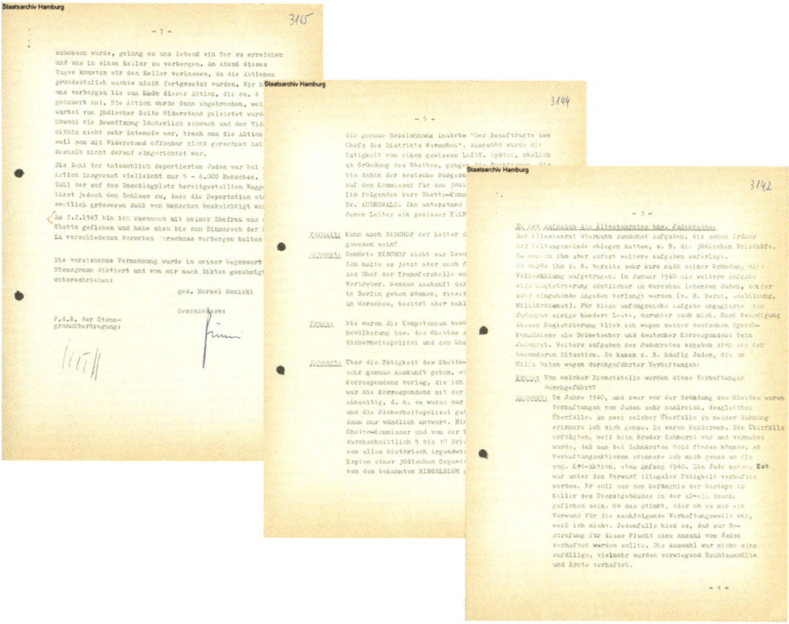

Staatsarchiv Hamburg

3145

- 7 -

schossen wurde, gelang es uns lebend ein Tor zu erreichen und uns in einen Keller zu verbergen. Am Abend dieses Tages konnten wir den Keller verlassen, da die Aktionen grundsätzlich nachts nicht fortgesetzt wurden. Wir h[…] uns verborgen bis zum Ende dieser Aktion, die ca. 4 […] gedauert hat. Die Aktion wurde dann abgebrochen, wei[…] wartet von jüdischer Seite Widerstand geleistet wurd[…] Obwohl die Bewaffnung lächerlich schwach und der Wid[…] mithin nicht sehr intensiv war, brach man die Aktion […] weil man mit Widerstand offenbar nicht gerechnet hat[…] deshalb nicht darauf eingerichtet war.

Die Zahl der tatsächlich deportierten Juden war bei […] Aktion insgesamt vielleicht nur 5 - 6.000 Menschen. […] Zahl der auf dem Umschlagplatz bereitgestellten Wagg[…] lässt jedoch den Schluss zu, dass die Deportation ei[…] sentlich grösseren Zahl von Menschen beabsichtigt wa[…]

Am 2.2.1943 bin ich zusammen mit meiner Ehefrau aus […] Ghetto geflohen und habe mich bis zum Einmarsch der […] in verschiedenen Vororten Warschaus verborgen halten […]

Die vorstehende Vernehmung wurde in meiner Gegenwart […] Stenogramm diktiert und von mir nach Diktat genehmigt […] unterschrieben:

gez. Marcel Ranicki

Geschlossen:

F.d.R. der Stenogrammübertragung:

Staatsarchiv Hamburg

3144

- 5 -

Staatsarchiv Hamburg

3142

- 3 -

Zu den Aufgaben des Ältestenrates bzw. Judenrates:

Der Ältestenrat übernahm zunächst Aufgaben, die schon früher der Kultusgemeinde oblegen hatten, z. B. die jüdischen Friedhöfe. Es wurden ihm aber sofort weitere Aufgaben auferlegt. So wurde ihm z. B. bereits sehr kurz nach seiner Gründung eine Volkszählung aufgetragen. Im Januar 1940 als weitere Aufgabe eine Registrierung sämtlicher in Warschau lebenden Juden, bei der sehr eingehende Angaben verlangt wurden (z. B. Beruf, Ausbildung, Militärdienst). Für diese umfangreiche Aufgabe engagierte der Judenrat einige hundert Leute, darunter auch mich. Nach Beendigung dieser Registrierung blieb ich wegen meiner deutschen Sprachkenntnisse als Dolmetscher und deutscher Korrespondent beim Judenrat. Weitere Aufgaben des Judenrates ergaben sich aus der besonderen Situation. So kamen z. B. häufig Juden, die um Hilfe baten wegen durchgeführter Verhaftungen:

Frage: Von welcher Dienststelle wurden diese Verhaftungen durchgeführt?

Antwort: Im Jahre 1940, und zwar vor der Gründung des Ghettos waren Verhaftungen von Juden sehr zahlreich, desgleichen Überfälle. An zwei solcher Überfälle in meiner Wohnung erinnere ich mich genau. Es waren Gendarmen. Die Überfälle erfolgten, weil mein Bruder Zahnarzt war und vermutet wurde, daß man bei Zahnärzten Gold finden könnte. An Verhaftungsaktionen erinnere ich mich genau an die sog. Kot-Aktion, etwa Anfang 1940. Ein Jude namens Kot war unter dem Vorwurf illegaler Tätigkeit verhaftet worden. Er soll aus dem Gefängnis der Gestapo im Keller des Dienstgebäudes in der Aleja Szucha geflohen sein. Ob das stimmt, oder ob es nur ein Vorwand für die nachfolgende Verhaftungswelle war, weiß ich nicht. Jedenfalls hieß es, daß zur Bestrafung für diese Flucht eine Anzahl von Juden verhaftet werden sollte. Die Auswahl war nicht eine zufällige, vielmehr wurden vorwiegend Rechtsanwälte und Ärzte verhaftet.

- 4 -

Zeuge der Anklage: 1961 vernimmt die Staatsanwaltschaft Hamburg in einem Prozess wegen NS-Verbrechen im Warschauer Getto Marcel Reich-Ranicki. Hier drei Seiten mit Zeugenaussagen aus den Hauptakten.

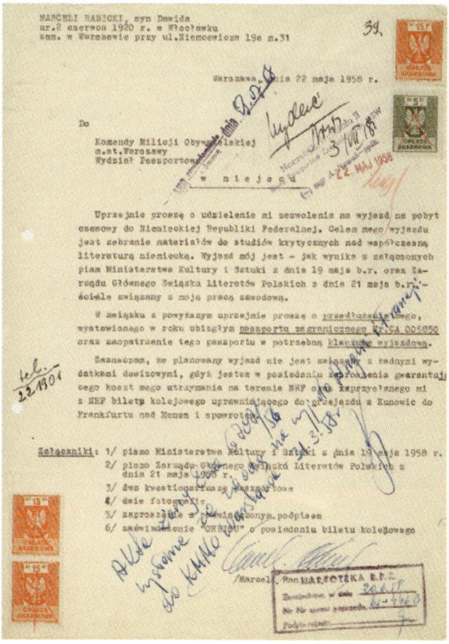

MARCELI RANICKI, syn Dawida
ur. 2 czerwca 1920 r. w Włocławku
zam. w Warszawie przy ul. Niemcewicza 19a m. 31

39.

Warszawa, dnia 22 maja 1958 r.

Do

Komendy Milicji Obywatelskiej
m. st. Warszawy
Wydział Paszportowy

w miejscu

22. MAJ 1958

Uprzejmie proszę o udzielenie mi zezwolenia na wyjazd na pobyt czasowy do Niemieckiej Republiki Federalnej. Celem mego wyjazdu jest zebranie materiałów do studiów krytycznych nad współczesną literaturą niemiecką. Wyjazd mój jest - jak wynika z załączonych pism Ministerstwa Kultury i Sztuki z dnia 19 maja b.r. oraz Zarządu Głównego Związku Literatów Polskich z dnia 21 maja b.r. - ściśle związany z moją pracą zawodową.

W związku z powyższym uprzejmie proszę o przedłużenie mego, wystawionego w roku ubiegłym paszportu zagranicznego Nr. CA 005850 oraz zaopatrzenie tego paszportu w potrzebną klauzulę wyjazdową.

Zaznaczam, że planowany wyjazd nie jest związany z żadnymi wydatkami dewizowymi, gdyż jestem w posiadaniu zaproszenia gwarantującego koszt mego utrzymania na terenie NRF oraz zapewnionego mi z NRF biletu kolejowego uprawniającego do przejazdu z Kunowic do Frankfurtu nad Menem i z powrotem.

Załączniki: 1/ pismo Ministerstwa Kultury i Sztuki z dnia 19 maja 1958 r.
2/ pismo Zarządu Głównego Związku Literatów Polskich z dnia 21 maja 1958 r.
3/ dwa kwestionariusze paszportowe
4/ dwie fotografie
5/ zaproszenie z poświadczonym podpisem
6/ zaświadczenie "ORBISU" o posiadaniu biletu kolejowego

/Marceli Ranicki/

KARTOTEKA B.P.Z.

Literaturkritiker Ranicki bittet die Miliz in Warschau, zwecks »vorübergehenden Aufenthalts« in der Bundesrepublik ihm den Pass zu verlängern. Die farbigen Stempelmarken zeigen an, dass er die Antragsgebühr entrichtet hat. Ein Beamter notiert: »erteilen«, ein anderer bemerkt, dass Ranickis Frau bereits eine Reisebewilligung nach England erhalten habe. Dennoch kann die Familie Polen verlassen – und bleibt im Westen.

Andrzej Wirth, Freund Ranickis in Warschau, arbeitet als Übersetzer eng mit ihm zusammen. Als Ranicki ausreist, beauftragt die polnische Stasi Wirth, ihn und die »Gruppe 47« in Deutschland zu bespitzeln.

Der Übersetzer und Schriftsteller Karl Dedecius, geboren 1921 in Łodź, ist der wichtigste Vermittler der polnischen Literatur in Deutschland, ein Wegbegleiter, Zeitgenosse, Mit- und Gegenspieler Marcel Reich-Ranickis.

Die Gruppe 47 bei ihrer Tagung im November 1965 in Berlin (v. l. n. r.): Walter Höllerer (dahinter Fritz J. Raddatz), Erich Fried, Marcel Reich-Ranicki und Walter Mannzen. Ganz außen ist Andrzej Wirth zu sehen, der als IM »Bruno« Reich-Ranicki, Hans-Werner Richter und andere beobachten sollte.

Rymuza, dem 1. Sekretär der Stadtteilorganisation, wieder gestrichen. Doch die erwähnten Interventionen und Schreiben zeigen Wirkung: Die Exekutive des Warschauer Parteikomitees hebt die Streichung der Teofila Ranicka am 27. Januar 1954 wieder auf. Sie bestätigt den Beschluss der Parteizelle im Polnischen Rundfunk über die Aufnahme als Vollmitglied (»ausgestellt wurde der Mitgliedsausweis Nr. 0185827«). Unterdessen war Frau Ranicka im Rundfunk Chefin der Studienabteilung der fremdsprachigen Redaktionen geworden. Im April 1956 wechselt sie zum Polnischen Institut für Internationale Angelegenheiten (PISM), das dem Außenministerium untersteht. Dort arbeitet sie bis zur Ausreise nach Deutschland. Sie archiviert deutschsprachige Zeitungsartikel.

Frankfurt, ein halbes Jahrhundert später. Teofila sitzt ihrem Mann gegenüber in der Wohnung und erzählt, was das Ehepaar bewegt: »Gestern haben wir zum ersten Mal seit der Nachkriegszeit den Film ›Verbotene Lieder‹[19] gesehen.« Zu mir gewandt: »Soll ich Ihnen die DVD leihen?« Teofila berichtet, sie führe in den letzten Monaten ein Tagebuch. Und dann, etwas leiser: »Seit dem Krieg leide ich an Schlaflosigkeit.« Sie schenkt mir zwei Bücher, die 2000 erschienen sind und ihre Zeichnungen enthalten. Zum größten Teil sind sie noch im Getto entstanden. »Wie ist es Ihnen gelungen«, frage ich, »die Zeichnungen aus dem Getto zu bringen?« Teofila: »Durch meine Tante, die arische Papiere hatte. Sie hat sie hinausgetragen und ihrer polnischen Freundin zur Verwahrung gegeben. Ich glaube, beide Bücher.« Und wie lange vor dem Verlassen des Gettos ist das gewesen? »Direkt vor dem Verlassen des Gettos. Ich habe es noch geschafft.«

In dem Album »Es war der letzte Augenblick« sind ihre Aquarelle zu sehen; dazu ein Text von Hanna Krall über Teofila und ihre Familie. Die polnisch-jüdische Schriftstellerin Krall, eine Bekannte der Reich-Ranickis, hat darin festgehalten, zu welchem Preis diese Bilder das Getto verlassen haben. Die erwähnte Tante, Regina mit Namen und von »arischem« Aussehen, brachte Lebensmittel, Gift und polnische Papiere in das Getto. Eines Tages sagte sie zu Teofila: »Ich habe eine Geburtsurkunde. Ich habe eine Wohnung. Komm mit.« Darauf erwiderte Teofila: »Und Marceli?« Regina erklärt, mit seinem Aussehen werde er allen Unglück bringen. Darauf beendet Teofila die Diskussion. Sie reicht ihrer Tante ihre Bilder und bittet sie, diese auf die »arische Seite« zu schmuggeln.

Auf einem Teil der Aquarelle: Szenen aus dem Getto. Die verzerrten Gesichter von Juden. Die zufriedenen Visagen von SS-Leuten. Eine Frau mit einem karierten Tuch um die Schultern, mit drei Kindern und Gepäck. Aber auch andere Gestalten hat Teofila gemalt – in ihrem Zyklus »Heroinen der Opernbühne«. Carmen, Tosca, Madame Butterfly. Tragische Gestalten. Das zweite Buch umfasst eine Auswahl von 56 Gedichten Erich Kästners, von Teofilas Hand abgeschrieben und verziert. Ein solches Geschenk hatte sie ihrem Mann zu seinem 21. Geburtstag gemacht, im Juni 1941 im Getto. Kästner kannte im Getto wohl kaum jemand. Seine Verse sind – ein Ratgeber, wie man die Hoffnung nicht verliert. Auch das.

So werden wir Teofila in Erinnerung behalten: eine Frau im Schatten ihres Mannes; aber nicht so tief im Schatten, dass man sie nicht sehen würde. Eine Frau, deren mildes Lächeln manch heikle Situation gerettet, so manche zerbrochene Bekanntschaft ihres Mannes gekittet hat. Eine Frau, die ihre Erlebnisse auf Papier verewigt hat. Die Grafikerin aus dem Getto.

X. Stunde Null in Polen

Die fünfziger Jahre: Ein Literaturkritiker wird geboren

Polens Hauptstadt lag in Trümmern. Und doch lebte Warschau jetzt, fünf Jahre nach dem Abzug der Deutschen, im Rhythmus eines Aufbaus, den viele voller Hoffnung sogar »odbudowa«, Wiederaufbau nannten. Das Klopfen und Schurren von Hämmern, Schaufeln und Maurerkellen bestimmte den Alltag. Wo hinter dem Gemäuer bereits Leben eingezogen war, in Ministerien und Behörden, klapperten Schreibmaschinen, um den Sechsjahrplan vorzubereiten und die sozialistische Musterstadt »Nowa Huta« zu entwerfen. Wichtige Erfolge hatte man bereits verkündet: König Sigismund stand wieder auf seiner Säule, mitten auf dem Platz, an dem vor dem Krieg das Königsschloss gestanden hatte. Durch die Ruinen der Hauptstadt verlief eine neue Straße, die Ost-West-Trasse. Ein ums andere Mal wurde der gerade erst aufgestellte Rekord einer Baubrigade gebrochen – zuletzt wurde ein Meister geehrt, der in acht Stunden 11804 Ziegel gelegt haben soll.[1]

Ein Wiederaufbau war das nicht. Etwas Neues sollte entstehen, eine neue Gesellschaft das Licht der Welt erblicken. So vollzog sich dieser Aufbau in Polen im Gleichschritt mit der Stalinisierung. Nicht jeder mochte sich vom offiziellen

Enthusiasmus anstecken lassen. Die Schriftstellerin Maria Dąbrowska begrüßt das Jahr 1950 in der Hauptstadt in gedrückter Stimmung. Die fleißige Tagebuchschreiberin notiert: »Warschau wird nicht gereinigt, ist schmutzig und schrecklich – nie habe ich, seit ich lebe, die Stadt so verwahrlost gesehen. Man ertrinkt im Schlamm oder läuft auf Bergen von Eis.«[2] Auch ihr Kollege Jarosław Iwaszkiewicz schreibt zum Jahreswechsel melancholisch: »Eigentlich spricht so gar niemand mit menschlicher Stimme zu mir. Die erste Hälfte des XX. Jahrhunderts geht zu Ende. Kein gutes Jahrhundert.«[3]

In diesen Tagen landet auf dem Warschauer Straßenpflaster Marceli Ranicki, vor kurzem noch geschätzter und geehrter Aufbauhelfer des neuen Staates. Jetzt ist er – ohne sein Zutun – arbeitslos, parteilos und überhaupt ohne Perspektive. »Ich stand, nicht zum ersten Mal in meinem noch nicht langen Leben, vor dem Nichts.«[4] Von der Kommandohöhe, auf der er sich bewegt hatte, heruntergestoßen zu werden, das muss ein Schock gewesen sein, für ihn selbst, vielleicht noch mehr für seine Frau. In seiner Autobiografie hebt er denn auch hervor, wie sehr er gelitten hat:

> *»Ich war verfemt und bekam es täglich zu spüren. Wenn mich Bekannte auf der Straße sahen, machten sie plötzlich einen großen Bogen um mich, sie zogen es vor, mich nicht mehr zu kennen. Sie hatten gute Gründe. Schließlich war es nicht sicher, ob man so einen wie mich nicht wieder verhaften würde. (…) Immerhin waren nicht alle so vorsichtig, wir hatten einige Freunde, die es wagten, zu uns zu halten.«*[5]

Doch das Regime war zu vielen seiner »Ehemaligen«, wie der gefallene Konsul später einräumte, so grausam wiederum nicht.[6] Als man ihm nach London geschrieben hatte, man berufe ihn ab und ernenne ihn zum Botschaftsrat im Außenamt, mag das eine Formalität gewesen sein, vielleicht auch ein taktischer Schritt, um seine Absetzung in den Westen zu verhindern. Doch dann, so lesen wir in seiner Geheimdienstakte, sei geplant gewesen, »dass er im Ministerium für Binnenhandel eine Arbeit aufnimmt«.[7] Am Ende war er es selbst, der seine Zukunft bestimmte. Auf die Frage, wo er arbeiten wolle, antwortete er: in einem Verlag, der deutsche Literatur publiziert. Darauf wurde er dem Verlag des Verteidigungsministeriums zugewiesen. Seine Frau trat derweil eine Tätigkeit beim Polnischen Rundfunk an.

An eine Wohnung in der »Allee der Freunde«, der Prominentenstraße, in der die Ranickis vor zwei Jahren gewohnt hatten, war jetzt nicht mehr zu denken. Seit ihrer Abberufung aus London lebte die Familie in einer Zweizimmerwohnung mit Küche und Bad im Stadtteil Ochota, nicht allzu weit vom Zentralbahnhof: Niemcewicz-Straße 19a, Wohnung 31, erstes Treppenhaus, oberster Stock, 58 Quadratmeter. Ein solides Wohnhaus, gerade erst fertiggestellt und noch nicht verputzt. Die ersten Mieter waren vor allem Beschäftigte unterer Ränge aus Verwaltung, Partei, Sicherheit und Armee. Die Nachbarn sollten sich bald an die Lebenszeichen gewöhnen, die aus der Wohnung der Ranickis zu ihnen drangen: das Klappern einer Schreibmaschine.[8]

Die junge Familie war hier zu dritt. »In einem Zimmer hauste unser Sohn, das andere war unser Ess- und Schlafzimmer und zugleich mein Arbeitszimmer.« Immerhin konnten sich die Ranickis eine Putzfrau leisten. Doch eine von ihnen quittierte bald den Dienst – mit der Begründung, sie könne nicht in einem Haushalt arbeiten, in dem der Mann immer zu Hause sitze und Romane lese.[9] Von diesem Arbeitszimmer ist ein Foto[10] überliefert: Es zeigt den Hausherrn in weißem Hemd mit Krawatte, die Beine übereinandergeschlagen, eine Zigarette in der Linken, wie er sich in die Lektüre einer Illustrierten vertieft. Hinter ihm auf Brettern an der Wand: Bücher über Bücher. Eine polnische Ausgabe von Balzac ist zu erkennen. Neben ihm ein runder Tisch, darauf ein Bild seiner Schwiegermutter, ein Schälchen mit Usambaraveilchen und ein Aschenbecher. Unter der Tischplatte auf der Ablage: Mappen aus einem Archiv.

Der nächste Verwandte: Cousin Alfred

Die Ranickis kannten in dieser Stadt noch nicht allzu viele Leute; besser gesagt, sie kannten nur noch wenige. Viele Mitglieder der Familie waren ermordet worden. Doch einige hatten den Krieg überlebt. Der nächste Verwandte Marcels war Alfred Kalmanowicz, der Cousin aus Włocławek, von dem bereits die Rede war. Auf einem Dokument vom September 1950 finden wir die Adresse Niemcewicz-Straße 19 a, Wohnung 31; das scheint darauf hinzudeuten, dass die Ranickis und Kalmanowicz einige Zeit zusammen gewohnt haben.[11] Das Schicksal hat sie wieder zusammengeführt, nachdem die Kriegsjahre Marcel und seinen acht Jahre älteren Cousin in sehr unterschiedliche Richtungen getrieben hatten. Nur *ein* Kriegserlebnis war ihnen gemeinsam: das Leben in einem Getto.

Alfred Kalmanowicz, ein Mann mit massigem Kopf, buschigen Augenbrauen und phlegmatischem Blick, muss ein guter, gemütlicher Onkel mit tiefer Stimme gewesen sein. Diesen Eindruck gewinnt man aus den überlieferten Fotografien. Fast hatte er in Krakau sein Medizinstudium abgeschlossen, als der Krieg ausbrach. »Ich befand mich im Gebiet von Wilna«, berichtet er in einem Lebenslauf über die weiteren Monate, im einstigen Polnisch-Litauen also, das die Sowjets

1939 dem litauischen Staat für kurze Zeit als »Geschenk« überließen. Dort beendete er das Studium. Nachdem man die dortige Universität geschlossen hatte, erhielt er sein Diplom von der Universität im benachbarten Kaunas. Unter deutscher Besatzung, 1941 bis 1943, war Kalmanowicz als Arzt im Getto von Wilna tätig. Auch seine Eltern und seine Schwester lebten in diesem Getto. Dann gelang es ihm, zu fliehen und sich zu einer Einheit sowjetischer Partisanen durchzuschlagen. Die Partisanen lebten und kämpften im wasserreichen Urwaldgebiet südwestlich von Wilna. »Unter den Bedingungen des Partisanenlebens hat er an verwundeten Kämpfern und Kommandeuren komplizierte Operationen durchgeführt«, heißt es in einer Bescheinigung, die dem Arzt nach dem Krieg aus Litauen zugeschickt wurde. Kalmanowicz beteiligte sich in Wilna an Straßenkämpfen. Anschließend arbeitete er, wie es heißt, bereits in einem »sowjetischen« Krankenhaus, um im Dezember 1944 schließlich in die polnische Armee einzutreten. Im April 1945 überquerte er mit dieser Armee die Neiße. In den ersten zwei Nachkriegsjahren war er Militärarzt in Krakau. Im Rang eines Majors wurde er in die Reserve entlassen.

Doch die Wunden aus Krieg und Besatzungszeit sollten Doktor Kalmanowicz auch weiter beschäftigen. 1947, als Ranicki (damals Reich) bereits aus Deutschland zurückgekehrt war, begann im Leben seines Cousins eine Berliner Etappe. Als Arzt der Polnischen Repatriierungsmission wurde er in die besetzte deutsche Hauptstadt geschickt; offenbar betreute er die Mitarbeiter aller in Berlin tätigen polnischen Einrichtungen. Einige Zeit später wurde er Delegierter des Polnischen Roten Kreuzes in Deutschland. Nebenbei absolvierte er eine Weiterbildung in der Charité. 1950 kehrt Kalmanowicz nach Warschau zurück und meldet sich zur Arbeit.

Als Sprachkenntnisse kann er angeben: »Schwach: russisch, englisch. Gut: deutsch.« Sehr bald heiratet er auch Danuta Ciechnowska, eine bildhübsche Krankenschwester, die seine Tochter sein könnte.

Im Dezember 1950 schließlich verstärkt er das »Offizierskorps des Gesundheitswesens«, wie es in einem von Präsident Bierut unterzeichneten Dokument lautet: Er wird Betriebsarzt des Sicherheitsministeriums. Oberst Dr. Wolf Lieberman, der Direktor des Zentralen Krankenhauses des MBP, bietet ihm in der Inneren Abteilung eine Assistentenstelle an. Schnell gewinnt Kalmanowicz den Respekt seiner Kollegen und die Sympathie der Patienten.

In einem Fragebogen, den er für das Ministerium ausfüllen muss, macht Major Kalmanowicz folgende Angaben zu seiner Familie: Der Vater wurde in einem Lager ermordet. Bruder Lucjan floh schon zu Beginn des Krieges über die Sowjetunion und Japan nach Schanghai, »wo er als Ausländer während der ganzen Zeit der japanischen Besatzung in einem Getto interniert war«. Heute arbeitet er in einer Mechanikerwerkstatt in Paris; auf diese Weise bestreitet er auch den Unterhalt der Mutter, die ebenfalls dort lebt. Alfreds Schwester hat es nach Aufenthalten im Getto und in Konzentrationslagern nach Krakau verschlagen.

In manchen Rubriken des detaillierten Fragebogens hat Kalmanowicz einiges vorzuweisen: Zweimal wurde er für seinen Einsatz im Partisanenkrieg von den Sowjets ausgezeichnet. Andere Rubriken bleiben leer: Nie hat er einen Decknamen geführt, auch bei den Partisanen nicht. Nie ist er in irgendeiner Partei gewesen. Dabei sollte es auch bleiben. Ein Arzt braucht kein Parteibuch und auch kein Pseudonym.

Sein Cousin Ranicki dagegen, der Hinausgeworfene, will sich mit einer Existenz außerhalb der Partei nicht abfinden. Schon im März 1950, kurz nach dem Ausschluss, beginnt er den Kampf um die Wiederaufnahme. Einen Kampf, der sich sieben Jahre lang hinziehen sollte. Zunächst wendet er sich an die Parteikontrollkommission. Etwas später, im Juli, bittet er um abermalige Aufnahme, um die Chance, in den Reihen der PVAP den Kampf für den Sozialismus weiterführen zu dürfen. Der Antrag wird gar nicht erst geprüft und landet in seiner Akte.

Doch Ranicki gibt nicht klein bei. Immer wieder schreibt er Briefe und Anträge. Und wieder muss er sich rechtfertigen für das, wozu er schon bei der Entlassung aus dem Sicherheitsministerium Stellung nehmen musste. Schon wieder wird die Frage seiner KPD-Mitgliedschaft aus Vorkriegszeiten hervorgeholt, einer Mitgliedschaft, die es vermutlich nie gegeben hat. Jetzt gibt Ranicki zu Protokoll, er habe einen »Fehler« gemacht, als er sich bei der Aufnahme in die »Sicherheit« mit einer solchen Mitgliedschaft schmückte. Er habe damals nicht hinreichend verstanden, was »Partei« und »Mitgliedschaft« bedeuteten. Aber er weicht nicht ganz zurück: Im Herzen sei er Kommunist gewesen, sagt er. Er habe sich vom kleinbürgerlichen Milieu losgesagt und sei ideologisch zuverlässig.

Auch Ranickis Tätigkeit im Getto kommt noch einmal auf den Tisch.[12] Seine Gegner, darunter ein Oberstleutnant Józef Winkler im Nachrichtendienst, versuchen, sie als Kollaboration mit den Deutschen zu qualifizieren, doch die Beweislage ist dünn. Ende 1951 bittet die Kontrollkommission das Jüdische Historische Institut in Warschau, Ranickis Rolle im Getto zu bewerten. Der Zeitpunkt ist günstig: Kurz zuvor hatte man in Warschau das in großen Milchkannen versteckte Getto-Untergrundarchiv (Ringelblum-Archiv) ausgegraben. Bernard Mark, der Institutsdirektor, schreibt ein kurzes Gutachten über Ranicki, in dem er sich um Ausgewogenheit bemüht. Direktor Mark bestätigt, in diesem Archiv gebe es Dokumente, die mit »mr« gezeichnet seien. »mr« wiederum sage, er habe diese damals dem Verbindungsmann Remba gegeben, damit sie zum Getto-Chronisten Ringelblum gelangten. »Ob das [gemeint ist: die wissentliche Weiterleitung der Dokumente] tatsächlich so war, konnten wir nicht ermitteln«, fügt Mark hinzu.[13]

Die von Ranicki behauptete Beteiligung an einem Überfall auf die Kasse des Judenrates bestätigt der Direktor nicht. In beiden Fällen stützt sich Mark auf dieselben Zeugen aus dem Getto, auf die sich zuvor Ranicki berufen hat: auf Zofia Kubarowa, Karol Popowski und Rechtsanwalt Zygmunt Warman, den Chef des Sekretariats des Judenrats.[14] Diese hätten die Tatsache eines Überfalls, im Partisanenjargon einer »eks« (ekspropriation), bestätigt, »doch von einer Rolle Rajchs [sic] dabei wissen sie nichts.« Fazit: »Sie sagen, Rajch habe nicht zu den kämpferischen Elementen gehört und sei eher der Menschentyp gewesen, der es verstanden und gemocht habe, sich einzurichten. Aber irgendwelche negativen Erscheinungen in seiner damaligen Arbeit nennen sie nicht.«[15]

Ranicki kämpft um seine Existenz. Vielleicht auch um mehr: um seine Ehre. Er will seine Treue beweisen, indem er rebelliert. Er kämpft um die Anerkennung seiner Leistungen für dieses System. Doch verhält er sich dabei anders, als es das System erwarten würde. Anders als der typische homo sovieticus. Warum? Hier mögen sich verschiedene Motive seines Lebens überschneiden: der Kampf ums Überleben;

seine Selbstsicherheit, die gelegentlich an Überheblichkeit und Größenwahn grenzt; auch sein Karrierismus, wobei letzterer in der Etappe des »Verstoßenseins« freilich weniger ins Auge sticht.

Glaubt Ranicki im Innersten an den Kommunismus? In jenen Briefen und Eingaben behauptet er: ja, mit Feuer und Flamme. Ein halbes Jahrhundert später wird er schreiben: nein, schon damals nicht mehr.[16] Wie ist es eigentlich gewesen? Die Frage nach dem Glauben war in jener Zeit eine indiskrete, eine geradezu intime Frage.

Im Kampf um das Parteibuch ist Ranicki zunächst kein Erfolg beschieden. Doch der Kampf ist noch nicht zu Ende. Dreimal müssen sich die Parteigremien bis zum Mai 1953 mit den Schreiben des lästigen Antragstellers beschäftigen; jedes Mal gibt es eine Absage. Erst dann ließ Ranicki die Partei für eine Weile in Ruhe – für zwei Jahre. Vielleicht hat das damit zu tun, dass die Obrigkeit dem jungen Journalisten und Kritiker gerade ein neues, nicht weniger schmerzhaftes Signal hatte zukommen lassen: ein Publikationsverbot.

Als Ranicki zu Beginn des Jahres 1950, am Ende seiner politischen Karriere, sich Gedanken machte über eine »Rückkehr« zu einer lange vernachlässigten Partnerin, der Literatur nämlich, konnte er nicht ahnen, ob und wann dieser Plan gelingen würde. Begonnen hat er diese »Rückkehr« im Verlag des Verteidigungsministeriums. Zwar hat dieses Haus sehr wohl Belletristik verlegt, doch ohne eine Abteilung für deutsche Literatur zu haben. Verwunderlich war das nicht. Der Hass, die Verachtung für alles Deutsche waren damals so groß, dass man »Niemcy«, die Deutschen, entgegen den Regeln der Rechtschreibung vielfach klein schrieb. Das Lehrfach Germanistik existierte an der Warschauer Universität nicht mehr, und das sollte sich so bald nicht ändern.

In diesen Tagen setzte Ranicki – ein riskantes Unterfangen – auf deutsche Literatur. Über diese Arbeit ist vor allem das bekannt, was er selbst darüber berichtet: »Nach manchen Bemühungen hatte ich die Verlagsleitung von der Notwendigkeit eines deutschen Lektorats überzeugt: Das konnte mir nur gelingen, weil schon die DDR existierte. Nur dort erschienene Titel kamen für dieses Lektorat in Betracht.«[17] Doch gelang es ihm auch, einige Bände des kommunistischen Vorkriegsautors Egon Erwin Kisch einzuschmuggeln, des »rasenden Reporters«.

Schon nach kurzer Zeit fragte eine Bekannte den Verlagsmitarbeiter Marceli Ranicki, ob er ihr nicht schnell helfen könne, für den Polnischen Rundfunk einen Text über Gerhart Hauptmann zu schreiben. Ranicki griff zur Feder und lieferte ihr…

> *»am nächsten Tag einige rasch geschriebene Seiten über Hauptmanns Größe und Schwäche. Sie war sehr zufrieden und fragte mich, warum ich mich nicht als Kritiker betätigte. Das fragte ich mich selbst, rezensierte ein gerade in polnischer Sprache erschienenes deutsches Buch und schickte das Manuskript der besten Wochenzeitung des Landes, der ›Nowa Kultura‹. Zu meiner Überraschung wurde es prompt gedruckt, mehr noch: Man bat mich, regelmäßig die in Polen verlegte deutsche Literatur zu besprechen.«*[18]

Bald hat sich Ranicki in der Verlags- und Medienwelt Polens »den Ruf eines zuverlässigen und gut lesbaren Fachmanns für deutsche Literatur«[19] erarbeitet. Waren dies seine ersten Schritte als Kritiker, als Rezensent? Nicht ganz; er hatte ja im Getto Konzertkritiken geschrieben. Jetzt konnte er unter »normaleren« Verhältnissen arbeiten. Diesmal schrieb er fast ausschließlich über deutsche Literatur, deutsche Autoren, deutsches Theater. Dieser Literatur fühlte er sich verbunden, auch seine Kenntnis des Gegenstands kam ihm entgegen.

Zugleich zeugte dieses Steckenpferd von Mut und Trotz; nur wenige haben sich damals darum gerissen, über deutsche Kultur zu schreiben. Das wiederum schuf eine Nische, die Ranicki besetzen konnte. Eines Tages bot ihm der bedeutende Verlag »Czytelnik« (Der Leser) an, dort eine Abteilung zu leiten, die unter anderem deutsche Literatur umfasste. Um das Angebot annehmen zu können, kündigte er beim Verteidigungsministerium. Doch im letzten Augenblick »wurde mir mitgeteilt, dass die zuständigen Genossen vom Zentralkomitee gegen meine Beschäftigung beim ›Czytelnik‹ Einspruch erhoben hätten«. Er sei ja nun einmal »ideologisch fremd« und aus der Partei ausgeschlossen worden.

Doch dieser Mann macht, wie man weiß, aus jeder Not eine Tugend: »Beinahe über Nacht war ich geworden, wovon ich in meiner Jugend geträumt hatte: ein Kritiker. Und ich war, obwohl ein Anfänger, doch schon ein freier Schriftsteller.«[20]

Freier Schriftsteller im unfreien Polen

Die Früchte dieser Arbeit, mehr als 150 Artikel in Zeitungen und Zeitschriften sowie 13 Vor- und Nachworte zu Ausgaben deutscher Autoren[21], liegen bis heute in Polens Bibliotheken. Ranicki begutachtet jetzt nicht nur Bücher für eine Reihe von Verlagen. Er schreibt für ein breites Spektrum von Titeln der polnischen Presse, von *Nowa Kultura* und *Twórczość* über *Świat* und *Głosy znad Odry* (die Kulturbeilage der *Trybuna Opolska*) bis hin zu *Wieś* (Das Dorf), der Armeezeitung *Żołnierz Wolności* und der intellektuellen *Polityka*. Schließlich stößt er auch auf die Seiten der zwei wichtigsten Tageszeitungen vor: der *Życie*

Warszawy (Das Leben Warschaus) und des Parteizentralorgans *Trybuna Ludu* (Tribüne des Volkes).[22]

Dabei fügte sich Ranicki nahtlos in das geltende System der Propaganda ein. Ein Rezensent hatte damals im Literaturbetrieb eine wichtige Position: Er stand den Machthabern näher als die Autoren und Verlagsmitarbeiter; wenn ein Buch von ihm als »schädlicher Titel« gebrandmarkt wurde, war dies schon fast eine Aufforderung, den Verlag oder seine Gutachter zu bestrafen. Die damaligen Kritiken Ranickis, so stellt die polnische Philologin Taborska fest, hätten jedoch nur »sehr selten« die Form einer solchen Quasi-Denunziation gehabt.[23] Taborska charakterisiert den Ranicki der fünfziger Jahre als Vielschreiber, der jedoch nicht die Kompetenz gehabt habe, ideologische Richtlinien vorzugeben; eher sei er ein »Exekutor« der geltenden Richtlinien gewesen.[24]

Im Jahr 1952 interviewt der junge Kritiker den damals in Polen noch kaum bekannten Bertolt Brecht und seine Frau Helene Weigel, als sie Warschau besuchen. Ranicki fragt, ob sie nicht »eines der großen Dramen der polnischen Literatur für die deutsche Bühne bearbeiten« wollten? Brecht und Weigel antworten einmütig: Wir würden ja gern, doch »wir zählen auf die Hilfe der polnischen Kollegen«. Die Weigel fügt hinzu: »Ich habe gerade eine deutsche Übersetzung der ›Moral der Frau Dulska‹ erhalten und würde dieses Stück sehr gern in Berlin aufführen. Nur die Besetzung der Hauptrolle bereitet Probleme; doch ich denke, ich werde mich entschließen, diese Rolle selbst zu spielen.«[25]

Die Begegnung mit Brecht und Weigel hat Ranicki mit einiger Ironie, ja sogar Selbstironie auch in seiner Autobiografie beschrieben. Dem Treffen ging voraus, dass ein DDR-Diplomat Brecht bereits auf dem Bahnhof den Artikel einer großen polnischen Tageszeitung überreichte – geschrieben von Marceli Ranicki. »...ich hatte den Gast ausgiebig gelobt und gerühmt«, erinnert sich der Kritiker[26]; so fand der Text Brechts Wohlgefallen. Er empfing daraufhin den jungen Journalisten im Hotel »Bristol«, in dem er abgestiegen war. In Zimmer 93 des vornehmen Hauses verschanzte sich der Dichter hinter den größten Raritäten der damaligen Zeit: Orangen und Bananen standen auf dem Tisch, doch Brecht kam nicht auf den Gedanken, jemandem etwas anzubieten. Das besagte Interview kommt zustande, und am Ende fragt der Gast, ob es in der Stadt eine Theateraufführung gebe, die es sich zu sehen lohne. Ranicki empfiehlt lebhaft eine Aufführung mit Irena Eichlerówna, der vielleicht bedeutendsten polnischen Schauspielerin des 20. Jahrhunderts. Am nächsten Tag erfährt er, dass der Gast aus Berlin »hellauf begeistert« war und dass er die Eichlerówna nach Berlin holen wolle. Sie solle in seinem Stück *Die Gewehre der Frau Carrar* die Hauptrolle spielen. Auf den Einwand, sie könne kein Wort Deutsch, erwidert Brecht gelassen: Dann möge sie es doch, im Namen der Verfremdung, auf polnisch spielen![27]

An Brecht lernt Ranicki, was diese Schriftsteller doch für komische Käuze sind. In sich selbst vernarrt, sind sie unfähig, ihre eigenen Werke zu beurteilen; sie spielen Rollen und geben sich allzu oft einer »kostspieligen und meist ein wenig lächerlichen Selbstinszenierung« hin.[28] – Der Besuch von Brecht und Weigel wurde noch aus einem anderen Grund wichtig für Ranicki: Eine Angelika Hurwicz stand, für ihn unerwartet, mit auf der Bühne. Marcelis Freundin aus der Schulzeit war es, eine Berliner Jüdin, die schon immer Schauspielerin hatte werden wollen. Schon 1946 hatte er, damals in polnischer Uniform unterwegs, Angelika im »Deutschen Theater« auf der Bühne gesehen, sich jedoch nicht getraut, sie anzusprechen. Jetzt stand sie vor ihm – auf einem Empfang in der DDR-Botschaft in Warschau. Die beiden haben sich hervorragend verstanden.[29]

Nach Brecht stellen sich weitere Gäste ein, und oft genug hat der junge Kritiker die Gelegenheit, sie zu treffen. So kommt zur Jahreswende 1952/53 Anna Seghers nach Polen, die Autorin seiner Lektüre in der Arrestzelle drei Jahre zuvor. Zu ihren Ehren wird ein Abendessen gegeben. Die ebenfalls geladene Schriftstellerin Nałkowska notiert in ihrem Tagebuch: »Ein großer Tisch, doch wenig Leute, miserable Organisation – Słonimski, Kruczkowski, Ranicki, Ryś Matuszewski, irgendwelche namenlosen Dämchen. Mit ihr selbst ein recht gelungenes Gespräch …«[30] Ranicki soll für einen polnischen Verlag eine Biografie der Anna Seghers schreiben; lange unterhält er sich mit der Autorin. »Als wir uns verabschiedeten, tat ich etwas, das in Deutschland nicht mehr üblich ist: Mich tief verneigend, küsste ich die Hand der Anna Seghers.«[31]

Einige Jahre später, im Juni 1956, sandte Ranicki dem Aufbau-Verlag in Ost-Berlin das Manuskript eines Buches über die von der DDR-Führung sehr geschätzte Schriftstellerin zu. Verlagslektor Max Schroeder wendet es hin und her, sieht Ranickis »große Hochachtung vor Anna Seghers«, aber auch »manche kritischen Bemerkungen«, darunter, wie er schreibt, auch berechtigte. »Im ganzen ist es jedenfalls sehr verdienstlich, dass ein polnischer Germanist sich eine so ausführliche Würdigung des Werkes von Anna Seghers vorgenommen hat, während unsere deutschen Kollegen noch sehr wenig dazu gesagt haben.« Da jedoch »Aufbau« auch Seghers' Werke verlege, könne man sich »leider nicht entschließen«, das Buch herauszugeben. Zwei weitere DDR-Verlage reagierten ähnlich.[32] Doch in Polen gab es für Ranickis Werk keine Hindernisse: *Epika Anny Seghers* erschien 1957 in Warschau.

Die Besucher aus der DDR machen an der Weichsel zumeist im »Bristol« Station, und dort begrüßt sie auch der junge Kritiker. Peter Huchel kommt, der Lyriker; Willi Bredel, der Arbeiterdichter; auch der Ost-Berliner Publizist Professor Alfred Kantorowicz. Mitte der fünfziger Jahre tauchen die ersten Autoren aus der Bundesrepublik auf, als erster Heinrich Böll, Pazifist, noch dazu Katholik. Das erste, was er wissen will, ist die Uhrzeit der nächsten Heiligen Messe. Und doch hatte er zuvor sechs Jahre lang die Uniform der Wehrmacht getragen ... Als sie das erfahren, verweigern 50 Schriftsteller, die zu einer Veranstaltung mit ihm ins »Haus der Literaten« geladen waren, ganz ohne Wahrung der diplomatischen Form ihre Teilnahme. Nur sechs oder sieben Personen kommen zur Veranstaltung: Übersetzer und Lektoren. Nach der Begegnung waren sie

> *»tief berührt, ja sogar aufgeschreckt: Hier sprach ein Schriftsteller aus der in Polen als revanchistisch verrufenen Bundesrepublik gleichsam in einem Atem von deutscher Literatur und von deutscher Schuld – und jeder seiner eher schlichten und bisweilen linkischen Sätze wirkte überzeugend. [...] Ich ging mit ihm spazieren, ich zeigte ihm, natürlich auf seinen Wunsch, die Zerstörungen Warschaus, die auf Schritt und Tritt zu sehen waren, und ich zeigte ihm den Wiederaufbau. Ich kommentierte alles so trocken wie möglich, er sprach wenig, er hörte zu. Ich glaube, er hat in diesen Stunden viel gelitten.«*[33]

Willkommen in Warschau: Brecht und Seghers, Böll und Grass

Heinrich Bölls Besuch in Warschau und Krakau Ende 1956 ist, soweit die deutsch-polnischen Nachkriegsbeziehungen berührt sind, die wohl bewegendste Schilderung in Ranickis

Erinnerungen. Eher im Plauderton dagegen beschreibt er sein erstes Zusammentreffen mit einem anderen, »nicht sehr höflichen Westdeutschen«. Unangenehm war dieser Deutsche auf den ersten Blick, weil er gerade eine Flasche Wodka konsumiert hatte:

»Das Bristol war damals das einzige Warschauer Luxushotel, bewohnt fast ausschließlich von Ausländern, die sich schon durch ihre Kleidung von den Einheimischen unterschieden. Der Mann im Sessel war hingegen, um es gelinde auszudrücken, nachlässig gekleidet und auch nicht rasiert. Er schien zu tun, was in einer vornehmen Hotelhalle nicht üblich ist: Er schlummerte. Plötzlich riss er sich zusammen und schritt auf mich zu. Ich erschrak. Aber nicht sein mächtiger Schnurrbart war es, der mir Angst einjagte, sondern sein Blick, ein sturer und starrer, ein gläserner, ein beinahe wilder Blick. Den, dachte ich mir, möchte ich nicht in einer dunklen Straße treffen, der hat wohl in seiner Hosentasche wenn auch nicht einen Revolver, so doch ein Messer.«[34]

Die Rede ist von Günter Grass. – Marceli Ranicki schrieb in jener Zeit nicht nur für Zeitungen und Zeitschriften. Im Verlag »Wiedza Powszechna« (Allgemeinwissen) erschienen zwei Monografien aus seiner Feder. Die eine, »Postępowa literatura niemiecka w okresie hitlerowskiego mroku«, eine Broschüre im A6-Format, kam 1953 heraus. Die andere folgte zwei Jahre später, war erheblich umfangreicher und illustriert: »Z dziejów literatury niemieckiej 1871–1954«. Darin beklagt der Autor, die Buchhandlungen in der Bundesrepublik, wo die »amerikanischen Besatzer« herrschten, seien voller »pornografischer Bücher«.[35] Das literarische Leben »unter den polizeilichen Verhältnissen des Adenauer-Regimes« (die er allerdings nicht selbst in Augenschein nehmen konnte) sei wenig erfreulich. Auch das noch: »Die neohitleristische Literatur erfreut sich der vollen Unterstützung der Führung Westdeutschlands und ist ein wichtiges Instrument der Remilitarisierung der Gesellschaft.«[36]

Ranicki stützt sich in diesem Buch vor allem auf Georg Lukács' Theorien, seine Auffassung vom Realismus in der Literatur. Da musste sich ein Thomas Mann schon in Acht nehmen: »Der ›Zauberberg‹ ist das Werk eines großen Realisten und eines irrenden Ideologen zugleich. (…) Der übermäßige Einfluss der Theorien Sigmund Freuds, der in der bourgeoisen Welt einst in Mode war, ist im ›Zauberberg‹ wohl am deutlichsten sichtbar.«[37] Später hat Ranicki sich von seinem Werk deutlich distanziert. »Auch wenn manch ein Kapitel, manch ein Abschnitt mir erträglich scheint, erröte ich nicht selten, wenn ich heute in diesem Buch blättere.« Der sozialistische Realismus habe ihm, Ranicki, seinen Stempel aufgedrückt, zumal er Anfänger und noch dazu Autodidakt gewesen sei. Bei dieser Gelegenheit beschreibt Ranicki auch die Verhandlungen mit einer Verlagslektorin, »hübsch und schwarzhaarig«, über die Frage, wie oft in seinem Buch Stalin zitiert werden müsse, sowie den erotischen Höhepunkt dieser Verhandlungen auf ihrer breiten Couch.[38]

Andererseits hatte der freie Kritiker, der selbstbewusst von Verlag zu Verlag zog und den Leuten seine Texte aufdrängte[39], auch unbestreitbare Verdienste. So sieht es zum Beispiel der Deutschland-Experte Mieczysław Tomala, damals Mitarbeiter des Polnischen Instituts für Internationale Angelegenheiten (PISM). Unter Bezug auf die in Polen verbreitete Antipathie gegenüber dieser Person hebt Tomala hervor:

> *»Herr Ranicki hat ein großes Verdienst. Er hat in den fünfziger Jahren die deutsche Literatur in den polnischen Markt eingeführt. Heine, Goethe, das hat er alles in Polen propagiert, wo man ja auf deutsch keinen Ton sagen durfte. Ich hatte mal eine deutsche Delegation, da*

musste ich in der Straßenbahn laut verkünden: Die Herren sind aus Österreich! Damit sie nicht geohrfeigt wurden.«[40]

So gewann Ranickis Karriere an Fahrt. Bis eines Tages jemand befand, es gehe wohl doch etwas zu schnell voran. Im Frühjahr 1953 weigerten sich die Zeitungen plötzlich, seine Texte zu drucken, und wiesen ihm, ohne den Grund zu nennen, die Tür. Als »kafkaesk« beschrieb er später die Lage, in der er sich befand. Am Ende sagte ihm jemand offen, er stehe auf dem Index. Aber Ranicki bleibt sich treu: Er kämpft. Er greift zum Telefonhörer, wird bei allen möglichen Partei- und Staatsorganen vorstellig. Noch einmal schreibt er an die Zentrale Parteikontrollkommission, diesmal in scharfem, geradezu forderndem Ton. Er geht das Thema offen an: Man habe ihm zur Begründung des Verbots »schwerwiegende ideologische Vorwürfe gegenüber meiner Person« genannt. Es folgt der Satz: »Zugleich machen in literarischen und journalistischen Kreisen Gerüchte die Runde, meine Besatzungsperiode sei der Grund dieses Verbots, insbesondere der Verdacht, ich hätte in dieser Zeit mit der Gestapo zusammengearbeitet.«

Ranicki kontert: Er wisse von keinerlei ideologischen Vorwürfen; Genossin Jankowska von der Kontrollkommission habe ihm auf Nachfrage bereits klipp und klar gesagt, eine »Verletzung der Dienstdisziplin im Jahre 1949« sei der Grund. Seine Arbeit im Judenrat (»obwohl ich einen untergeordneten Kanzleiposten innehatte und damals 19 Jahre alt war«) sei nur ein »zusätzliches Moment«. Kurz und gut: die »empörenden Gerüchte« speisten sich wohl aus dem Veröffentlichungsverbot, das Verbot sei eine »moralische Disqualifizierung meiner Person als Bürger Volkspolens«, und er bitte um schnelle Klärung dieser Angelegenheit. Letzter Satz: »... ich glaube weiterhin, dass mir die Rückkehr in die Partei ermöglicht werden wird.«[41]

In Sachen Publikationsverbot bietet ihm Leon Kruczkowski, der Vorsitzende des Literatenverbands, seine Unterstützung an. Er muss jedoch bald die Waffen strecken. Immerhin darf Ranicki Mitglied bleiben: »Jedenfalls war ich dem Schriftstellerverband dafür dankbar – und bin es immer noch. Denn dies war ein Lichtblick in einer für mich besonders finsteren Zeit.«[42]

Allmählich geraten die Dinge im Lande in Bewegung. 1955 druckt die *Nowa Kultura* das »Gedicht für Erwachsene«. Adam Ważyk entzaubert darin das größte Heiligtum des Regimes, die aus dem Boden gestampfte »sozialistische Stadt« Nowa Huta. Zugleich betritt in Warschau ein Typ namens Leopold Tyrmand die Bühne. Er ist Journalist und nur wenige Tage älter als Ranicki. Er ist Warschauer, Katholik, und entstammt einer assimilierten jüdischen Familie. In Kriegszeiten, vor dem Aufziehen der Volksrepublik, hatte er wohl einen Flirt mit dem Sozialismus. Jetzt flirtet er mit den Mädchen. Er schreibt gerade an seinem Roman *Zły* (Der Böse), der im Frühjahr 1956 Furore machen sollte.[43] Und er hört und propagiert den Jazz, dieses süße Gegengift gegen die bleierne Wirklichkeit, das damals in Polen seine erste Blütezeit erlebte. Tyrmand ist ein Provokateur: Er wird dafür berühmt, dass er bunte Socken trägt. Für ihn und seinesgleichen bürgert sich der Begriff »bikiniarz« (Bikini-Typ) ein. Tyrmand posiert, benimmt sich wie ein englischer Snob. Scheinbar apolitisch, pflegt er doch die ästhetische Rebellion gegen die uniforme sozialistische Hässlichkeit. Gab es da eine Seelenverwandtschaft? Hat auch Ranicki Jazz gehört? War der Kritiker ein »Bikini-Typ«? Ein Foto hat sich erhalten, auf dem Tyrmand und Ranicki beim Skifahren in Zakopane zu sehen sind, beide in »coolen« Sonnenbrillen, und zwischen ihnen eine attraktive Brünette.[44] Sie waren »nicht befreundet, aber bekannt«[45]. Konnte Ranicki mit solchen Typen wirklich etwas anfangen? Ein Lied dieser Zeit charakterisiert das Milieu wie folgt: »Dem Bikini-Typ ist alles einerlei, / Die Arbeitsdisziplin geht ihm am Arsch vorbei. / Und die Volksmacht / Steckt ihn in den Knast.«

Das passt nicht recht zu Ranicki. Er war ein Titan der Arbeit, alles in allem sehr diszipliniert, und den Knast musste er auch nicht fürchten. Mit England verband er andere Dinge als den Snobismus. Ranicki ist ein aktiver, engagierter Zeitgenosse, der um offizielle Anerkennung kämpft, der sich vordrängt. Tyrmand dagegen vertritt eine ohne-mich-Haltung. Wenn der Literatenverband tagt, sitzt der »Bikini-Typ« in der letzten Reihe und hält den Mund.

Ranickis Weg ist ein anderer. Natürlich hält er sich auch zu den Schriftstellern, das schon. Gelegentlich darf er im Literatencafé am Tisch des Dichters Julian Tuwim sitzen, den er verehrt, und mit ihm Kaffee trinken. Gelegentlich ist er zu Gast bei der Dichterfamilie Jastrun in der Iwicka-Straße 8a, in einem Haus, in dem sämtliche Stockwerke von Literaten bewohnt sind. Als »sehr eloquent und etwas paukerhaft« hat ihn die Hausherrin in Erinnerung.[46] Vermutlich nicht nur ihn: In demselben Haus wohnte damals ein gewisser Artur Sandauer. Wenn ein Vergleich erlaubt ist: der spätere »Literaturpapst« Polens.[47]

Doch in der Öffentlichkeit ist Ranicki vorsichtig, sicher vorsichtiger als Sandauer oder sein Freund Jastrun, der 1957 aus der Partei austritt. Nicht nur haben andere auf der Straße um Ranicki einen Bogen gemacht, wie er beklagt. Auch er selbst hat vermutlich solche Bögen vollführt. Einer früheren Sekretärin rät er, sich doch besser nicht für das Schicksal der Paulina Born zu interessieren, der gemeinsamen Freundin aus Londoner Tagen.[48] Zugleich schätzt er die Freundschaft regimenaher Persönlichkeiten wie des vier Jahre älteren Stanisław

Brodzki. Der Journalist Brodzki hatte den Krieg in Palästina verbracht, um nach seiner Rückkehr schnell Karriere zu machen. Zwischen 1948 und 1957 war er Chef der Auslandsredaktion des Parteiorgans *Trybuna Ludu*. Doch selbst in Parteikreisen muss man auf der Hut sein. Die TWs, die »geheimen Mitarbeiter«, sind überall. In einer MBP-Akte lesen wir:

»Nach Auffassung von Informantin ›Kwiatkowska‹ sind die RANICKIS die engsten Freunde der BRODZKIS, genauer: RANICKI Marceli, der in jüngster Zeit enge Beziehungen zu BRODZKIS Frau geknüpft hat. Laut ›Kwiatkowskas‹ Worten ist RANICKI von deutscher Kultur durchtränkt, überintellektualisiert, der Arbeiterklasse gegenüber psychisch fremd.«[49]

Soll es dem derart »durchtränkten« jungen Kritiker auf ewig verboten sein, sich mit deutscher Kultur zu beschäftigen? Noch gilt das Publikationsverbot, doch der Zufall weist einen Weg, es zu umgehen. Der deutschsprachige Dienst des Polnischen Rundfunks, bei dem (in einer benachbarten Abteilung) Teofila Ranicka arbeitet, bittet den ausgewiesenen Fachmann Ranicki, den Ost-Berliner Professor Kantorowicz zu interviewen. Nur darf der Name des Interviewers nicht genannt werden. Der Plan gelingt: Zum ersten Mal in seinem Leben betritt Ranicki das Studio eines Senders – und bewährt sich offenbar. »So interviewte ich immer wieder Schriftsteller und Journalisten, Musiker, Theaterleute und Verleger. Sie kamen in der Regel aus der DDR. Meist beteuerten sie, dass sie Warschau bewunderten und die Polen selbstverständlich liebten.« Jetzt bezog das Ehepaar Ranicki seine Einkünfte vom Polnischen Rundfunk und konnte damit »leidlich leben«.[50] Im Archiv des Senders ist mindestens eines dieser Interviews bis heute erhalten. Die Stimme Ranickis unterscheidet sich kaum von jener, die wir aus den neunziger Jahren kennen; nur der Stil ist etwas zurückhaltender.[51]

Ranicki war ein gebranntes Kind und verhielt sich demonstrativ unpolitisch. In einer »Dienstnotiz« schreibt ein Mitarbeiter des Sicherheitsministeriums im März 1954: »Eine feindliche Tätigkeit des RANICKI wurde gegenwärtig nicht ermittelt.« Daher empfehle er, »die Bearbeitung einzustellen«.[52] Im Herbst 1954 wurde Ranicki auf Anfrage mitgeteilt, er könne ab sofort auch wieder publizieren. Warum das Verbot verhängt wurde, warum es jetzt nicht mehr gelten solle – er sollte es nie erfahren.[53]

Derweil ändern sich die Verhältnisse immer schneller. Von Stalins Tod sollten sich seine Statthalter in Polen nie mehr richtig erholen. Auf dem VIII. ZK-Plenum der Partei wird 1956 mit Jakub Berman abgerechnet, der im stalinistischen Triumvirat der ersten Stunde für »öffentliche Sicherheit« zuständig war. Ein wenig bedeutender Parteifunktionär, der alte Vorkriegssozialist Leon Wudzki, ergreift das Wort: »Die ganze Stadt wusste Bescheid, dass es Karzer gibt, in denen die Menschen drei Wochen lang bis an die Knöchel in Exkrementen stehen, die ganze Stadt wusste Bescheid, dass [MBP-Abteilungsleiter] Różański persönlich den Menschen die Fingernägel ausreißt…« Dann greift Genosse Wudzki – unter Verwendung der Genossen-Anrede »Ihr« – die graue Eminenz Berman persönlich an. Er nennt Opfer des MBP beim Namen. Auch dieser Name fällt:

> *»Den Ranicki habt Ihr aus der Partei hinausgeworfen, weil er in diesem Judenrat war, außerdem hatte er da diese etwas verwischte Vergangenheit, war klassenmäßig und ideologisch fremd. Dafür wurde er gestrichen, aus der Partei ausgeschlossen, aber wozu musste man ihm verbieten zu schreiben? Vielleicht wart Ihr das nicht, vielleicht hat Genosse Hoffman das getan, ich weiß es nicht, jedenfalls habt ihr diesen Menschen moralisch und physisch zum Tode verurteilt.«*[54]

Die Wende war da. Begonnen hatte sie schon im Winter, als der sowjetische Parteichef Chruschtschow in Moskau mit einer Geheimrede, die bald berühmt werden sollte, die Entstalinisierung einleitete. Wenige Wochen später stirbt Bierut, der »polnische Stalin« – ausgerechnet während eines Arbeitsbesuchs in Moskau. Sicherheitsminister Radkiewicz wird gestürzt, auch Berman tritt zurück. Jetzt kommen die Dinge erst recht in Bewegung: Im Juni protestieren Arbeiter in Posen (es geht um Löhne und Arbeitsnormen); sie stürmen ein Gefängnis, um unschuldige Kollegen zu befreien, und verbrennen Akten. Beamte des Sicherheitsministeriums geben erste Schüsse ab, wenig später rollt die Armee mit 400 Panzern in die Stadt: In Straßenkämpfen sterben mehr als 50 Menschen.

Dann kam der polnische Oktober: Der ungestüme Chruschtschow kommt angereist. Schon auf dem Flughafen macht er den versammelten polnischen Genossen eine Szene. Die weiteren Gespräche verlaufen in ungewohnter Offenheit und Heftigkeit. Nach Chruschtschows Abreise wird Władysław Gomułka zum Chef der polnischen Bruderpartei gewählt. Nur fünf Tage vergehen, und das Oberhaupt der Katholischen Kirche darf seinen Verbannungsort in einem Kloster in den Bergen verlassen. Im Triumph kehrt Kardinalprimas Stefan Wyszyński nach drei Jahren »Arrest« nach Warschau zurück.

Nachdem das Eis in Bewegung geraten ist, unterstützt auch Ranicki die Veränderungen. Mieczysław Tomala, der Deutschlandexperte, erinnert sich an eine Debatte mit deutschen Journalisten in diesen bewegten Tagen. Ort war der »Internationale Presse- und Buchklub« (»Empik«), schräg gegenüber dem Parteigebäude. »Es waren achthundert Menschen im Saal. Ranicki saß zwischen den deutschen Journalisten und übersetzte; Rakowski moderierte diese Begegnung.«[55]

Wenig später fährt Ranicki selbst zu den Nachbarn. In Weimar besucht er einen Kongress aus Anlass des 100. Todestages Heinrich Heines. Zuvor hatte er vor oberschlesischen Lesern ein flammendes Bekenntnis zu seinem geliebten Dichter abgelegt: »Heines Werk ist nach wie vor für alle Feinde des Fortschritts ein gefährliches Schwert, eine ewig brennende Flamme.«[56]

»Staatsfeind« Marceli Ranicki besucht die DDR

Doch Ranicki fährt in ein Land, in dem der Fortschritt streng verboten ist. Am 18. Oktober ist er in der DDR Gast des Präsidiums des Deutschen Schriftstellerverbands. Fünf Stunden lang wird kontrovers diskutiert: auch über den Posener Armeeeinsatz gegen Demonstranten und die jüngsten Veränderungen in Polen. Zusammen mit seinem Warschauer Kollegen Roman Karst und der Germanistin Maria Kofta trifft sich Ranicki auch, offenbar mehrmals, mit dem Philosophen Wolfgang Harich, dem führenden Kopf der innerparteilichen Opposition in der DDR. Diese Begegnungen sollten noch ein Nachspiel haben: Wenig später schickt das ZK der SED den Genossen in Warschau einen nicht namentlich gezeichneten »Bericht«, in dem es über Harichs Treffen mit diesen Gästen aus Polen heißt:

> *»Die genannten Personen erklärten Harich, nach dem XX. Parteitag der KPdSU führten in der Polnischen Vereinigten Arbeiterpartei »Antistalinisten«, zu denen sie selbst sich zählten, einen ständigen Kampf gegen sogenannte Stalinisten, welche sie als die ›Natoliner Gruppe‹ bezeichneten. Sie erklärten Harich, es sei erforderlich, auch in der Deutschen Demokratischen Republik den Kampf gegen*

die »stalinistischen« Kräfte in der Sozialistischen Einheitspartei Deutschlands aufzunehmen und in der Deutschen Demokratischen Republik Veränderungen der gesellschaftlich-politischen Verhältnisse herbeizuführen. (...) Die von diesen Personen Harich vorgetragenen Argumente haben nach Aussagen des Angeklagten Eingang gefunden in sein staatsfeindliches Konzept, das darauf gerichtet war, die sozialistischen Verhältnisse in der Deutschen Demokratischen Republik zu beseitigen.«[57]

Es gab also bereits einen Angeklagten: Harich selbst war es. Er hatte Verhöre hinter sich, fürchtete die Todesstrafe und war innerlich zusammengebrochen. Weiter lesen wir in dem Bericht, der Philosoph und seine »staatsfeindliche Gruppe« hätten geplant, ihre Pläne »mittels Gewalt« zu verwirklichen, und zwar von Polen aus. Harich und Konsorten hätten bereits den konkreten Plan geschmiedet, von Berlin-Tempelhof (die Mauer gab es noch nicht) über Österreich nach Warschau zu fliegen. »Harich und die anderen Mitglieder der Gruppe waren überzeugt, in Polen seitens der erwähnten Personen die entsprechende Unterstützung für die Verwirklichung der oben genannten Pläne zu finden.« Doch die Stasi war wachsam: »Der Versuch der Verwirklichung dieses Plans wurde durch die Verhaftung Harichs vereitelt.« Eine Gruppe von Wissenschaftlern in Warschau (darunter Zygmunt Bauman und Leszek Kołakowski) schrieb daraufhin einen Protestbrief nach Ost-Berlin. Er konnte freilich nicht verhindern, dass Harich zu zehn Jahren Gefängnis verurteilt wurde. Womöglich waren es die Kontakte zum angeblichen Staatsfeind Harich, die Ranickis Pläne, sein Buch über Anna Seghers in der DDR zu veröffentlichen, endgültig zunichte machten.[58]

Die DDR verharrte im Stalinismus, doch in Polen eröffneten sich neue Perspektiven. Ein Jahr zuvor, 1955, hatte Ranicki seine Bemühungen um Rückgabe des Parteibuchs wieder aufgenommen. Jetzt verwenden sich verschiedene Personen für ihn. Im Juli 1956 bittet der einst gestürzte, jetzt wieder im Aufwind befindliche General Komar die Parteikontrollkommission, »den Fall erneut zu prüfen«. Die Vorwürfe gegen Ranicki, so schreibt er, »wurden damals einseitig und ungerecht betrachtet. (…) Ich bin überzeugt, dass Ranicki Unrecht widerfahren ist. Ich meine, die Entscheidung über seinen Ausschluss sollte annulliert und ihm der Parteiausweis zurückgegeben werden.«[59] Im Februar 1957 ist es soweit: Ein Gremium der Kommission beschließt nach abermaliger Prüfung, »die Entscheidung über seinen Ausschluss aufzuheben und Gen. Reich-Raniecki [Fehler im Original] wieder in die Rechte eines Parteimitglieds einzusetzen.«[60]

Der »polnische Oktober« öffnete ein Fenster zur Welt. Ranicki erinnert sich, wie er 1956 in der gerade erst wiederaufgebauten Warschauer Philharmonie ein Konzert Yehudi Menuhins erlebte. Westliche Musiker und Schauspieler – »sie kamen alle: von Leonard Bernstein und Arthur Rubinstein bis Gérard Philipe und Laurence Olivier und eben auch Menuhin«.[61] Doch in der Atmosphäre des Tauwetters melden sich jetzt auch »nationalkommunistische« Stimmen, die bisher geschwiegen haben und jetzt kritisieren, in der Partei, der Regierung, vielleicht überhaupt in der Gesellschaft gebe es »zu viele Juden«. Jetzt beginnen polnische Bürger, unter Berufung auf ihre jüdische Herkunft die Ausreise nach Israel zu beantragen. Unter den Emigranten ist Stanisław Warhaftik, Reichs Vorgesetzter in Berlin 1946. Unter ihnen ist auch die Freundin der Ranickis aus London, die 62 Jahre alte Paulina Born. Nach vier Jahren Haft hatte sie sich noch einer schweren Lungenoperation unterzogen. Zuletzt war sie beim Verlag für Kinderliteratur beschäftigt. Ranicki selbst erinnert sich, wie seine Frau und er in diesen Monaten oft auf dem Bahnhof waren, um Freunde oder Bekannte zu verabschieden. Er schreibt voller Bitterkeit:

»Eine sonderbare, eine aufregende Zeit war es. Viele unserer jüdischen Freunde bereiteten ihre Auswanderung vor – die meisten nach Israel. Es herrschte Aufbruchstimmung, doch eine melancholische. Denn diese Menschen, die mit dem Judentum nur wenig oder gar nichts gemein hatten, hielten sich allesamt für Polen. Und sie alle hatten an den Kommunismus große Hoffnungen geknüpft. (…) Aber sie wurden bitter enttäuscht. Man hatte sie in den ersten Nachkriegsjahren dringend gebraucht. Jetzt wurden sie nicht mehr benötigt, man war zufrieden, wenn sie Polen verließen.«[62]

Und wie ist es Doktor Kalmanowicz weiter ergangen? Der nächste Verwandte Marceli Ranickis in Polen, ein geschätzter Arzt, den man 1952 zum Oberstleutnant befördert hatte, kam endlich zu dem Schluss, mit seiner Parteilosigkeit müsse es ein Ende haben. Anfang 1953 stellte er den Antrag auf Mitgliedschaft in der PVAP. Die Parteizelle an der Basis wollte ihn aufnehmen. Doch plötzlich gibt es Einspruch: Die nächste Instanz, das zuständige PVAP-Komitee im Sicherheitsministerium, verweigert seine Zustimmung. Es nennt auch offen die Gründe dafür: »Kalmanowicz Alfred hat trotz seiner schönen Partisanenvergangenheit binnen sechs Jahren seinen Weg in die Partei nicht gefunden«, hält man ihm vor. Wer zu spät kommt… Offenbar lasten auf ihm, so heißt es weiter, »seine bourgeoise Herkunft und Erziehung, aus der ein Streben nach Bequemlichkeit, kosmopolitische Ideen und Verbindungen resultieren«.[63]

Doktor Kalmanowicz arbeitet weiter. Inzwischen ist er Oberassistent in der Abteilung für innere Krankheiten des Zentralen Klinischen Spitals des Innenministeriums. Dieses hat nach der Auflösung des MBP dessen Funktionen übernommen. Das Umbruchjahr 1956 gibt Kalmanowicz die Möglichkeit, in Frankreich seinen Urlaub zu verbringen (aber »ohne Familie«, wie die Entscheidung des Innenministers besagt). Er ist zwar gerade erst über vierzig, doch immer öfter muss er selbst die Ärzte konsultieren. Das Herz, die Niere, Bluthochdruck und Kopfschmerzen machen ihm zu schaffen. Und nicht nur die Gesundheit ist es, die ihm Sorgen bereitet. So fasst er sich eines Tages ein Herz und schreibt an den Innenminister, Bürger Wicha. Er kommt sofort zur Sache:

> *»Ich richte meine Bitte, mir und meiner Frau die Ausreise zwecks dauerhaften Aufenthalts nach Israel zu genehmigen. Zu dieser Bitte veranlassen mich antisemitische Schikanen, denen ich und meine Frau beständig ausgesetzt sind, mein Gesundheitszustand sowie die Tatsache, dass meine Angehörigen (Mutter und Bruder) dauerhaft im Ausland leben.«*[64]

Kalmanowicz beklagt sich über »anonyme Briefe, u. a. von meinem Arbeitsplatz«, die seine Gesundheit ebenfalls beeinträchtigt hätten. Der Oberstleutnant bittet um Versetzung in die Reserve. Die Vorgesetzten legen ihm auf seinem Weg ins Exil keine Steine in den Weg, obwohl sie, wie aus verschiedenen »Charakteristiken« hervorgeht, einen wertvollen Fachmann verlieren, der zuletzt noch eine Spezialisierung in Kardiologie absolviert hatte. Die Schikanen und anonymen Briefe – das legt die Lektüre der Akte nahe – haben niemanden weiter gekümmert.

So wickelt Kalmanowicz nach und nach alle Formalitäten ab. Er muss seine Dienstausstattung zurückgeben, die er beim Eintritt in das Sicherheitsministerium erhalten hatte. Insgesamt 29 Gegenstände (darunter »Turnhosen«, zwei Stück, »Offiziers-Ausgehschuhe«, Mäntel, Hosen und den »Offiziers-Hauptgürtel«). Schließlich unterschreibt Kalmanowicz im Dezember 1956 – wie sein Cousin einige Jahre zuvor – die »Verpflichtung des Entlassenen«, in der er verspricht, alle dienstrelevanten Informationen auch weiterhin geheimzuhalten. Andernfalls… – er hat es zur Kenntnis genommen: Artikel 7 des »Kleinen Strafgesetzbuches«, fünf Jahre Haft bis lebenslänglich oder Todesstrafe.[65]

Anfang 1957 brechen Alfred und Danuta Kalmanowicz auf nach Israel. Sie bekommen Arbeit im Krankenhaus Rishon Le Zion. Wie ist es dem Arzt, dem einstigen Partisan und Rot-Kreuz-Delegierten in Berlin, in Erez Israel ergangen? Wir wissen es nicht. Nur seine Frau, die hübsche Krankenschwester, hat Spuren in den Archiven hinterlassen. Mehr als zwanzig Jahre lang führte sie einen Kampf mit den polnischen Behörden, drängte Konsularbeamte in mehreren Hauptstädten Europas, um hin und wieder ihre kranken Eltern in Warschau besuchen zu dürfen.[66] Ein Emigrantenschicksal, eines von Tausenden.

Familie Ranicki bleibt in Polen zurück. Der Aufbruch der anderen ist für sie vor allem Abschied. Wieder verliert sie Freunde und Bekannte. Ob man sich je wiedersehen wird in dieser geteilten Welt? Auch die Ranickis stehen vor der Entscheidung: Gehen oder bleiben?

XI. Flucht in den Westen

»Literat, bin nirgendwo angestellt« – der lange Abschied

Der Sozialismus ist ein gutes System, lautet ein Bonmot[1], nur eben nicht für Menschen. Noch ist nicht viel Zeit seit dem Aufbruch im »polnischen Oktober« vergangen, und doch ist 1958 wieder eine Erstarrung im Land zu spüren. So schlimm wie vorher, sagten sich viele, würde es wohl nicht mehr kommen. Doch in diesem System weiß man eben nie, was die Zukunft bringt. Der freischaffende Kritiker Marceli Ranicki ist nicht der Mann, andere über seine Zukunft entscheiden zu lassen. Er hält Ausschau nach neuen Wegen.

Das Thema Ausreise taucht – den Akten zufolge – in der Familie Ranicki erstmals 1952 auf. Das Ehepaar ist zu Besuch bei einem Freund, dem erwähnten Stanisław Brodzki, dem Auslandschef der *Trybuna Ludu*. Am Abendbrottisch wird diskutiert. Der wenige Tage zuvor in Prag hingerichtete Rudolf Slánský ist das Thema. Slánský war sechs Jahre lang KP-Chef der Tschechoslowakei gewesen; 1951 wurde er abberufen und ein Jahr später zusammen mit zehn Genossen zum Tode verurteilt. Eine »staatsfeindliche Verschwörung« sollen sie angezettelt haben. Die Herkunft der meisten Verurteilten spielte auch eine Rolle: Sie war jüdisch. Der Gastgeber kritisiert am Abendbrottisch, der Prozess sei »von den Tschechen schlecht vorbereitet worden«, habe den »antisemitischen Kurs« sichtbar gemacht und drohe nun zum »Trumpf in den Händen der Amerikaner« und ihrer Propaganda zu werden.

Den Inhalt des Gesprächs am Abendbrottisch kennen wir Dank den Bemühungen des Sicherheitsministeriums. Es hatte gerade einen TW, einen »geheimen Mitarbeiter« geworben und auf Brodzki angesetzt. Brodzki wird also bespitzelt; er erhält in den Akten den Decknamen »Malwin«. Die Bespitzelung prominenter Parteigenossen war üblich; darum kümmerte sich eine eigene Abteilung. Im Falle Brodzkis mag einer der Gründe dafür gewesen sein, dass der Vater des Redakteurs in Amerika lebte und seinem Sohn gelegentlich Geld zukommen ließ. Am 16. Dezember 1952 meldet also »TW Kwiatkowska«, dass, »als ich in Gesellschaft der RANICKIS bei ›Malwin‹ in der Wohnung war, eine Diskussion über den SLANSKY-Prozess stattfand«. Die geheime Mitarbeiterin will außerdem von »Malwins« Frau erfahren haben, »dass Frau RANICKA nach dem SLANSKY-Prozess besorgt war, ob nicht sie selbst, d.h. die RANICKIS, ›gefährdet‹ seien, und dass sie eine Andeutung gemacht habe über ihre Ausreise«.[2]

Doch die frühen fünfziger Jahre waren die denkbar schlechteste Zeit, Reisepläne zu schmieden. Polen war so rigoros abgeschottet, dass die Zahl privater Individualreisen ins Ausland in einem Jahr nur einige Dutzend betrug – bei fast 30 Millionen Einwohnern. Die Lage änderte sich erst mit dem »polnischen Oktober«. Jetzt waren dienstliche und auch private Reisen in den Westen eher möglich. Auch eine vorsichtige Annäherung zwischen Warschau und Bonn brachte Ergebnisse: Die Regierung Adenauer erreichte die Ausreise von 275 000 deutschstämmigen Aussiedlern.[3] Auch Ranicki bekommt die vielfältigen Veränderungen zu spüren. Er beschreibt seine Erleichterung:

»So konnte ich mich ab 1956 intensiv mit westlicher Literatur beschäftigen. (…) Es ging mir also damals nicht schlecht: Man hat mich weder diskriminiert noch schikaniert. (…) Ich war 1957 zunächst in Österreich und dann in der Bundesrepublik. (…) Was ich 1957 und 1958 in Polen über deutsche Bücher schrieb, ließ mich erst recht und aufs neue zweifeln, ob ich mich an die richtigen Adressaten wandte. (…) Heute sehe ich, dass ich, diese Aufsätze in polnischer Sprache schreibend, doch schon an deutsche Leser dachte – auch wenn ich mir dessen nicht ganz bewusst war.«[4]

Mit umso größerer Hoffnung reist Ranicki also im Dezember 1957 für etwa zehn Tage ins westliche Deutschland. In Hamburg begegnet er Siegfried Lenz; der junge Schriftsteller interviewt den Gast für den NDR, im Gegenzug rezensiert der Kritiker in Polen den Roman *Der Mann im Strom*. Eine Freundschaft beginnt, die bis heute gehalten hat. In Köln wird Ranicki von Heinrich Böll wie ein alter Freund begrüßt. In Frankfurt am Main lernt er einen jungen Verlagsmitarbeiter kennen: Siegfried Unseld. Auch besucht er einen Übersetzer polnischer Literatur: Karl Dedecius.[5] Überall sondiert Ranicki mehr oder weniger diskret, wie es denn wäre, wenn er eines Tages nicht als Besucher käme, sondern als Bittsteller und Konkurrent, als Journalist und Kritiker. Seine Bilanz ist durchaus optimistisch: »Im Zug, in dem ich kurz vor Weihnachten 1957 nach Warschau zurückkehrte, wusste ich endgültig: Ich musste alles tun, was in meiner Macht war, um Polen und die kommunistische Welt zu verlassen.«[6]

Doch das war auch zum jetzigen Zeitpunkt leichter gesagt als getan. Um auszureisen, noch dazu mit Frau und Kind, musste man sich etwas einfallen lassen. »Über Israel emigrieren und dann nach Deutschland weiterreisen? Das war sehr riskant. Denn ich musste mit der Möglichkeit rechnen, dass die polnischen Behörden mein Gesuch ablehnten, also meine Auswanderung nicht genehmigten.«[7] Das hätte, schreibt Ranicki heute, ihm wohl ein neues Publikationsverbot eingetragen, und seine Frau, die inzwischen im Polnischen Institut für Internationale Angelegenheiten arbeitete, hätte ihre Arbeit verloren. Der offizielle Weg, behauptet er, kam also nicht in Frage. Allerdings sprechen manche Tatsachen gegen diese Darstellung: Mindestens sechs ehemalige Mitarbeiter des militärischen Nachrichtendienstes, vier davon wie Ranicki im Rang eines Hauptmanns, erhielten 1957/58 in Warschau die Genehmigung, nach Israel auszuwandern.[8] Kaum vorstellbar, dass Ranicki damals nichts davon wusste.

Doch um zu emigrieren, genügt es ja nicht, nur auszureisen. Auch mit der Einreise, mit dem Visum also, konnte es Schwierigkeiten geben – davon spricht Ranicki nicht. Wie aus den Akten hervorgeht, hatten ihm Großbritannien und die Bundesrepublik Deutschland Mitte der fünfziger Jahre die Einreise verweigert.[9] Die Gründe kennen wir nicht, doch die Tatsache, dass er wenige Jahre zuvor im Westen in geheimer Mission einem totalitären Regime diente, dürfte eine Rolle gespielt haben.

Die Ranickis wählen einen anderen Weg. Sie setzen darauf, die Behörden zu überraschen, die polnischen ebenso wie die deutschen, jene des Aufnahmelandes. Dieser Weg hatte wichtige Nachteile: Die Reisenden konnten weder Möbel noch Bücher mitnehmen, nicht einmal Winterkleidung, wenn sie nicht Verdacht wecken wollten. Sie mussten Besuchsreisen beantragen, noch dazu zwei Reisen in verschiedene Richtungen, wie es nach ihnen noch viele Ostblockflüchtlinge praktiziert haben. So beantragte Teofila mit dem Sohn Andrzej Aleksander einen Reisepass für Frankreich und England, zur Schwägerin Gerda Böhm. Wesentlich später beantragte dann Marceli Ranicki eine Verlängerung der Gültigkeit seines Passes, dazu »die nötige Ausreiseklausel« im Pass. Solche Anträge hatte man an die Passabteilung der zuständigen Milizkommandantur zu richten. So schrieb der Kritiker einen ausführlichen Brief, beklebte ihn auf beiden Seiten mit den nötigen Steuermarken und fügte sechs Anlagen bei:

»Ich bitte höflich darum, mir die Genehmigung für eine Ausreise in die Deutsche Bundesrepublik zwecks vorübergehenden Aufenthalts zu erteilen. Ziel meiner Reise ist es, Material für kritische Studien zur zeitgenössischen deutschen Literatur zu sammeln. (...) Die geplante Reise ist mit keinerlei Devisenausgaben verbunden, da ich im Besitz einer Einladung bin (...).«[10]

Unter den Anlagen finden sich ein Empfehlungsschreiben des Kulturministeriums und ein ähnliches Schreiben des Literatenverbands, unterzeichnet von einem alten Bekannten Ranickis aus London: Antoni Słonimski. Die notariell beglaubigte Einladung stammt von Ernst-Adolf Kunz aus Gelsenkirchen, einem Freund Heinrich Bölls, den er zwei Jahre zuvor nach Warschau begleitet hatte. Der Journalist und Satiriker Kunz schreibt unter dem Pseudonym Philipp Wiebe. Kunz alias Wiebe lädt also »meinen Kollegen, den Publizisten Marceli Ranicki«, zu sich ein und verpflichtet sich, die Aufenthaltskosten zu tragen.[11]

Es ist heute kaum vorstellbar, welche Berge von Papier damals bewegt wurden und von einer Behörde zur anderen wandern mussten, bis ein Bürger seinen Reisepass in der Hand hielt. Einer der nötigen Zettel, der »Auftrag zur Herstellung eines Passes«, erweckt den Eindruck, da habe irgendwo ein Handwerker gesessen, der jedes Reisedokument als Sonderanfertigung behandelte. Auch im Falle Ranicki wird diese Bürokratie in Gang gesetzt. Das Innenministerium teilt mit, es gebe keine Bedenken gegen eine Auslandsreise des betreffenden Bürgers. Das staatliche Reisebüro »Orbis« bestätigt schon zwei Monate vor dem Reisedatum, die Bahnfahrkarte Nr. 54193 berechtige Marceli Ranicki tatsächlich »zur Fahrt von [dem Grenzbahnhof] Kunowice durch die DDR nach Frankfurt/M. und zurück«. Und schließlich – am 11. Juli 1958 – gibt das «Travel Permit Office for Germany« in Warschau, Piękna-Straße 12, die Ausreisegenehmigung und stellt ein Visum aus. Bürger Marceli Ranicki, laut Passformular »Hauptmann der Reserve«, ansonsten »Literat, bin nirgendwo angestellt« – Ranicki darf also reisen.[12] Nach Frankfurt/M. und zurück …

Warschauer Jahre: »Unendlich viel gelitten und geliebt«

Der Tag des Abschieds rückt näher. Was mag dieser Mann ohne Vaterland gefühlt haben, ehe er den Zug bestieg? Was empfand er für diese Stadt, dieses Land, das er verlassen wollte? In seiner Autobiografie gibt er dieser Frage breiten Raum:

> *»Ich fragte mich, was ich in diesem Land, in dem ich zwar geboren worden, in das ich aber nicht freiwillig zurückgekehrt war, noch zu suchen hätte. Ich habe nie auch nur einen Augenblick vergessen, wem ich es verdankte, daß ich den Zweiten Weltkrieg überleben konnte. Aber was ich schon empfunden hatte, als ich zum ersten Mal nach dem Krieg wieder in Berlin gewesen war, das machte sich nun, zehn Jahre später, noch stärker bemerkbar: Soviel ich auch in polnischer Sprache publiziert hatte (freilich immer nur über deutsche Literatur), so sehr ist mir Polen doch fremd geblieben. War es je meine Heimat? An den Kommunismus glaubte ich längst nicht mehr. Hatte es dann noch Sinn, hier zu leben?«*[13]

Und an dieser Stelle schlägt Ranicki eine Volte – hin zur Dichtung, zur Literatur. Heine hatte geschrieben, die Juden hätten beim Brand des zweiten Tempels Gold und Silber zurückgelassen und nur die Bibel ins Exil mitgenommen – fortan ihr »portatives Vaterland«. »Vielleicht habe ich erst damals endgültig begriffen, dass auch ich ein ›portatives Vaterland‹ habe: die Literatur, die deutsche Literatur.«[14] Aber der Reisende Ranicki hat uns noch mehr zu sagen:

> *»Meine Stimmung war durchaus nicht fröhlich, eher wehmütig: Ganz leicht fiel mir der heimliche Abschied nun doch nicht. Als Pole habe ich mich nie verstanden, auch nicht als halber Pole, wie ich es in Großholzleute Grass gesagt hatte. Was bindet mich – auch heute noch – an Polen? Die Sprache ist es, über die ich immer noch verfüge, die Dichtung der Polen ist es, die ich liebe, die große Poesie der Romantik, die herrliche Lyrik des zwanzigsten Jahrhunderts. Und Chopin ist es, natürlich. Aber nicht der Abschied von Polen fiel mir schwer, sondern der von Warschau. Beinahe zwanzig Jahre habe ich hier unendlich viel erlebt und ertragen, gelitten und geliebt. Geliebt? Ja, es gab eine lange und sehr ernste Beziehung, die Freundschaft mit einer jungen Psychologin. Sie bedeutete mir außerordentlich viel. Die Dankbarkeit, mit der ich mich an diese Liebesgeschichte erinnere, gilt zwei Frauen – die andere ist jene, die sie geduldet hat.«*[15]

Die letzten Stunden brachen an. War es wirklich ein Aufbruch ins Nichts? Ahnte wirklich niemand, was bevorstand? Der erwähnte Mieczysław Tomala, damals Kollege von Teofila Ranicka im Institut für Internationale Angelegenheiten, erinnert sich an ein ungewöhnliches Gespräch mit dieser »sehr angenehmen« Mitarbeiterin:

> *»Sie machte bei uns im Institut die Zeitungsausschnitte aus der deutschen Presse. Und einmal kommt sie zu mir und sagt: Herr Doktor, ich sage es Ihnen im Vertrauen. Wir fahren nach Deutschland und kommen nicht mehr zurück. Ich frage: Was ist geschehen? Wissen*

Sie, sagt sie darauf, mein Mann hat in Berlin eine Erbschaft erhalten. Und wenn wir dort hinfahren, haben wir schon mal eine Stütze. Aber erzählen Sie das bitte niemandem weiter, sonst geben die uns den Pass nicht.«[16]

Niemand hat es ausgeplaudert. So kann Teofila schließlich mit dem Sohn in ein Flugzeug steigen – und Polen verlassen. Der Familienvater blickt dem Flugzeug noch lange nach. Werden sie sich wiedersehen? Und wann? Aus London ruft Frau Ranicka in Warschau an. Erleichterung. Das war der erste Akt.

Jetzt vergehen nur noch zwei, drei Tage. Kurz vor seiner eigenen Abreise benachrichtigt Ranicki einen Freund. Er gibt ihm den Schlüssel zu der Wohnung, »in der alles bleiben musste, was ich besaß, vor allem die mittlerweile ganz ansehnliche Bibliothek«[17]. Sein Gepäck besteht aus einem Koffer mittlerer Größe, darin Kleidungsstücke, sowie »einer ziemlich schweren Aktentasche mit Papieren verschiedener Art (darunter alle Artikel, die ich in Polen publiziert hatte), einigen Büchern und einer alten, klapprigen Schreibmaschine. *Omnia mea mecum porto.*« Dazu 500 Złoty und 20 Deutsche Mark – soviel durfte er umtauschen.

Auf der Bahnreise kommt er durch Posen, durch Zbąszyń, wo der junge Marceli 20 Jahre zuvor unfreiwillig Station gemacht hatte, dann nähert er sich dem Grenzbahnhof Kunowice (früher Kunersdorf). Vor der Grenze: der polnische Zoll. In Ranickis Abteil zieht nur die Schreibmaschine misstrauische Blicke auf sich; ein Zöllner vermerkt in Ranickis Papieren: »Marke Triumph«. Dann steigen die Zöllner aus. Doch der Zug rührt sich nicht vom Fleck. In völliger Stille vergeht eine Viertelstunde. »Ich hatte Angst«, erinnert sich Ranicki ein halbes Jahrhundert später. Plötzlich geht es weiter. Nur zwei strenge DDR-Zöllnerinnen kreuzen noch auf. Der Reisende fühlt sich an die Worte erinnert, die einst Heine an die preußischen Grenzbeamten gerichtet hatte:

»Ihr Toren, die Ihr im Koffer sucht!
Hier werdet Ihr nichts entdecken!
Die Contrebande, die mit mir reist,
Die hab ich im Kopfe stecken.«

Zug nähert sich der Stadt Berlin. Er hält im Ostteil, dann im Westteil, wo der Reisende umsteigen wird – Richtung Frankfurt am Main. Alles ist auf gutem Wege.

Aber wie konnte es so weit kommen, dass Marceli Ranicki, Hauptmann der Reserve, einst selbst Kontrolleur von Koffern und Köpfen, jetzt so einfach in den Westen fährt? Betrachten wir noch einmal den Antrag an die Passabteilung der Miliz in Warschau. Da hatte doch jemand einige Wochen zuvor handschriftlich einen wichtigen Vermerk gemacht:

»Akten der Ehefrau [es folgt die Signatur] mit Einverständnis für Reise nach England und Frankreich am 31.3.1958 an die KW MO [Wojewodschafts-Kommandantur der Bürgermiliz] übersandt. (Unterschrift)«[18]

Was ist hier geschehen? Offenbar hatte jemand rechtzeitig bemerkt, dass die ganze Familie vorhatte, in den Westen zu fahren. Und doch hat niemand reagiert. War es Schlamperei? Oder hat Ranicki seine Beziehungen spielen lassen? Warum diese Flucht gelang, werden wir wohl nie erfahren.

XII. Ein polnisches Echo aus der Ferne

Staatsbürger, nicht Asylant

»Solch einschneidende Ereignisse im Leben vergisst man nicht. Ich bin im Schlafwagen von Berlin gekommen. Es war gegen acht Uhr morgens. Mein Onkel, Rechtsanwalt Leo Auerbach, ein Bruder meiner Mutter, holte mich ab. Er lebte damals in Frankfurt am Main.«[1]
Fast dreißig Jahre sind vergangen, seit der junge Marceli Reich zum ersten Mal mit seinen Eltern deutschen Boden betreten hatte. Heute, am 21. Juli 1958, kommt er ein zweites Mal, diesmal allein. Es ist kein Déjà-vu-Erlebnis. Dazwischen liegen Auschwitz, Hitler und der Weltkrieg, Stalin und der Kalte Krieg. Inzwischen hatte eine weitere Karriere Marceli Ranickis ihren Lauf genommen. In Warschau war er dem Tod entronnen; Polen hatte ihm zum ersten Mal die Chance gegeben, die Rolle seines Lebens zu spielen. Doch es war dem Land nicht vergönnt, ihn auf seiner Bühne zu halten.

In der ersten Zeit wohnte Marceli Ranicki – sein »Dienstname« war seit einigen Jahren auch sein bürgerlicher Name – in Frankfurt bei seinem Onkel. Aus England kamen Frau und Kind hinzu. Wenig später bot der Polen-Korrespondent der FAZ, der Freund Hansjakob Stehle, den Ranickis seine Frankfurter Wohnung an.[2] Für einige Wochen machen sie davon Gebrauch. Sehr bald sucht der Neuankömmling auch die Redaktion dieser Zeitung auf. Er zieht die Rezension eines neuen Buches von Jarosław Iwaszkiewicz aus der Tasche. Hans Schwab-Felisch, der Feuilletonchef, akzeptiert den Text. Doch den Autor quält noch eine Frage: »wie ich jetzt meine Beiträge zeichnen solle«, will er wissen. Er bekommt einen Rat zu hören, über den sich später mancher Kollege wunderte: »Machen Sie es wie ich, nehmen Sie einen Doppelnamen, aber unbedingt erst den einsilbigen, dann den anderen – schon aus rhythmischen Gründen.«[3] Und so verwandeln sich Reich und Ranicki in Reich-Ranicki. Polnische Schriftsteller, die in Deutschland leben, beneiden den Kritiker bis heute darum, dass das Publikum gelernt hat, seinen Namen richtig auszusprechen.

Bald besucht Reich-Ranicki auch die Redaktion der *Welt*, die sich damals in Hamburg befand. Überall bemüht er sich um Aufträge. »Eine demütigende Situation? Ja, aber ich habe es so nicht empfunden. Für mich war es eher eine Herausforderung. Ich war fest entschlossen, auf keinen Fall als Verfolgter oder als hilfsbedürftiger Emigrant aufzutreten, als Bittsteller.«[4] Reich-Ranicki schreibt pausenlos, vor allem über deutsche Literatur, darunter auch über DDR-Literatur, die er gut kennt. Mancher Redakteur wundert sich, doch zugleich füllt Reich-Ranicki – wie einst in Polen – eine Lücke.

Die ersten Schritte in neuer Umgebung waren also bald getan. Doch von einer schnellen Abnabelung von Polen konnte nicht die Rede sein. Selbst der zehnjährige Andrzej (künftig Andrew) sehnte sich nach dem, was er in Warschau zurückgelassen hatte: nach Henryk Sienkiewicz' eingängigem Roman *Quo Vadis*, den er gerade zu lesen begonnen hatte. Er machte den Eltern Vorwürfe, dass sie ihn nicht in den Übersiedlungsplan eingeweiht hätten.[5] Der Vater war unterdessen mit anderen Dingen beschäftigt: Pass und Visum würden im Oktober ablaufen. War es wirklich schon entschieden, dass die Familie im Westen bleibt? Was würde der Verband Polnischer Literaten dazu sagen, von den Behörden ganz zu schweigen? So schreibt Marceli Ranicki, Westendstraße 14, Frankfurt, an den Verband ZLP in Warschau zunächst nur soviel: Er habe sich entschlossen, seinen Aufenthalt »erheblich zu verlängern«. Dabei betont er, »dass ich mich bei meiner Bitte an die hiesigen Behörden um eine Genehmigung des Aufenthalts keiner politischen oder ähnlichen Argumentation bedient habe«. Am Ende streicht er heraus, welchen Nutzen sein Aufenthalt noch bringen werde:

> *»In der Zusammenarbeit mit führenden Publikationen und einigen Verlagen und Radiosendern der BRD habe ich erhebliche Möglichkeiten, auf hiesigem Gebiet die polnische Literatur zu propagieren. Es versteht sich von selbst, dass ich diese Möglichkeiten nutzen werde. (…) Bei dieser Gelegenheit möchte ich auch betonen, dass ich den vor einigen Monaten beim ZLP aufgenommenen Kredit in Höhe von 5000 Złoty natürlich, unabhängig von meinem Aufenthalt auf ausländischem Gebiet, fristgemäß zurückzahlen werde.«*[6]

Als nächstes wendet er sich an eine Stelle, die ihm aus früheren Jahren bekannt vorkommen muss: an die Polnische Militärmission in Berlin, denn eine Botschaft gab es immer noch nicht. Er stellt die »höfliche Frage, ob es möglich ist, die Ausreiseklausel in meinem Pass um ein Jahr zu verlängern«.[7] Eine Kopie des Briefes an den Literatenverband fügt er bei.

Später erinnert er sich: Er hätte ja auch um politisches Asyl bitten können; doch vermutlich um den Preis, »dass ich Belastendes über das kommunistische Polen berichte, dass ich, wie in solchen Fällen üblich, ordentlich auspacke. Aber am Kalten Krieg wollte ich nicht teilnehmen.«[8] Eine Loyalität zu Polen, und sei es auch zur Volksrepublik, ist geblieben: Ranicki bittet nicht um Asyl. Als er erfährt, er könne dank der Herkunft seiner Mutter, bis zur Heirat Bürgerin des Deutschen Reiches, auch weil er das Abitur in Deutschland abgelegt habe und mit der deutschen Kultur vertraut sei, die Staatsbürgerschaft erhalten, stellt er einen entsprechenden Antrag. »Die Sache endete günstig, wir, Tosia und ich, wurden als Deutsche anerkannt. Einige Freunde hielten es für angebracht, uns ihr Beileid auszusprechen. Sie konnten gar nicht verstehen, daß wir glücklich waren, endlich Pässe zu haben, die unsere Existenz absicherten…«[9] Brecht hatte wohl Recht, als er in seinen *Flüchtlingsgesprächen* schrieb: »Das Wichtigste am Menschen ist der Pass. Der Mensch ist nur der Passhalter.«

Doch würde die Volksrepublik Polen ihren Bürger, einst ihren treuen Diener, so einfach abschreiben? Als deutlich wurde, dass Ranicki ausgereist war, um nie mehr wiederzukehren, schickte man ihm böse Worte hinterher. »Hat die Rückkehr verweigert« – das ist noch die mildeste Beschreibung seines Vergehens, die sich in den Akten finden lässt. Oft schrieb man ihm die finstersten Absichten zu, unterstellte ihm gar Kontakte mit den schlimmsten antisozialistischen Elementen des polnischen Exils. Manch einer in Warschau sah in ihm einen zweifachen Verräter: Verrat hatte er geübt am Geheimdienst, der nach einem eigenen Ehrenkodex lebt, und noch dazu am eigenen Land. Der legendäre General Kuropieska, auch er nach dem Krieg in London im Einsatz, sprach von Ranicki nur noch als »dem H…sohn«.[10]

In der Gruppe 47: Ranicki und der Spitzel

Die Volksrepublik belässt es nicht bei bösen Worten. Wäre der flüchtige Bürger im Ausland ein Niemand geblieben, es wäre alles nur halb so schlimm. Doch Bürger Ranicki ist auch dort eine öffentliche Person; er macht im »verfaulten Westen« Karriere, so sagt man. Es besteht Handlungsbedarf. Die zuständigen Organe suchen nach Wegen, wie sie an Ranicki herankommen können, und stoßen in Warschau auf einen Mann namens Wirth. Er soll der Mittelsmann sein. Ein Jahr nach seiner Ausreise schreibt ein Oberstleutnant vom Warschauer Innenministerium an seinen Kollegen, einen Major, und teilt ihm folgendes mit:

> *»Unsere Abteilung führt gemeinsam mit der Führung der WSW [Militärischer Innerer Dienst, d. h. Spionageabwehr] einen Vorgang gegen den Flüchtling Ranicki Marceli, der sich gegenwärtig in Frankfurt a.M. aufhält. In diesem Vorgang wurde vom Vizedirektor des Departaments ein Plan operativer Maßnahmen erstellt und gebilligt […], nämlich:*
>
> *1. Durchführung eines Gesprächs mit Wirth durch Genosse Pudo (Mitarbeiter des II. Dep.), um zu klären, auf welcher Plattform das Treffen zwischen dem o. g. und Ranicki Marceli in Frankfurt a. M. stattfand, was für Interessen er gezeigt hat, was seine Absichten für die Zukunft sind, wo er derzeit arbeitet, wie er materiell situiert ist und mit welchen in Polen wohnenden Personen er briefliche Kontakte unterhält und welchen Charakters.*
>
> *2. Wenn Wirth im Laufe dieses Gesprächs obige Umstände erklärt und einverstanden ist, weiterhin zu informieren […], soll man ihm die Aufgabe geben, sich dort mit R in Verbindung zu setzen, um seine gegenwärtige Tätigkeit und seine Interessen gegenüber Polen aufzuklären.«*[11]

Die Operation kann beginnen. Entscheidend ist, für jede Aufgabe den richtigen Mann am richtigen Platz zu haben. Die Führungsoffiziere des Innenministeriums (das Sicherheitsministerium gibt es nicht mehr) haben einen Kandidaten: Er heißt Andrzej Tadeusz Wirth, ist 1927 geboren in Włodawa am Bug, parteilos und verheiratet. Während des Krieges besuchte er in Warschau konspirativ gehaltenen Unterricht. Nach dem Krieg studierte er in Łódź und Warschau Philosophie. Dann wandte er sich der Literatur zu. Mit seinem Freund Ranicki übersetzte er Dürrenmatts *Besuch der alten Dame* und Kafkas *Schloss* in der Bühnenfassung Max Brods ins Polnische. Für die renommierte Wochenzeitung *Polityka* schreibt er Rezensionen.

Erstmals war Wirth den Lauschern vom Innenministerium im Frühjahr 1958 aufgefallen. Sie bemerkten seine Kontakte zu einem Mr. Edmonds, dem I. Sekretär der britischen Botschaft, und dessen Frau. Die Edmonds' und die Wirths gingen gemeinsam ins »Teatr Dramatyczny« oder besuchten sich gegenseitig zu Hause. Nach einigen Monaten erhält Fähnrich A. Winiecki die Aufgabe, mit Wirth »ein Gespräch zu führen, das darauf abzielt, ihn als Informanten zu gewinnen, um seine Möglichkeiten für Aufgaben der Spionageabwehr zu nutzen«.[12] Ein Anwerbegespräch kommt zustande; danach ein zweites. Fähnrich Winiecki und Hauptmann Pudo stellen fest, dass der Kandidat »Bruno« (diesen Decknamen haben sie Wirth verpasst) »unsere Aufgaben nicht allzu gern entgegennimmt«. Immerhin habe er versprochen, »dass er unsere Aufgaben realisieren wird«.[13]

Aber Wirth alias »Bruno« kommt dabei nicht recht voran. Er teilt seinem Führungsoffizier mit, der Brite sei sehr diskret: »Seinen persönlichen Standpunkt enthüllt er nie«.[14] Wenn zum Beispiel von der DDR und der BRD die Rede sei, gebe Edmonds stets die offizielle Haltung des Westens wieder. Über die neue Brecht-Premiere könne man miteinander reden, das schon, über Politik eigentlich nicht.

Weitere Wochen und Monate vergehen. Der Erfolg ist weiterhin dürftig. Doch plötzlich ergibt sich eine neue Aufgabe: Der »Flüchtling in Frankfurt« soll unter die Lupe genommen werden. Bei dieser Gelegenheit soll »Bruno« auch gleich »auf dem Gebiet der BRD Bemühungen [unternehmen] in Richtung auf ein näheres Kennenlernen einiger deutscher Literaten, und im Rahmen seiner Möglichkeiten nähere Angaben über sie sammeln, die sie unter dem Blickwinkel unseres Interesses charakterisieren«.[15]

Das Treffen, in dessen Verlauf die zwei Offiziere mit Wirth diese Aufgaben absprechen und auch gleich schriftlich fixieren, findet in Wirths Warschauer Wohnung statt: Piekarska-Straße 4, Wohnung 26. Die Herren vom Ministerium fragen Wirth nach Ranicki aus, den er erst im Herbst 1958 in Deutschland getroffen hatte. Sie erfahren, Ranicki sei »ein guter Bekannter ›Brunos‹«. Nach 1956 habe Ranicki aufgrund des damals enthüllten Personenkults im Ostblock »seine Ansichten geändert« und das ihm angebotene Parteibuch nicht wieder entgegengenommen.[16] Des weiteren erfahren wir, Ranicki habe nach seiner Ausreise »›Bruno‹ in einem Brief informiert, u. a. enthielt dieser Brief eine gewisse moralische Erklärung und die Gründe für den Abschied von seinen Kollegen«. Geht es um die Gründe für seine Übersiedlung? Näheres steht dort nicht.

Schließlich erfahren wir aus diesem Geheimdienstdokument, Wirth habe Ranicki gefragt, warum er »den polnischen Pass und das Vertrauen des Verbands Polnischer Literaten missbraucht« habe, und dieser habe geantwortet, »er sei deutscher Jude und fühle sich diesem Land mehr verbunden. (...) ›Bruno‹ deutet an, Ranickis Entscheidung, in der BRD zu bleiben, habe ihre Begründung in einem gewissen psychologischen Aspekt«[17] – was auch immer das heißen mag. Abschließend bitten die Herren ›Bruno‹, über »das Privatleben und die materiellen Verhältnisse Ranickis auf dem Gebiet Deutschlands« Informationen zu sammeln.[18]

Wie steht es derweil um die Angelegenheiten »einiger deutscher Literaten«? Den Geheimdiensten des Ostblocks wird nicht entgangen sein, dass in der »BRD« ein merkwürdiger Literaturkreis sein Wesen trieb, und gerade dort, auf dessen Tagung, hatte Wirth den Frankfurter Flüchtling im Herbst 1958 getroffen. Nach seinem Entstehungsjahr hieß dieser Zirkel »Gruppe 47«, eine höchst informelle Gruppierung, was sie nicht hinderte, in ihrem Innern – mit den Worten Ranickis – von »Ordnung, deutscher Ordnung« regiert zu werden. Auf den alljährlichen Tagungen der Gruppe entfaltete sich, wie er beschreibt, ein strenges Ritual:

»Nach der Lesung eines Prosastücks oder, seltener, einiger Gedichte folgte ohne Pause die spontane mündliche Kritik, an der jeder der Anwesenden teilnehmen konnte, auf die aber der Autor unter keinen Umständen und mit keinem Wort reagieren durfte. Manch einer fand diese Prozedur grausam.«[19]

Auch Andrzej Wirth hat die »Gruppe 47« beschrieben, allerdings nur für einen sehr kleinen Leserkreis in Warschau. Doch seine Beschreibungen sind treffend: »Die Jahrestagungen der ›Gruppe 47‹ sind zum Sejm der deutschen Literatur geworden; sie versammelten hauptsächlich junge Schriftsteller, die erst nach dem Krieg debütiert hatten; diese Schriftsteller begannen schnell, im literarischen Leben eine führende Rolle zu spielen.«[20]

Marceli Ranicki wurde, wie erwähnt, bereits im Herbst 1958 erstmals zur Tagung der Gruppe 47 eingeladen. Einige Teilnehmer kannte er bereits, darunter Grass und Lenz. Er fühlte sich wohl dort. Allerdings musste er etwas Unangenehmes feststellen. Manche »Autoren, solche zumal, die als links galten, machten um mich, als sie hörten, ich beabsichtigte, im Westen zu bleiben, einen großen Bogen«[21]. Dennoch: »Ich glaubte eine Art Zuflucht gefunden zu haben.«

Ein Jahr später betrachtete er die Gruppe »fast schon als eine Art Heimat«.[22]

Auch »Bruno« wird von der Gruppe 47 eingeladen. In Deutschland ist er gut vernetzt. Unter anderem kennt er Günter Grass und Hans Werner Richter, den Spiritus Rector dieses Literaturkreises. Richter besucht 1960 Polen; drei Wochen lang hält er sich in Warschau, Krakau und Zakopane auf, wo er als Soldat der Wehrmacht einst die polnisch-slowakische Grenze zu bewachen hatte. »Bruno« berichtet seinen Lesern im Innenministerium über diesen Aufenthalt:

> *»Abgereist ist er unter dem Eindruck der Intensität und des Reichtums des kulturellen Lebens, vor allem auf dem Gebiet des Theaters. Seiner Meinung nach ist Polen heute ein Phänomen im Weltmaßstab. ›Neben Kuba das zur Zeit interessanteste Land und am ehesten wert, näher kennengelernt zu werden.‹ (…) Improvisationsgeist, Charme und ein starker Sinn für Humor. ›Seit Jahren habe ich nicht so viel gelacht wie in Polen.‹«*[23]

Ein Monat nach dem anderen verstreicht. Noch immer hat »Bruno« nicht viel über den Flüchtling in Frankfurt zutage gefördert. Er nutzt seine Zeit und seine Reisen, um seine Kontakte zu pflegen. Zusammen mit Richter versucht er, eine polnische Sektion der Europäischen Föderation gegen Atomwaffen auf die Beine zu stellen. Aus der Sicht Warschaus sicher ein nützliches Unterfangen; aus »Brunos« Sicht erst recht, denn er macht sich Hoffnungen, der Sekretär dieser Sektion zu werden. Manchmal schlägt er freilich über die Stränge. Nachdem er das Skript für eine Radiosendung über deutsche Literatur in Polen geschrieben hat, macht er eine Kopie und versucht, »sie an ›Die Welt‹ zu verkaufen, wobei er einen unbekannten Weg für die Schleusung dieses Textes nach Westdeutschland nutzte«.[24]

»Bruno« ist ein Mann voller Ideen, voller Improvisationsgeist und Charme. Doch die Realisierung der vom Ministerium gestellten Aufgaben lässt auch weiterhin auf sich warten. Eines Tages sichtet ein Major die Verbindungen Wirths zu deutschen und polnischen Intellektuellen und notiert voller Bitterkeit:

> *»Im Jahre 1959 hat Wirth sich auf dem Gebiet Frankfurts a. M. mit dem Flüchtling aus Polen Marceli Ranicki getroffen, der von der VI. Abteilung des II. Departements bearbeitet wird. Ziel und Umstände der Begegnung unbekannt. [...] Bei jeder Gelegenheit betonte er [gegenüber Offizieren des Innenministeriums], er sei zu sehr von seiner beruflichen Arbeit beansprucht, um sich mit den Problemen befassen zu können, die unsere Organe interessieren. In Wirklichkeit stellt sich die Lage ganz anders dar. Wirth pflegt sehr rege Beziehungen zu Personen, die sich durch feindliche Tätigkeit auszeichnen oder mit dem Feind verbunden sind.«*[25]

Wenig später tritt das Ausmaß dieser Tätigkeit endgültig zutage. Wirth hat in Deutschland, so lesen wir,

> *»Kontakt geknüpft zu den ehemaligen polnischen Bürgern Marceli Reich Ranicki, Wanda Pampuch Brońska, Tadeusz Nowakowski und Witold Gombrowicz, die zu verschiedenen Zeiten die Rückkehr nach Polen verweigert haben und die mit dem Radio ›Freies Europa‹ und anderen feindlichen Zentren im Westen zusammenarbeiten.«*[26]

Der unerreichbare Frankfurter Flüchtling wird in den Akten »Brunos« noch mehrfach auftauchen. Einmal wird Ranicki darin kurz und bündig als »Feind der VRP [Volksrepublik Polen]«[27] etikettiert. Derweil referiert »Bruno« den Offizieren, die kaum so weit herumgekommen waren wie er, wen er auf seinen jüngsten Westreisen getroffen, was er im Ausland publiziert und sonst getrieben hat. Ausführlich berichtet er von einem Besuch in Berlin am Hohenzollerndamm 36, wo damals Witold Gombrowicz wohnte, einer der bedeutendsten polnischen Autoren des 20. Jahrhunderts:

»Gombrowicz fragte mich, was ich von seiner Resonanz in Deutschland halte. Ich antwortete, bisher habe er einen sogenannten Anerkennungserfolg erzielt, d.h. derzeit werde er von den Kritikern lanciert – ohne Auswirkungen auf das Gelesenwerden. Gombrowicz interessierte sich ausschließlich für seine eigene Person, dafür, wie es seinem Werk in Polen ergeht, sowie für die Kritiker, die, wie er sagt, ›nicht in der Lage sind, ihn zu verstehen‹. Er erwartet sicher den Nobelpreis, denn seine Hauptsorge war, ob man in Polen nicht von Iwaszkiewicz als möglichem Anwärter auf diesen Preis spreche.«[28]

Das liest sich alles interessant, aber den Lesezirkel im Innenministerium wird es keineswegs befriedigt haben. Was »Bruno« ihnen lieferte, waren großenteils schön verpackte Hohlräume, Informationen, die man auch den Zeitungen oder Literaturzeitschriften hätte entnehmen können. Details über Privatleben und materielle Verhältnisse? Fehlanzeige. Unterdessen melden andere »geheime Mitarbeiter«, ihr angehender Kollege »Bruno« habe in Gesprächen in West-Berlin, etwa mit Gombrowicz, das sozialistische System geradezu »verleumdet«. Überhaupt müssen die Leser in Warschau den Eindruck gewinnen, »Bruno« sei ein unseriöser Typ. Ein Informant berichtet beispielsweise, er habe auf einer Berliner Party nackt getanzt. Wenn »Bruno«, zurück in Warschau, wieder die Führungsoffiziere trifft, gibt er sich sehr loyal und fragt, was er noch alles tun könne. Doch diesen Offizieren platzt irgendwann der Kragen. »Bruno« lege »Doppelzüngigkeit« (dwulicowość) an den Tag, heißt es in den Akten. Sein Verhalten bringe im Kulturbereich »unverhältnismäßig große Schäden« mit sich. Schließlich wird erwogen, »die Reisen Wirths ins Ausland zu unterbinden«.[29]

Den Vorwurf der »Doppelzüngigkeit« schleudert man dem wackeligen Kandidaten, auf dass er sich keine Illusionen mache, in einem Gespräch direkt ins Gesicht. Die Bilanz der Zusammenarbeit ist dürftig:

»In den Jahren 1958–1963 hat die VIII. Abteilung des III. Departaments des Innenministeriums mit A. Wirth sieben operative Gespräche geführt mit dem Ziel, ihn für die Observierung einiger Personen aus dem Gebiet der BRD zu gewinnen. Erhalten hat man von ihm einige mündliche Auskünfte sowie zwei schriftliche (insgesamt sieben Seiten Maschinenschrift). Es wurde jedoch festgestellt, dass ›der o. g. unehrlich ist und manche seiner Kontakte mit Personen, die feindlich gegen die Volksrepublik Polen tätig sind, verheimlicht.‹ Aus diesen Gründen wurde der Kontakt zu ihm abgebrochen.«[30]

So scheiterten die Versuche der zuständigen Organe, mehr über Bürger Ranicki, den Flüchtling in Frankfurt, in Erfahrung zu bringen. Die Volksrepublik ließ ihn – soweit bekannt – seitdem in Ruhe; er selbst verfuhr mit dem polnischen Staat ganz ähnlich.

»Sie sollten mit der Zeit der Papst sein«

Doch die polnische Literatur hat er an seinem neuen Lebensort nicht vernachlässigt, im Gegenteil. Schließlich hatte er schon vor seiner Übersiedlung in der FAZ und der *Welt* einige Texte unterbringen können: über Literatur und Theater in Polen. Nachdem er nun in Deutschland angekommen war, gab ihm manch neuer Kollege gute Ratschläge:

»Die einen sagten mir: Sie müssen sich hier als Kritiker der slawischen Literaturen etablieren. Sie sollten mit der Zeit der Papst für

osteuropäische Fragen sein. Aber ich wurde auch gewarnt: ›Lassen Sie sich nur ja nicht in eine polnische oder slawische Ecke drängen. Denn was Sie da verdienen können, wird für Ihren Unterhalt kaum reichen.‹«[31]

Diese Rolle war in der Tat nicht das, was Reich-Ranicki anstrebte. Dennoch hat er über Polonica geschrieben, vor allem in seinen ersten Jahren in Deutschland. Wer in Deutschland hatte schon so tiefe Einblicke in das literarische Leben in Polen nehmen können und war zugleich in der Lage, dieses Wissen dem deutschen Publikum zu vermitteln?

Wenn Reich-Ranicki lebendig und kenntnisreich über polnische Gegenwartsliteratur sprach und schrieb, begegnete er in ihren Werken noch einmal all dem, was er selbst erlebt und erlitten hatte. Doch um dem deutschen Leser einen Schlüssel zum besseren Verständnis zu geben, griff er auch gern weiter zurück. Im Vorwort zu einer Anthologie polnischer Autoren und in zwei Vorträgen im Rundfunk schildert er die Teilungen Polens, um die Entstehungsbedingungen der polnischen Romantik und überhaupt der »engagierten« Kunst in diesem Land zu verdeutlichen. An der Zeit zwischen den Weltkriegen hält er sich nicht lange auf, sondern kommt schnell zu Krieg und Besatzungszeit, wie sie sich in der Literatur spiegelten, und zum literarischen Leben unter kommunistischer Herrschaft.

Die Anthologie wurde ein Erfolg; sie erlebte eine zweite Auflage. Im erwähnten Vorwort gibt Reich-Ranicki – keine 20 Jahre nach Kriegsende und kurz nach dem Mauerbau – eine Geschichtsstunde. Er wendet sich an den deutschen Leser polnischer Literatur, der nun einmal »nicht unvoreingenommen« sein könne: wegen der aus dem 19. Jahrhundert überkommenen Vorurteile, wegen der Schuld am Zweiten Weltkrieg und der Ermordung von einem »Fünftel der Bevölkerung

Polens«. Auch wegen des von Millionen Deutschen erfahrenen Heimatverlusts, den er in einen kausalen Zusammenhang stellt mit der NS-Politik davor. »Nichts also ist verständlicher als jene Befangenheit, die man hierzulande in der Regel spürt, wenn das Thema Polen behandelt wird«, fasst Reich-Ranicki zusammen. »Aber zu der Befangenheit gesellt sich ein gewisses Interesse westdeutscher Intellektueller für Polen, polnische Literatur und polnische Kunst.« Dieses führt er auf die Sonderstellung zurück, die das Land dem Ostblock abgetrotzt hatte. Daher rühre sogar eine »übertriebene Bewunderung« für die Polen, die man als Rebellen gegen die Tyrannei sehe. »Und der Deutsche liebt Rebellen – vorausgesetzt freilich, dass sie in einem anderen Land wirken.«[32]

Hier vermittelt Reich-Ranicki zwischen zwei Kulturen, indem er auf 55 Seiten das literarische Leben in Polen beschreibt. Den Schwerpunkt setzt er dabei auf die gerade vergangenen vierziger und fünfziger Jahre. Auffällig ist eines: Kein einziges Mal erscheinen die Worte »Jude« oder »jüdisch«. War es noch nicht an der Zeit, dem deutschen Leser im polnischen Schicksal auch das jüdische zu beschreiben? Oder hatte der Autor dieses Thema, dieses Trauma selbst noch nicht bewältigt, seine Sprache noch nicht gefunden?

Die meisten Beiträge des Kritikers zu polnischen Autoren fallen in die späten fünfziger und frühen sechziger Jahre.[33] Reich-Ranicki schreibt über die Aphorismen des Stanisław Jerzy Lec, der als Offizier 1944, nachdem der Krieg für Reich geendet hatte, sein erster Vorgesetzter war. Lec' *Unfrisierte Gedanken* werden in Deutschland verlegt, und Reich-Ranickis Lob mag zu ihrem Erfolg beigetragen haben. Der Aphoristiker ist nach dem Krieg, vermutlich bis heute, in Deutschland der erfolgreichste polnische Autor. Die Gesamtauflage seiner Werke beträgt eineinhalb Millionen Exemplare.[34]

Hin und wieder fällt Reich-Ranicki die Aufgabe zu, einen Nachruf zu schreiben – auch über alte Freunde und Bekannte: Słonimski und Jastrun sind darunter. Aber auch aufgehende Sterne hat der Kritiker auf ihrer Bahn begleitet: etwa den acht Jahre jüngeren Andrzej Szczypiorski. Sein Roman *Początek* (Der Anfang), im deutschen Sprachraum in den attraktiven Titel *Die schöne Frau Seidenman* gekleidet, war hierzulande der wohl erfolgreichste polnische Roman der letzten Jahrzehnte. Als er 1988 erschien, hat ihn Reich-Ranicki außerordentlich gelobt. Der Stoff war ihm vertraut: Es ging um Schicksale im Warschau der Kriegszeit, um Juden, Polen und Deutsche. Auch dem realistischen Stil war der Literaturpapst gewogen. Wann sich Autor und Reich-Ranicki zum ersten Mal begegnet sind, ist nicht bekannt, aber die Beziehung muss sich mit den Jahren gefestigt haben:

> *»1992 hatte ich in Wiesbaden mit meinem Freund, dem bekannten polnischen Schriftsteller Andrzej Szczypiorski, einen literarischen Abend. Nach unseren Lesungen und Vorträgen fand ein Empfang statt. Plötzlich führte mich Szczypiorski mit geheimnisvoller Miene in einen stillen Winkel des Raumes und fragte mich flüsternd: ›[…] Sagen Sie mir: Ist dieser Goethe wirklich ein guter Dichter?‹ ›Er ist Europas größter Dichter‹, antwortete ich. Aber Szczypiorski blieb mißtrauisch. ›Um Sie zu überzeugen, werde ich ein kleines Buch über ihn machen. ›Was‹ – rief er entsetzt – ›noch ein Buch über diesen Goethe?‹ ›Ja, und ich werde es betiteln Goethe noch einmal.‹«*[35]

Der jüdische Kritiker, der in seiner Wahlheimat den deutschen Klassiker vor dem Gast aus Polen in Schutz nimmt: eine Szene mit Symbolwert. Wenn sich Reich je als gebürtiger Pole gefühlt hatte, so hat er sich inzwischen dem Land seiner Herkunft entfremdet. Wenn er jetzt polnische Literatur erklärt, setzt er die Akzente anders: Ihre besondere gesellschaftliche Rolle, ihre Spezifik sind heute weniger Anlass zu gesteigerter Aufmerksamkeit, zu vermehrten pädagogischen und hermeneutischen Anstrengungen, vielmehr sind sie Barriere geworden, Ausweis der Fremdheit dieser Kultur. Im Jahr 2001 erhält Reich-Ranicki den *Samuel-Bogumił-Linde-Preis*, den die Partnerstädte Göttingen und Toruń (Thorn) vergeben, ein Ereignis, das in Polen zu gewissen Turbulenzen führt. Der Preisträger ist »gerührt – und mit gutem Grund«. Doch in seiner Dankesrede betont er noch einmal die Fremdheit polnischer Literatur:

> *»Sie wird von der Welt nicht recht anerkannt, ja man kennt sie kaum. Warum? Mit bösem Willen hängt das nicht zusammen, wohl aber mit der Eigenart dieser Literatur – und diese Eigenart ist eine direkte Folge der Tatsache, dass Polen beinahe anderthalb Jahrhunderte lang politisch ausgelöscht, also auf der Landkarte Europas nicht mehr zu finden war. [...] Je mehr die polnische Literatur den unterschiedlichen [nationalen oder ideologischen] Ansprüchen nachkam, desto mehr war sie für Ausländer unverständlich und auf Kommentare angewiesen. Das Nationalepos der Polen, der Pan Tadeusz von Mickiewicz, beginnt mit den Worten: ›O Litauen, du mein Vaterland...‹ Schon braucht der deutsche Leser eine Erläuterung. Also Lyrik mit Anmerkungen? Das ähnelt, fürchte ich, der Liebe mit einem Sexual-Leitfaden in der Hand.«*[36]

Immer wieder kommt er auf die Fremdheit zu sprechen: Der polnische Theaterklassiker *Wesele* (Die Hochzeit), von Andrzej Wajda bei den Salzburger Festspielen inszeniert, sei unverständlich; die polnische Lyrik sei schlicht unübersetzbar. Mit der deutschen Literatur sei es ja in Polen nicht anders gewesen, tröstet der Preisträger sein Göttinger Publikum und erinnert an seine Tätigkeit im Warschau der fünfziger Jahre. Noch zwei Erschwernisse für die Rezeption im Ausland zählt er auf: Polens Schriftsteller mussten, sagt der ehemalige Zensor, »viele Jahre und Jahrzehnte unter der Zensur leiden. Sie müssen jetzt unter einer anderen und ebenfalls schweren Last leiden – unter der Last der Freiheit.« Doch einen wichtigen und richtigen Rat hält er bereit: »Man sollte sich hüten, polnische Autoren wie arme Verwandte zu behandeln, die der Schonung bedürfen.« Aus einem deutschen Schuldkomplex heraus ungerechtfertigte Milde walten zu lassen sei beleidigend: »Ich halte nichts von solchen lauwarm-barmherzigen Kritiken.«[37]

Hatte jemand von Reich-Ranicki lauwarme Barmherzigkeit erwartet? Im Jahr 2000 ist Polen Gastland der Frankfurter Buchmesse. Im »Literarischen Quartett« knöpft sich der Kritiker junge polnische Schriftstellerinnen vor. Bei Olga Tokarczuk *(Ur- und andere Zeiten)* diagnostiziert er eine Flucht aus der Wirklichkeit, aus der modernen Welt. Magdalena Tulli *(In Rot)* hält er vor, sie schreibe zwar schön, habe aber nichts zu sagen. Das Verdammungsurteil dehnt er gleich aus auf die neuere polnische Literatur insgesamt.[38] Hat er die erwähnten Bücher wirklich gelesen? Man weiß doch, wie schnell ein vielbeschäftigter Rezensent zu seinen Urteilen kommt.[39] Als ich Reich-Ranicki vom *Pingpongista* (Der Ping-Pong-Spieler) erzähle, dem neuen Roman des 84 Jahre alten Warschauer Autors Józef Hen, antwortet er, er erinnere sich an diesen Mann:

»[Reich-Ranicki:] Er war, als ich ihn kennengelernt habe, in der Armee. Irgendwie habe ich ihn vor mir – in Uniform. Und der schreibt in seinem Alter noch ein Buch?
[Gnauck:] Ungefähr 40 hat er geschrieben.
[Reich-Ranicki:] Ich muss gestehen, ich habe kein einziges von ihm gelesen. Er war so ein mittelmäßiger, nicht ganz unbekannter Schriftsteller.
[Gnauck:] Das jetzige Buch ist von dem Pogrom in Jedwabne inspiriert.
[Reich-Ranicki:] Ja, ja, ich weiß, was das ist.«[40]

Es hat jedoch auch Augenblicke gegeben, in denen Reich-Ranicki behutsamer, bescheidener auftrat. »Solide oder gar gründlich sind meine Kenntnisse der polnischen Literatur bis heute nicht«[41], schreibt er in seiner Autobiografie. Dies gilt wohl vor allem für die literarische Produktion der letzten Jahrzehnte. Seine Frau ist eher auf dem Laufenden. Solange in Paris die legendäre *Kultura* erschien, las Teofila ihrem Mann immer wieder daraus vor; bis heute bestellt sie sich Bücher in der polnischen Buchhandlung in Köln.[42] Soviel zu den Büchern.

Und die Menschen? Es ist, als habe Reich-Ranicki zwischen sich und dem heutigen Polen eine Milchglasscheibe heruntergelassen. Freunde hat er dort, soweit bekannt, seit vielen Jahren, gar Jahrzehnten nicht mehr, allenfalls unter denen, die einst, nach dem Krieg, in Polen lebten und die seit langem im Westen sind. Die resolute Lusia Sztauber ist eine Person aus diesem Kreis. »Eine von diesen alten jüdischen Damen, die schon mit Einstein im Sandkasten gespielt haben, eine von denen, die alle kannten«, erinnert sich eine andere jüdische Dame in Polen. »Sie hat die Besatzung in Warschau überlebt, weil sie sich einen Hund gekauft hatte. Man sagt ja immer, Juden hassen Hunde. Wenn sie auf der Straße Deutschen begegnete, streichelten die immer den Hund, und die Lusia sahen sie dann gar nicht mehr.« Frau Sztauber und ihr Mann Marek gingen nach der antisemitischen Kampagne von 1968 nach Deutschland; in Hanau-Steinheim eröffnete das Ärztepaar eine Praxis. »Viele sagen, Lusia Sztauber sei Ranickis Bindeglied zum Polentum und zum Judentum gewesen.«[43]

Im Hause Sztauber in Hessen, einem Einfamilienhaus, das von Büchern und Gemälden polnischer Künstler förmlich überquoll, war im Mai 1996 für einige Tage Ryszard Matuszewski zu Gast. Der Warschauer Literaturkritiker, bis 1939 Nachbar der Familie Reich, wurde von seinen Freunden mit der Mitteilung überrascht, Reich-Ranicki wolle ihn kennenlernen und werde in den nächsten Tagen zu Besuch kommen. Am Vorabend der Begegnung sahen die drei zur Vorbereitung noch das »Literarische Quartett«. Dann kam der sechs Jahre jüngere Kollege. Man sprach, natürlich, über Literatur, über Polen, Gott und die Welt. Angefreundet haben sich die Kritiker nicht, Feinde geworden sind sie auch nicht; doch was Matuszewski später schrieb, ist wenig schmeichelhaft. Die »Aggressivität« in der ZDF-Sendung hielt er in Polen für undenkbar; die »Arroganz« ihres führenden Kopfes stieß ihn ab. Allerdings fühlte er sich bei Reich-Ranicki an einen Warschauer Großkritiker erinnert, den er selbst gekannt hatte, an Artur Sandauer. Matuszewski spricht sein Urteil durch die Blume, durch einen Vergleich: »Ich kenne viele stille, schüchterne, feinfühlige, bescheidene Juden, die frei sind von jeglicher sogenannter jüdischer Chuzpe.«[44]

Der Gegenpapst Dedecius und andere Beziehungen

Auch Karl Dedecius zählt nicht zum Kreis der Freunde. Beide, der Übersetzer und der Kritiker, Literaturorganisatoren von Rang, wohnen in Frankfurt, der eine auf der linken, der andere auf der rechten Seite des Mains. Ihr Leben verlief in spiegelbildlicher Verkehrung: Marceli Reich »ist aus der polnischen Kultur geflohen, um sich in die deutsche zu versenken«, während Dedecius, Autodidakt wie Marcel Reich-Ranicki, aber in Polen geborener Deutscher, »dieselbe Straße auf der gegenüberliegenden Seite« ging, um ein Vermittler polnischer Kultur zu werden.[45] Reich-Ranicki hat zwei oder drei Mal das von Dedecius in Darmstadt gegründete Deutsche Polen-Institut besucht, einmal in Begleitung seiner Frau. Ein Augenzeuge erinnert sich: »Zur Begrüßung gab es immer ein großes Hoho! Dann breiteten beide die Arme aus, und fast hätten sie sich umarmt.«[46]

Aber sie mochten sich nicht. In Gesprächen mit beiden, Reich-Ranicki und Dedecius, ist eine über Jahrzehnte gewachsene Rivalität zu spüren. Von Dedecius habe ich über Reich nur Negatives gehört; in umgekehrter Richtung ist das Bild etwas bunter: »Er hat für die polnische Literatur in diesem Land sehr, sehr viel getan. Das können Sie zitieren.« Dedecius dagegen erzählt voller Bitterkeit, wie eines Tages ein Journalist zu ihm kam, der kürzlich aus der Tschechoslowakei emigriert war. Der Mann habe reumütig berichtet, Reich-Ranicki, damals Redakteur der FAZ, habe seine Rezension eines Buches abgelehnt, das Dedecius gerade herausgegeben habe. Und Reich-Ranicki habe gesagt: Schreiben Sie es noch einmal, aber negativ.

Wer nun vermutet, Reich-Ranicki habe Dedecius und sein Institut immer nur schlecht behandelt, irrt. Der Kritiker lobt ihn in seiner Autobiografie für die Übersetzung der Lec'schen Aphorismen; er lobt ihn auch an anderer Stelle. Einige Bände der bei Suhrkamp verlegten »Polnischen Bibliothek«, des Flaggschiffs des Deutschen Polen-Instituts, wurden in der FAZ besprochen, allerdings – wie jemand bemerkt haben will – nie vom Literaturchef selbst. Doch Reich-Ranicki hat – zumindest im Gespräch – auch kritisiert: »Dedecius hat alle großen Dichter schwach übersetzt. Auf eine mittlere Ebene gedrückt. Und die Schwachen hochgestemmt. Alles auf ein Niveau. Wie in schlechten Restaurants in Paris: Sie haben nur eine Sauce.«[47] Wie viel Dichtung, wie viel Wahrheit ist in

Dedecius' Übersetzungen? Und in den Worten Reichs? Das bleibt zu erforschen.

Hintergrund der Besuche Reich-Ranickis in Darmstadt dürfte gewesen sein, dass dieser sich Hoffnungen machte, in die dort ansässige Deutsche Akademie für Sprache und Dichtung aufgenommen zu werden. Der Gründer des Deutschen Polen-Instituts war Mitglied, den »Literaturpapst« hat die Akademie indes nicht aufgenommen. Was wurde da gespielt? Ob Mitglied oder nicht, Redakteur Reich-Ranicki saß selbst an wichtigen Schalthebeln, verstand es auch, von seiner Macht Gebrauch zu machen – zumindest suggerieren dies weitere Erzählungen von Dedecius. Und so rangen sie miteinander, der Kritiker und der Übersetzer, fast einander umarmend. Gibt es in Deutschland eine Bühne, auf der Platz für beide gewesen wäre?[48]

Die vorläufig letzte Szene in diesem Drama ereignete sich vor wenigen Jahren am Meer, als der Kritiker und der Übersetzer zur gleichen Zeit in Timmendorfer Strand ihren Urlaub verbrachten. Dedecius erzählt, Reich-Ranicki habe sich ihm genähert mit dem Ansinnen, sich zusammenzusetzen und mal über Vergangenes zu reden. Über Trennendes. Man habe doch vieles gemeinsam, habe der Kritiker gesagt.

Diese Melodie klingt vertraut. In den letzten 20 Jahren hat es in Reich-Ranickis Leben immer wieder Versöhnungsversuche gegeben: Mit Joachim Fest, dem früheren Herausgeber der FAZ, der ihm als Literaturchef einst die größtmögliche Freiheit gegeben hatte; über dem Historikerstreit von 1986 (über Nationalsozialismus und Kommunismus) war diese Beziehung zerbrochen. Dann mit Walter Jens, dem engsten Freund und ständigen Gesprächspartner für mehr als 30 Jahre; hier drehte sich der Konflikt um Walters Sohn, den Journalisten Tilman Jens, der 1994 Reichs Vergangenheit im MBP enthüllt hatte. Schließlich mit Wolf Biermann, dem einst von der DDR-Stasi verfolgten Dichter. Auch als die besagte Reich-Ranicki-Debatte 1994 längst die breite Öffentlichkeit aufwühlte, sagte der Kritiker dem Dichter unter vier Augen die Unwahrheit über sein Leben, und als dieser sich darüber empörte, wurde er auch noch öffentlich abgekanzelt.[49]

Die Begegnung in Timmendorfer Strand verlief nicht glücklich. Dedecius lehnte das Gesprächsangebot ab.

Weit entfernt von Frankfurt und Darmstadt liegt Polen. Auch dorthin dringt die Kunde von Reich-Ranickis Erfolgen. Hin und wieder fällt sein Name; der eine oder andere erinnert sich. Als das polnische Fernsehen den *Besuch der alten Dame* zeigt, will es dem Übersetzer – es war Reich-Ranicki (zusammen mit Andrzej Wirth) – das Honorar anweisen. Der Übersetzer verfügt, die brutto 2000 Złoty sollten in Polen bleiben und Barbara Rochowska zugute kommen.

Germanisten, Journalisten in Polen kennen den Namen Reich-Ranicki. Doch das Echo ist ein anderes als in Deutschland. Ein Jahr nach der Autobiografie *Mein Leben* erschien im Warschauer Verlag »Muza« die polnische Ausgabe: *Moje życie*. Sie wurde kein Bestseller und nur etwa 2000 Mal verkauft, was nicht nur an der hölzernen Übersetzung lag, sondern vor allem an der geringen Bekanntheit des Autors in jenem Land, das ihm fremd geworden war.

Einige Jahre später erscheint im traditionsreichen Verlag »Ossolineum« in Breslau zum ersten Mal in Polen ein Buch über den »deutschen Literaturpapst«. Der Tonfall ist wohlwollend. Die Autoren, ein polnischer und ein deutscher Germanist, schreiben schon zu Beginn, man könne »im Grunde nur auf seiner Seite sein (wozu wir uns gern von vornherein bekennen) oder gegen ihn«.[50] Sie berichten diskret von einem nur wenige Jahre zurückliegenden Vorgang an einer polnischen Universität. Ein Antrag, Reich-Ranicki die Ehrendoktorwürde zu verleihen, sei durch den Rat der germanistischen Fakultät gegangen und dann »sorgfältig in einer Schublade versteckt worden«. Die Rede ist von Breslau; einer der Autoren, ein guter Bekannter Reich-Ranickis, hatte den Antrag gestellt. An der Universität regte sich jedoch Kritik; den Lebenslauf von Marcel Reich-Ranicki wollte man in seiner Gesamtheit – offenbar wegen der MBP-Tätigkeit und ihrer späteren Bemäntelung – nicht mit einem Doktor honoris causa würdigen.

Hätte man Reich-Ranicki nicht in die Arbeit an der deutsch-polnischen Aussöhnung einbinden können? Nein; das war überhaupt nicht seine Rolle. Eine erste und einzige Begegnung mit dem Historiker Władysław Bartoszewski, dem einstigen Mitarbeiter der Judenhilfe des Warschauer Untergrunds und Auschwitz-Häftling, einem Vorkämpfer der Verständigung, kommt zwar zustande.[51] Aber auch hier bereitet Ranickis Tätigkeit Ende der vierziger Jahre auf polnischer Seite Schwierigkeiten.

Doch zumindest ein bedeutender Politiker hat versucht, den deutschen Literaturpapst aus Polen an die Weichsel zu holen: Aleksander Kwaśniewski, von 1995 bis 2005 Polens Staatspräsident. Bundespräsident Johannes Rau hatte in Schloss Bellevue 1999 einen »Dreiergipfel« organisiert: mit dem Kritiker und dem polnischen Gast. Kwaśniewski, in polnisch-deutschen und polnisch-jüdischen Dingen außerordentlich sensibel, nutzte die Gelegenheit und sprach an Reich-Ranicki eine Einladung aus. Bald folgte der entsprechende Brief an die Frankfurter Adresse. Als die Antwort ausblieb, erneuerte der Präsident seine Einladung, Polen zu besuchen. Im polnischen Präsidialamt wurde auch die Idee ventiliert, Reich-Ranicki in die Jury des polnischen »Nike«-Literaturpreises aufzunehmen. Der Literaturkritiker aber teilt mit, er habe nie irgendeine Einladung von Kwaśniewski erhalten.[52]

Teofila Reich-Ranicki würde gern noch einmal nach Polen fahren, so hörte man im Umfeld der Familie immer wieder. Ihr Mann antwortete auf Fragen (auch von meiner Seite), wann er denn zu reisen gedenke, in den letzten Jahren: »Wenn mich jemand einladen würde...« oder »Wenn es einen Anlass gäbe...« Inzwischen ist seine Lebenszeit weit fortgeschritten. Die Reiselust der Ranickis hat nachgelassen; die Sehnsucht, vermuten wir, eher zugenommen. Nicht allzu lang ist es her – es war 2007 während der Ehrenpromotion an der Freien Universität Berlin –, da kam der polnische Kulturattaché auf den Ehrendoktor zu, um ihm zu gratulieren. Diesmal nutzte Reich-Ranicki den Anlass. Er fasste den Diplomaten am Arm, blickte ihn vielsagend an und sagte: »Ich habe ja schon viele Preise und Ehrungen bekommen, aber noch keine von meinem eigenen Land...«[53] Wenn es also einen Anlass gäbe...

Und wie ist es Barbara Rochowska ergangen, dem Mädchen, das da im Osten Warschaus Tag für Tag mit Marceli und Tosia das Kriegsende herbeigesehnt hatte? Jahrzehntelang schrieb sie Briefe nach Frankfurt; jahrzehntelang gingen, zweimal im Jahr, Geldgeschenke von dort nach Polen. Im Warschauer Jüdischen Historischen Institut nahm Frau Rochowska 2006 im Namen ihrer Eltern die Medaille für die »Gerechten unter den Völkern der Welt« entgegen. Es war eine würdige Zeremonie, bei der viel über Marcel Reich-Ranicki und Teofila gesprochen wurde. Anwesend waren sie nicht. Ihrer beider Gesundheit lasse Auslandsreisen nicht mehr zu, hatte der Kritiker mitgeteilt. Frau Rochowska ist ein wenig betrübt; gerne würde sie die beiden nach einem halben Jahrhundert noch einmal sehen. Doch seit zwei Jahren hat sie nichts mehr von ihnen gehört.[54]

Zu Hause sprechen die Ranickis immer noch polnisch, auch dann, wenn der Sohn aus Edinburgh anruft – er spricht die Sprache fließend. Doch weder Marcel Reich-Ranicki noch seine Frau sind seit ihrer Ausreise je wieder dort drüben im Osten gewesen, selbst Andrew Ranicki nicht. Nur eines hatten sie aus diesem unglücklichen Land an der Weichsel mitgenommen: die Sprache, die polnische, und die Literatur.

XIII. Biografie – ein Spiel?

Wer ist Marcel Reich-Ranicki?

Würde der Kritiker heute, auf das Jüdische in seinem Leben hin befragt, nicht gerne ausrufen: »Ich bin nicht Reich«? Und, auf das Polnische angesprochen, ebenso heftig: »Ich bin nicht Ranicki«? Wenn er im Gespräch das Gefühl hatte, jemand wolle ihn in eine Schublade einsortieren, die ihm unpassend oder unbequem erschien, eine polnische oder jüdische zumal, pflegte Reich-Ranicki warnend den Zeigefinger zu heben: Man wolle ihn wohl wieder in ein Getto sperren.

Doch darum geht es nicht. Es geht vielmehr um sein *ganzes* Leben, das viel zu interessant, auch viel zu bedeutsam ist, als dass man sich mit Halbwahrheiten darüber begnügen könnte. Es geht um die Frage, *welchen* Weg Marcel Reich-Ranicki tatsächlich gegangen ist, *warum* er gerade diesen Weg gegangen ist und *wie* er heute darüber spricht.

Welchen Weg ist er gegangen? Ich habe versucht, unter Aufbietung der heute noch lebenden Zeitzeugen und der schon heute verfügbaren schriftlichen Quellen diese Frage nach bestem Wissen und Gewissen zu beantworten. Sicher ist eines: Marcel Reich-Ranicki hat in seinen polnischen Jahren das Fürchten gelernt. Immer wieder hat er die Urangst der Ohnmächtigen, die Existenzangst der Luftmenschen[1] erfahren, erst 1939 im besetzten Warschau, alsbald auch im Getto.

Dann 1944 im von der Roten Armee überrollten, sich nach und nach kommunistisch einfärbenden Polen; abermals 1949, nachdem man ihn aus seiner neuen Laufbahn geschleudert hatte; und noch einmal 1958, als der Mann mit einem Koffer in der Hand in Frankfurt aus dem Zug stieg. Viermal durchlebte er eine Stunde Null; jedesmal kam, wenngleich auf höchst unterschiedliche Weise, ein Punkt, an dem er nicht wissen konnte, wie es mit ihm weitergehen würde.

Doch Reich-Ranicki hat in seinen polnischen Jahrzehnten auch das Herrschen gelernt, den Umgang mit Macht. Sein Leben ist das eines Mannes, der sich nie unterkriegen lässt, der noch aus der allergrößten Ohnmacht in die Position der jeweils größtmöglichen Macht emporschnellt. In Warschau wurde er, der Abiturient ohne Berufsausbildung, unter 400 000 Menschen zum Chefdolmetscher der Getto-Verwaltung bestimmt. Im Nachkriegspolen machte er – obwohl seine Tätigkeit im Getto intern von Anfang an bekannt war und später gegen ihn gewendet werden konnte – Karriere bei der »Sicherheit«. Mit 28 Jahren wurde er Konsul und Geheimdienstresident in London, damals ein Brennpunkt nicht nur der polnischen, sondern der Weltgeschichte. Erst der Judenrat eines Gettos, dann die Staatssicherheit einer Volksrepublik, das waren ungewöhnliche Lehr- und Wanderjahre.

Als Reich-Ranicki dann 1958 den Boden eines freiheitlichen Staates betritt, geht er in die Medien. Er wird zu einem der »Kontrolleure, die niemand kontrolliert«. Er beginnt einen langen Marsch durch die Institutionen der veröffentlichten Meinung, in denen man eine enorme Machtfülle erobern kann, ohne je den Absturz in die völlige Ohnmacht befürchten zu müssen. »Ein genialer Karrierist«, bilanziert Władysław Bartoszewski[2], der seinem Zeitgenossen und – cum grano salis – Warschauer Landsmann in herzlicher Abneigung verbunden ist. »So einen Kerl haben wir zeit unseres Lebens nicht gesehen und werden wir nie wieder sehen«, sagt dagegen voller Verehrung Frank Schirrmacher.[3]

Marcel Reich-Ranicki ist ein singulärer Fall, doch in anderer Hinsicht wiederum ein sehr trivialer: Auch er sprach und spricht heute sehr ungern über alles, was als dunkler Fleck auf seiner Weste erscheinen könnte, in seinem Fall vor allem die Einsätze in Oberschlesien 1945, in Berlin 1946, in London 1948/49. Fast ein halbes Jahrhundert hat er geschwiegen. Aus Angst wovor? Aus Angst vor Machtverlust? Das Fürchten hatte er gelernt: Fehler einzugestehen hätte in seinen früheren Lebensumständen und Rollen tödlich sein können. In der Mediendemokratie, in einem freien Land, wäre es nur noch dies: unangenehm.

Doch ohne ein kleines Bekenntnis kommt heute kein großer Geist mehr aus. Marcel Reich-Ranicki hat dafür nicht etwa seine Tätigkeit im Sicherheitsministerium gewählt, die er mit dem Motiv des Antifaschismus bis heute verteidigt, selbst wenn er mehrfach eingeräumt hat, die Behörde sei eine »verbrecherische Organisation« gewesen.[4] Stattdessen distanziert er sich von dem wohl belanglosesten politischen Akt seiner polnischen Jahre: Er nennt es, »von heute her gesehen«, einen »ernsten Fehler«[5], dass er – wie Millionen Europäer – nach dem Krieg einer kommunistischen Partei beigetreten war. Glücklich, wer keine größeren Fehler vorzuweisen hat.

Das Leben Reich-Ranickis lässt sich freilich noch auf einer anderen Ebene lesen. Ist es Zufall, wie er kürzlich in wenigen Worten den Lebensweg Joseph Roths einfühlsam – um nicht zu sagen: kongenial – auf den Begriff gebracht hat? »Ein Ostjude auf der Suche nach einer Heimat.« Aus einem »armseligen Nest Galiziens« stammend, zeitweise einem »Flirt mit dem Sozialismus« verfallen, habe Roth nach einigem Hin und Her feststellen müssen, »jetzt habe er nur noch eine Heimat: die deutsche Sprache.« Der Schriftsteller sei immer in verschiedenen Rollen und hinter Masken aufgetreten; die Grenze zwischen Spiel und Wirklichkeit sei in seinem Leben fließend gewesen.[6] Reich-Ranicki hat jüngst seinen 88. Geburtstag gefeiert; Joseph Roth war gerade 44 Jahre alt geworden, als er in einem Pariser Spital starb. Welche Rollen- und Maskenspiele mögen diesem Menschen durch seinen frühen Tod im Mai 1939 erspart geblieben sein?

Die späteren Jahre im Leben Reich-Ranickis, das ist auch die Geschichte eines Migranten, der zu einem Apostel der Klassik, der Hoch- und Leitkultur seiner Wahlheimat Deutschland geworden ist. Und es ist die Geschichte eines Überlebenden, der gezeigt hat, wie ein Opfer dem »Volk der Täter« die Hand reichen kann. Der nach dem finstersten Kapitel deutscher Geschichte immer wieder beteuert hat, er habe nie Hass und Rache verspürt, was beim deutschen Publikum eindeutig als Angebot der Aussöhnung ankommen musste.[7] Ein solches Jahrhundert wie das 20. Jahrhundert werden wir – in Mitteleuropa – hoffentlich nie wieder erleben.

Juden doloris causa: Reich-Ranicki und Tuwim

Aber warum ist Reich-Ranicki in diesem Jahrhundert gerade diesen Weg gegangen? Hat er nicht oft am Scheideweg gestanden, wo er anders hätte entscheiden, wo er sich eine andere Heimat hätte wählen können? Julian Tuwim, Reich-Ranickis polnischer Lieblingsdichter, »ein genialer Poet…, dem ich sehr viel verdankte«[8], dieser Tuwim schrieb im

August 1944, als der Warschauer Aufstand begonnen hatte und für das Ehepaar Reich die letzten Wochen im Versteck bei den Gawins, den Text *Wir polnischen Juden*.[9] Ein kurzer Text, ein Manifest, eine Liebeserklärung aus dem Exil; vielleicht die schönste, die je ein Jude an sein Herkunftsland gerichtet hat. Schon im ersten Satz wendet er sich an all jene Stammesgenossen, die sich über sein Pole-Sein wunderten, und an jene Polen, die ihn immer und ausschließlich für einen Juden hielten.

»Ich bin Pole, weil es mir so gefällt«, sagt er an die Adresse der ersteren. »Pole zu sein ist weder eine Ehre noch ein Grund zum Ruhm noch ein Privileg. Genauso ist es mit dem Atmen.« Pole sei, wer seine ersten Liebesbriefe und Gedichte auf Polnisch geschrieben habe. Pole sei er, Julian Tuwim, auch deshalb, weil ihm die Birke und die Weide vertrauter seien als Palme und Zypresse, polnische Faschisten verhasster als alle übrigen Faschisten, und Mickiewicz und Chopin teurer als Shakespeare und Goethe – »aus Gründen, die ich verstandesmäßig nicht zu erklären vermag«.

Und warum ist er Jude? »WEGEN DES BLUTES«, schleudert Tuwim aus sich heraus. Nachdem er den Leser dergestalt provoziert hat, führt er mit ihm einen Dialog: »›Also Rassismus?!‹ – Nein. Durchaus kein Rassismus. Ganz im Gegenteil.«

Es gebe nämlich zwei Arten von Blut: das *in* den Adern und das *aus* den Adern. Für ersteres, eine Körperflüssigkeit, seien die Physiologen zuständig – und niemand sonst. Letzteres dagegen, schreibt Tuwim, »ist das Blut von Millionen unschuldig ermordeter Menschen, kein in den Arterien verborgenes Blut, sondern offenbartes Blut.« In diesem reißenden, schäumenden Strom, »in diesem neuen Jordan empfange ich die Taufe aller Taufen: die blutige, heiße Märtyrerbruderschaft mit den Juden«. Als polnischer Dichter, dessen Handvoll

Gedichte ihn »vielleicht« überleben werde, hoffe er darauf, diesen Rang verliehen zu bekommen: »den Rang eines Juden doloris causa«. Und die Männer und Frauen seines Stammes, verstreut würden sie eines Tages sitzen an den Ufern des Hudson, der Themse, des Nil und des Euphrat, des Ganges und des Jordan, »weinend wie einst an den Flüssen von Babylon«, und die graue Mutter Weichsel anrufen.[10]

Reich-Ranicki ist einen anderen Weg gegangen als Tuwim. Er hat selbst beschrieben, wie er Anfang der fünfziger Jahre seinem Idol, dem 26 Jahre älteren Dichter und Satiriker, beim Kaffee gegenüber saß. (Schauplatz war das Café des Schriftstellerverbands in der Warschauer Altstadt, gegenüber der Narbe, die das 1944 gesprengte Königsschloss hinterlassen hatte.) Marceli Reich, angehender Kritiker, sprach den berühmten Tuwim, vor dem Krieg Übersetzer Heines und Hebbels, auf dessen Verhältnis zur deutschen Literatur an und erntete – Ausflüchte. Schnell wechselte der Dichter das Thema. Erst eine Freundin vermochte Reich unter Hinweis auf den Holocaust und die Ermordung von Tuwims Mutter aufzuklären: »...er will damit nichts, gar nichts mehr zu tun haben. Er hat dir das nicht deutlicher gesagt, denn er ist ein taktvoller Mensch. Und natürlich weiß er, womit du dich beschäftigst; er wollte dich nicht kränken.«[11]

Reich-Ranicki wollte nicht Jude oder Pole doloris causa sein. In den fünfziger Jahren hat er im zertrümmerten Warschau trotzig den Gebrauch der deutschen Sprache verteidigt; zumindest hebt er diese Episoden heute hervor. Er beschreibt sie, an seine deutschen Leser gewandt, als sei gar nichts dabei gewesen, Gesprächspartner mit Hinweis auf die Halbgötter der neuen Diktatur zum Schweigen zu bringen: »Wenn ich irgendwo deutsch redete, bekam ich zu hören, dass ich es unterlassen solle, mich der Sprache Hitlers zu bedienen. Es fiel mir nicht schwer, solche Leute streng zur Ordnung zu rufen: Es handle sich, sagte ich, um die Sprache von Marx und Engels – damit war der Fall erledigt.«[12]

Doch in das Land, in dem mit »*Marx- und Engelszungen*« geredet wurde, zog es ihn nicht. Er kannte die Deutsche Demokratische Republik, diesen – vor dem Mauerbau – noch halbwegs offenen Staat, von seinen Besuchen her. Inzwischen war die DDR Bertolt Brecht und Arnold Zweig, Anna Seghers und Stefan Heym zur Heimat geworden. Aber es gab offenbar – auch für einen Mann mit dem Werdegang Reich-Ranickis – gute Gründe, in die Bundesrepublik Deutschland zu streben. Vielleicht waren es Freiheit und Wohlstand; vielleicht auch die Überzeugung, in Adenauers Deutschland vor antisemitischen Dolchstößen sicher sein zu können.

Ein Leben lang auf der Flucht

Und wie spricht nun Reich-Ranicki über sein Leben? Wie spricht er über die polnischen Jahre? Das ist für heute die wichtigste Frage. Zunächst einmal: Wenn er spricht, ist der Adressat meist deutsches Publikum, das sich von ihm in aller Regel gern und leicht beeindrucken lässt. Umso genauer ist hinzuhören. Dann spürt man einen Ton der Verklärung, wenn er mit Blick auf sich und seine Frau von »unserer Rückkehr nach Deutschland«[13] spricht. Verbunden mit seiner Selbstdarstellung als Opfer des kommunistischen Regimes ergibt sich beinahe der Eindruck, 1958 sei ein Kriegsteilnehmer heimgekehrt, der im Osten der »bolschewistischen Bestie« die Stirn geboten habe. In einer doppelten Opferrolle konnte Marcel Reich-Ranicki in Deutschland auf einen doppelten Solidarisierungseffekt zählen.

Gehen wir noch zwei Schritte zurück: in die Zeit des Gettos und in die Jahre des Kommunismus. Als junger Mann im stalinistischen Sicherheitsapparat hat Marceli Reich nach eigenen Worten einen »Pakt mit dem Teufel« geschlossen. Und er hat früh gelernt, seine Biografie, den jeweiligen Umständen entsprechend, immer wieder neu zu erzählen. Was mit der jüdischen Existenz in der NS-Barbarei begonnen hatte, sollte nie mehr ein Ende finden: Marceli Reichs Versuch, unter dem Dach des Judenrats im Getto zu überleben, mündete in eine fast lebenslange Flucht aus dieser Vergangenheit. Immer wieder musste er sich in Polen für die Tätigkeit im Getto rechtfertigen, diese so klein wie möglich darstellen. Dass es ausgerechnet seine (übel gesonnenen) Kollegen von der »Sicherheit« waren und seine Genossen in der Partei, die ihm aus der Gettozeit einen Strick zu drehen versuchten, gibt dem Ganzen eine Wendung ins Groteske. Als bedienten sich die roten Schergen, des Hitler-Stalin-Pakts eingedenk, der Vorarbeit ihrer braunen Partner, um einen Menschen kaltzustellen.

Nach dem Krieg arbeitete Reich fünf Jahre im Sicherheitsministerium. Seine Rolle darin hat er nach seinem Weggang in den Westen jahrzehntelang beschwiegen. Ein weiterer Punkt, wo ihn seine (inzwischen: ehemaligen) Genossen hätten unter Druck setzen können. Erst als ein polnischer Zeitzeuge 1991 zu reden anfing und drei Jahre später in Deutschland eine große Debatte über seine Vergangenheit anhob, wurde seine frühere Tätigkeit für den polnischen Geheimdienst öffentlich bekannt. Details, die sich nicht länger leugnen ließen, hat Reich-Ranicki seitdem bestätigt, das ganze Ausmaß, seine Bedeutung und seine Wirkung aber immer wieder herunterzuspielen versucht.

Den Sturz von seinem Londoner Doppelposten als Konsul

und Geheimdienstresident hat er kürzlich ganz neu gedeutet. Im »Kanon« der Romane lesen wir in der Kurzbiografie des Herausgebers Reich-Ranicki folgendes: »Im Herbst 1949 bat er aus politischen Gründen um seine Abberufung und kehrte nach Warschau zurück.«[14] – War Reich-Ranicki ein heimlicher Dissident? Schmückt sich da jemand mit fremden Federn?

In dieser Biografie im »Kanon« ist Reichs Lebensweg gegenüber früheren Darstellungen, fremden wie eigenen, wohl am stärksten frisiert. Dass er, was niemand bestreiten wird, immer wieder ein Opfer grauenhafter Verhältnisse war, genügt ihm nicht; hier ist er bemüht, sich auch als Widerstandskämpfer ins rechte Licht zu setzen. Im Judenrat »wirkte er als Übersetzer«, heißt es dort lapidar; danach werden seine Widerstandsakte im Getto ausführlich beschrieben. Bei der Darstellung der Nachkriegszeit fehlt ein Wort: »Sicherheitsministerium«. Stattdessen heißt es lediglich: »1947 arbeitete er in der Zentrale des polnischen Geheimdienstes (Auslands-Nachrichtendienst) in Warschau und zugleich im polnischen Außenministerium.« Der Leser könnte den Eindruck gewinnen, irgendetwas »Geheimes« habe in diesem Leben wohl nur irgendwann im Jahre 1947 stattgefunden, und auch das nur neben einer – für diese Zeit bisher unbekannten – diplomatischen Tätigkeit in Warschau.

Darauf folgt die wortreiche Schilderung der (für damalige Verhältnisse harmlosen) Repressalien, die Ranicki in Polen in den fünfziger Jahren kurzzeitig erdulden musste. Noch einmal verspürt der Kritiker, selbst in einem freien Land und auf dem Höhepunkt seiner Popularität, das Bedürfnis, sich zu rechtfertigen, sein Leben zu retuschieren. Vielleicht ist das nach der Debatte des Jahres 1994 verständlich: Damals hatten deutsche und polnische Medien in monatelanger Recherche seine Tätigkeit im Sicherheitsministerium unter die Lupe genommen.

Der Gegenschlag Reich-Ranickis war von unerhörter Wucht. In seiner berühmten »Rede über das eigene Land«, einem Aufriss seiner späteren Autobiografie, greift er nach einer Schilderung des Warschauer Gettos jene Journalisten an, die es wagen, seinen Lebensweg unabhängig von seinen Vorgaben zu erforschen. Er stellt sie – nicht ohne für literarischen Dekor zu sorgen – neben die Schmalzowniks, die Denunzianten, die damals in Warschau Juden ausraubten und im Falle von Widerstand ans Messer lieferten:

> *»Sie waren unentwegt auf der Suche nach Juden, denen sie drohten, sie würden sie sofort dem nächsten deutschen Wachtposten ausliefern – es sei denn, der Jude gab alles her, was er bei sich hatte. Wer in einem totalitären Staat gelebt hat, den braucht man nicht zu überzeugen, dass Hoffmann von Fallersleben ins Schwarze traf: Der größte Lump im ganzen Land,/ Das ist und bleibt der Denunziant. Das gilt auch für die freie Bundesrepublik Deutschland. Wer wird, in welcher Gesellschaft auch immer, ein passionierter Denunziant? Es ist oft ein missratenes Individuum, dem schon die Schule Schwierigkeiten bereitet hat, das keinen Beruf zu erlernen vermochte, das überall gescheitert ist, das nichts kann. Aber es kann denunzieren. Heutzutage bezeichnen sich manche Denunzianten als Enthüllungsjournalisten.«*[15]

Nachdem er auch dem von ihm geschätzten Wolf Biermann unter vier Augen die Unwahrheit über sein polnisches Leben erzählt hatte, kritisierte Biermann den Kritiker. Da schleuderte Reich-Ranicki einen alttestamentarischen Fluch gegen Biermann, die schlimmste Verwünschung, die einen Juden treffen kann:

> *»Nicht gedacht soll seiner werden. Das ist ein schönes biblisches Wort … Es gibt Situationen, da ich es für richtig halte, Schriftsteller*

öffentlich zu bestrafen. – Die härteste Strafe, die ich verhänge, besteht darin, dass ich von einem solchen Schriftsteller kein Wort mehr lese und seinen Namen nicht einmal erwähne.«[16]

Reich-Ranicki hatte allen Grund, Angst zu haben: Das Bild, das er von sich entworfen hatte, drohte zu zerfließen. In einer kurz darauf erschienenen Biografie heißt es: »Wie bei keinem anderen Kritiker unserer Zeit rührt Reich-Ranickis Ansehen von einer durch Person und Biographie beglaubigten Autorität, ja Integrität her. (…) Und genau diese Glaubwürdigkeit, an die sämtliche Äußerungen von ihm in letzter Instanz appellieren, schien für einen Augenblick in Gefahr zu sein.«[17]

Zurück zum Jahr 1958. Das westliche Deutschland sollte es sein. Jahrzehntelang hat Reich-Ranicki später in der Bundesrepublik von sich gesagt, er sei hier fremd, einsam, ein Außenseiter geblieben. Doch darin lag auch eine Chance, wie sie keinem anderen als einem Migranten zuteil werden konnte: Die frühe Bundesrepublik, so provinziell sie anfangs sein mochte, verspürte nach und nach auch einen wachsenden Bedarf an Exotik. Reich-Ranicki befriedigte diesen Bedarf. Sein Stil, der die Leichtigkeit des polnischen Vorkriegsfeuilletons mit der apodiktischen Härte des sozialistischen Realismus verbindet, findet auch in der offenen Gesellschaft, auch in der westlichen Popkultur dankbare Abnehmer. Das schulmeisterliche Auftreten, die Attitüde des Paukers musste – nach 1968 – erst recht exotisch wirken; das verstärkte den Reiz des »Literarischen Quartetts« erheblich. Niemand hat je behaupten wollen, diese Sendung sei eine Hochburg des herrschaftsfreien Diskurses gewesen. Aus sicherer Distanz durch die Mattscheibe betrachtet, wirkte das »Quartett« sehr amüsant, wie eine Reminiszenz an die *Feuerzangenbowle*.

Doch der Erfolg im Literaturbetrieb ist das eine, das gesellschaftliche Willkommen- und Aufgenommensein etwas anderes, das Heimischwerden im tiefsten Sinne etwas Drittes. Kein Zweifel: In Marcel Reich-Ranicki steckt etwas von diesem heimatlosen Joseph Roth. Neben allen anderen Gemeinsamkeiten sitzt in beiden diese verbreitete und doch merkwürdige Hemmung vieler Ostjuden, Osteuropäer und überhaupt aller, an deren Biografie die Vorsilbe »Ost« klebt, sich im »Westen« (wo immer das sei) zu ihrer Herkunft freimütig oder gar mit Stolz zu bekennen. Kein Wunder: Die Alteingesessenen – und erst recht jene, die sich mit fragwürdiger Berechtigung für solche hielten – haben es ihnen nicht leicht gemacht. Hans Mayer, der aus der DDR in den Westen gekommen war, fünf Jahre nach Reich-Ranicki, lästerte über seinen Konkurrenten gern mit den Worten »der große Pole«[18]. Da tat sich noch einmal jene Kluft auf, welche die deutschen Juden von den mit Distanz und Herablassung betrachteten Ostjuden trennt.

Reich-Ranicki kam aus einem Land, von dem es heißt: »La Pologne est un pays marécageux où habitent les Juifs.«[19] Sein Ziel war – nach Auschwitz – der Eintritt in den Berliner literarischen Salon, jene bemerkenswerte erste Verkörperung deutsch-jüdischer Annäherung, Assimilation und Verschmelzung vor 200 Jahren. Die »Gruppe 47« und das »Literarische Quartett« waren in gewissem Sinne dessen Fortsetzungen, Salons mit erweiterter Gesellschaft, und diesen Eintritt, mehr noch, eine Mitgliedschaft honoris causa, hat Reich-Ranicki erreicht. Doch kann ein Mensch all das, womit er aufgewachsen ist, abstreifen wie eine überflüssig gewordene Haut? Allenfalls kann er sich die Haare färben.

Wie treffend hat es Fontane ausgedrückt, als er das Wort vom »in der Wolle gefärbten Preußen« prägte. Dieser Bürger eines halbdeutschen Staates[20], dieser Fontane kannte seine Schäfchen, die hugenottisch-, die germanisch- und die slawischstämmigen. Er wusste, dass die Wolle nur Blendwerk ist. Vielleicht ist Reich-Ranicki genau das: ein in der Wolle gefärbter Berliner und Deutscher. Und doch schimmert unter der Wolle des Juden aus Polen, der zum Literaturpapst der Deutschen avancierte, das Land an der Weichsel durch. Sein Sprachtemperament, seine geliebten doppelten Verneinungen und Partizipialkonstruktionen, verraten ein slawisches Idiom. Er war, auch wenn er sich aus einem ganzen Knäuel von Gründen nicht recht dazu bekennen mochte, reicher als viele andere: Er war reich an Heimat.[21]

Einflussreich dagegen war Reich-Ranicki in erster Linie in Deutschland. In Polen wirkt sein Auftreten ganz anders; sein Name weckt heute überwiegend negative Assoziationen. Vor allem aufgrund seiner nicht aufgearbeiteten Rolle in den Jahren 1944–1949, seiner Geringschätzung der jüngeren polnischen Literatur und der »Bedrohung der Lesekultur«, die manche von ihm ausgehen sehen.[22] Doch in seiner Wahlheimat steht er auf dem höchstmöglichen moralischen Sockel: Leidtragender der deutschen Katastrophe und doch Wegbegleiter, nein, Mitschöpfer des kulturellen Aufschwungs nach Auschwitz. Opfer der Deutschen und dennoch ein Mann, der »Goethe im Getto«[23] gepflegt hat, der nie Rachegefühle verspürt haben will, der dieser Nation heute gleichsam die Vergebung zuspricht. Und noch eins, nicht zu vergessen: der Deutschen oberster Kritiker; der Mann, der die Schlüssel zum Reich der (deutschen) Literatur in Händen hält: »Wer dazugehört, entscheide ich.«[24] Werden wir – mit Kleist gesprochen – zeit unseres Lebens noch so einen Kerl zu sehen bekommen?

Anhang

Abkürzungen

AAN	Archiv für Neue Akten, Warschau
AMSZ	Archiv des Außenministeriums, Warschau
BRiOW	Büro für Restitution und Kriegsentschädigung (Warschau; seit 1945 mit einer »Delegatura« in Berlin vertreten)
IPN	Institut des Nationalen Gedenkens, entspricht etwa der deutschen Stasi-Unterlagenbehörde
MBP	Ministerium für Öffentliche Sicherheit, gegründet im Juli 1944 (zunächst als »Ressort für Öffentliche Sicherheit«), 1954 aufgelöst. Seine Funktionen wurden wenig später vom Innenministerium (MSW) übernommen.
NKWD	(in der Sowjetunion, bis 1946) Volkskommissariat für innere Angelegenheiten. Ministerium mit z. T. geheimpolizeilichen Funktionen.
PRL	(gängige deutsche Übersetzung: VRP) Volksrepublik Polen, offizielle Bezeichnung seit 1952, auch: Volkspolen
PZPR	(gängige deutsche Übersetzung: PVAP) Polnische Vereinigte Arbeiterpartei, gegründet 1948 als Zusammenschluss aus Kommunisten (Polnische Arbeiterpartei, PPR) und Sozialisten (PPS); Staatspartei bis 1989
TW	(tajny współpracownik) Geheimer Mitarbeiter der polnischen Sicherheitsorgane, entspricht dem IM in der DDR.
UB	»Sicherheitsbehörde«, umgangssprachlich für das Ministerium und seine regionalen und lokalen Zweigstellen

Anmerkungen

Anstelle eines Vorworts

1 Petra Morsbach: Warum Fräulein Laura freundlich war. Über die Wahrheit des Erzählens. München/Zürich 2006. In ihrer preisgekrönten Studie, die im Piper-Verlag erschien, liest die Autorin »Mein Leben«, die »Blechtrommel« und Anderschs »Vater eines Mörders« zwischen den Zeilen und weist auf »manipulative« Elemente hin.
2 Zitiert nach Volker Hage, Mathias Schreiber: Marcel Reich-Ranicki. Köln 1995, S. 10.
3 Uwe Wittstock, Marcel Reich-Ranicki, Geschichte eines Lebens, München 2005, S. 253.
4 Die Redewendung »pannebratsch sein« (ostpreußisch; vgl. polnisch być za pan brat: mit jemandem »Herr Bruder« sein) bedeutet in beiden Sprachen: auf Du und Du sein, vertraut sein. Friedrich Lufts Maxime war, zu den Personen, über die er als Kritiker schrieb, privat Distanz zu wahren und »immer den Orchestergraben dazwischen zu haben«.
5 Wittstock, ebda., S. 235.
6 Morsbach, ebda., S. 113.

I. Kindheit in Polen: Włocławek

1 Sein eigentlicher Name war Gaj-Gajk Bschischkian; in der Truppe wurde er respektvoll Gaj-Khan genannt.
2 Ihr Kriegsberichterstatter Isaak Babel fügte seine Skizzen vom Feldzug zu dem grandiosen Werk »Die Reiterarmee«.
3 Zitiert nach Jan Borkowski (Hg.), Rok 1920. Wojna polsko-radziecka we wspomnieniach i innych dokumentach [Das Jahr 1920. Der polnisch-sowjetische Krieg in Erinnerungen und anderen Dokumenten], Warszawa 1990, S. 258. Übersetzung G.G., sofern nicht anders vermerkt.
4 Zitiert nach Borkowski, ebda., S. 180.
5 Bericht des Kazimierz Mitera, erstmals veröffentlicht 1991. Zitiert nach dem ausgezeichneten historischen Album von Agnieszka Knyt (Hg.), Rok 1920. Wojna Polski z Rosją bolszewicką [Das Jahr 1920. Der Krieg Polens mit dem bolschewistischen Russland], Warszawa 2005, S. 161.
6 Gespräch mit Reich-Ranicki, 10. 6. 2008. Meine Frage, ob diese Flucht in der Familienüberlieferung eine größere Rolle gespielt habe, verneint er. Dafür

scheint auch zu sprechen, dass er die Schlacht falsch datiert: »Die ganze Familie ist 1921, 1922 geflohen.« – Auch wenn Marceli Reich (zeitweise Ranicki) heute als Marcel Reich-Ranicki bekannt ist: Ich bemühe mich innerhalb der einzelnen Kapitel darum, jeweils nur eine Namensform zu verwenden. Unter Freunden und Kollegen heißt er heute vielfach »der Reich«.

7 Adam Zamoyski, *Warsaw 1920: Lenin's Failed Conquest of Europe*, New York 2008, S. 106. Płock hatte eine Siedlung namens Radziwie links der Weichsel, die genaugenommen erst seit 1923 zur Stadt gehört. Wo und auf welcher Seite des Stroms sich Familie Reich in diesen Tagen aufhielt, ist wohl nicht mehr zu ermitteln.

8 Briefe Weygands an Foch vom 11. bzw. 13. 8. 1920, zit. nach Borkowski, ebda., S. 206 f.

9 Diese Zahl der Internierten nennt Zamoyski, S. 109; ansonsten vgl. Knyt, ebda., S. 217. Dort ist auch die Rede davon, dass 16 000 bis 18 000 gefangene Rotarmisten in Polen durch schlechte Haftbedingungen und Krankheit ums Leben kamen – ein Thema, das die russisch-polnischen Beziehungen bis heute belastet.

10 Archiwum Państwowe [Staatliches Archiv] Włocławek, Signatur 71/1/0/8384.

11 In »Mein Leben« ist von 60 000 Einwohnern die Rede, welche die Stadt jedoch – dank einer überdurchschnittlichen Zuwanderung – erst 1935 erreichte. Damals entstanden am Stadtrand zahllose Hütten, ganze Armeleute-Siedlungen. Vgl. Adam Ginsbert, *Włocławek. Studium monograficzne*, Warszawa 1968, S. 95 i 98. Zur Geschichte der Juden in Włocławek im 20. Jahrhundert vgl. Mirosława Stojak: Wspomnienia o włocławskich Żydach, in: Słowo Żydowskie 13–14 (2008), S. 31.

12 Mein Leben, S. 14.

13 Ebda., S. 16. Deutsche Sprache und Kultur haben in der Familie offenbar eine große Rolle gespielt. Zugleich darf bei Passagen wie dieser nicht vergessen werden, dass »Mein Leben« in erster Linie für ein deutsches Publikum geschrieben wurde.

14 Ebda.

15 Gespräch mit Reich-Ranicki, 10. 6. 2008.

16 Mein Leben, S. 17 f.

17 Ebda., S. 18. Am Tag der Geburt Marceli Reichs, des späteren »Literaturpapstes«, wurde in einer anderen polnischen Kleinstadt der künftige Papst getauft: Karol Wojtyła. Für Johannes Paul II. war es, wie er sagte, von großer Bedeutung, dass er in der Zeit des »Wunders an der Weichsel« auf die Welt kam; er empfand gegenüber den Verteidigern Polens von 1920 tiefe Dankbarkeit.

18 Ebda., S. 21.

19 Ebda., S. 19.

20 Janina (geb. 1915) wurde Korsettknüpferin, Lucjan (1922) Mechaniker. Die Angaben zur Verwandtschaft entnehme ich dem Archiv des Instituts des Nationalen Gedenkens (IPN) in Warschau, Signatur IPN BU 0194/168 (Alfred Kalmanowicz) und IPN BU 1368/2331 (Danuta Felicja Kalmanowicz, seine Frau).

21 Dies schrieb Dezydery Szymkiewicz 1919. Zit. nach Jakub Wajer: Życie kulturalne Włocławka w latach 1918–1939. Bydgoszcz 1997, S. 60. Siehe auch Adam Ginsbert, Włocławek. Studium monograficzne. Warszawa 1968, insbes. S. 87–149.

22 Ginsbert, ebda., S. 92

23 Mein Leben, S. 23.

24 Die Zitate in diesem Absatz: Mein Leben, S. 22 f. Der Zusammenbruch der New Yorker Börse, der Beginn der Krise, fiel auf den 24. Oktober 1929. Wenn die Familie Reich im Sommer 1929 nach Berlin übersiedelte, ist daraus zu schließen, dass die väterliche Firma vor dem »schwarzen Freitag« zusammenbrach. Ihren Höhepunkt erreichte die registrierte Bauwirtschaft in Włocławek 1928 mit 874 Wohnungen; in den folgenden Jahren fiel die Zahl auf 487 bzw. 400. Erst 1931 kam der Tiefpunkt: 57 Wohnungen. Vgl. Ginsbert, ebda., S. 121.

25 Mein Leben, S. 24; zum Geburtsort (gesprochen etwa: Wuotzuawek) s. S. 33 f.

26 Ebda., S. 24 f.

II. Das Ende des Friedens

1 Dieses und die weiteren Zitate: Józef Mackiewicz: Nudis Verbis, Londyn [London] 2003, S. 21 (erstmals erschienen in der Zeitung »Słowo« (Nr. 9), 10.1. 1939).

2 Dieses und das nächste Zitat: Zbigniew Mitzner, Inferno w Zbąszyniu (damals erschienen im »Dziennik Ludowy«). Hier zitiert nach: http://zck.org.pl/muzeum/szkice/publikacje/varia/inferno.pdf. – Aus Verzweiflung über die Lage seiner Eltern in Zbąszyń erschoss der junge Herschel Grynszpan in Paris einen deutschen Diplomaten, was die NS-Behörden als Vorwand für die »Reichskristallnacht« benutzten.

3 Gespräch mit Reich-Ranicki, 10. 6. 2008.

4 Dazu kam es erst im Sommer 1939, kurz vor Kriegsausbruch. Vgl. Zwischen Diktatur und Literatur. Marcel Reich-Ranicki im Gespräch mit Joachim Fest. (Nach der Sendereihe des ZDF »Zeugen des Jahrhunderts«.) Frankfurt am Main 1987, S. 29.

5 Uwe Wittstock, Marcel Reich-Ranicki, Geschichte eines Lebens, München 2005, S. 40 (dort auch eine Abbildung des Dokuments).

6 Eine Firma, »deren Teilhaber ein Jude war und die dennoch (…) existieren

konnte«: Mein Leben, S. 155. Daten und Name der Firma entnehme ich Reichs MBP-Personalbogen: IPN BU 0193/896, r. [Abschnitt] I, S. 7 v.

7 Mein Leben, S. 155.

8 So die Einschätzung eines polnischen Diplomaten in Berlin vom Juni 1938; er vermutete später, dass bis zum Oktober 1938 je 5000 von ihnen nach Polen zurück oder weiter in Drittländer reisten. Vgl. Jerzy Tomaszewski, Rzeczpospolita wielu narodów [Eine Republik vieler Völker], Warszawa 1985, S. 199.

9 Der Bericht Singers mag die Gegensätze zwischen den Gruppen wohl etwas übertreiben; er erschien in Polen im jüdischen »Nasz Przegląd« (Unsere Rundschau) vom 23. 11. 1934. Ich zitiere ihn nach: Bernard Singer w krajach Hitlera i Stalina. Wybór reportaży..., Warszawa 2007, S. 100–102. Im Jahr 1948 begegneten sich Singer und Reich-Ranicki in London.

10 Eine Ausnahme war der polnische Konsul Feliks Chiczewski in Leipzig. Er öffnete das Gelände des Konsulats – die »Villa Ury« mit Garten neben dem alten Reichsgericht, dem heutigen Bundesverwaltungsgericht – für die Verfolgten. Zwei Tage lang drängten sich dort bis zu 1300 polnische Juden – Botschaftsflüchtlinge sozusagen. Manche von ihnen erhielten rechtzeitig Visa für Drittländer.

11 Gespielt wurde George Bernard Shaws »Arzt am Scheideweg«. Mein Leben, S. 158.

12 Gespräch mit Marcel Reich-Ranicki, 10. 6. 2008.

13 Gespräch mit Marek Edelman (dem letzten noch lebenden Kommandanten des Getto-Aufstandes), 8. 12. 2007. – Edelman war damals in der Jugendorganisation der jüdischen sozialistischen Partei »Bund« aktiv. Sein Geburtsdatum liegt vermutlich im Zeitraum 1919–1922. Auch die Autoren der neuen Edelman-Biografie lassen diese Frage offen: Witold Bereś/Krzysztof Burnetko, Marek Edelman. Życie. Po prostu [Das Leben. Ganz einfach]. Warszawa 2008, S. 6–8.

14 Das Haus muss in der Nähe der heutigen Shopping-Mall »Złote Tarasy« (Goldene Terrassen) gestanden haben, ziemlich genau zwischen dem Kulturpalast und dem Zentralbahnhof. Die Gegend hat sich völlig verändert.

15 Gespräch mit dem damaligen angehenden Juristen und heutigen Literaturkritiker Ryszard Matuszewski, Jahrgang 1914, 21.10.2008. Er wohnte vor dem Krieg Złota-Straße 76. Die Reichs wohnten mehr zur eleganten Seite hin.

16 Mein Leben, S. 163. Polnisch konnte er »nur mühselig und kümmerlich sprechen«, heißt es an anderer Stelle. Ebda., S. 160.

17 Mein Leben, S. 163.

18 Ebda., S. 168 f. Endgültig zog ihn wohl seine spätere Frau in den Bannkreis dieser Kunst. Eine Widmung lautet: »Für Teofila Reich-Ranicki, die mich in schwerer Zeit – es war in Warschau, in den Jahren 1940 bis 1944 – für die polnische Dichtung gewonnen hat.« Marcel Reich-Ranicki, Erst leben, dann

spielen. Über polnische Literatur. Göttingen 2002, S. 5. – Im Weiteren folge ich hier großenteils der Autobiografie.

19 Marcel Reich-Ranicki: Polacy nie zasługują na poezję Tuwima [Die Polen haben die Dichtung Tuwims nicht verdient], autorisiertes Interview in der Magazinbeilage der »Gazeta Wyborcza«, 27.10. 2008.

20 Mein Leben, S. 165.

21 Ebda., S. 165. Es folgt der Satz: »Ich glaube dies nach wie vor.«

22 Ebda., S. 166.

23 Geschrieben 1929, veröffentlicht 1933. Aus dem Polnischen von Karl Dedecius. Panorama der polnischen Literatur des 20. Jahrhunderts, Zürich 1996, I. Abteilung, 1. Band, S. 256 f.

24 Reich-Ranicki, Erst leben, ebda., S. 92 (der zitierte Text erstmals veröffentlicht 1960 in der Tageszeitung »Die Welt«).

25 Mein Leben, S. 163 f. 1995 begegnete Reich-Ranicki Pahlen und dankte ihm: »Ihre Konzerte haben mir geholfen, ich habe Sie nie vergessen«. Ebda.

26 Gespräch mit Reich-Ranicki, 10. 6. 2008. Das erwähnte Stück des Tschechen Wilhelm Werner handelt vom Schicksal der Arbeitslosen; es hatte 1937 im »Ateneum«-Theater unweit der Weichsel Premiere.– An anderer Stelle heißt es, Marceli habe die Theaterkarten von seinen Deutsch-Nachhilfestunden finanziert: Mein Leben, S. 163.

27 Gespräch mit Reich-Ranicki, 10. 6. 2008.

28 Marcel Reich-Ranicki, Erst leben, dann spielen. Über polnische Literatur. Göttingen 2002, S. 93 (Beitrag erstmals veröffentlicht 1960 in der »Welt«).

29 Ebda., S. 121 (Beitrag erstmals veröffentlicht 1980 in der F.A.Z.).

30 Marcel Reich-Ranicki, Od wywiadu do wywiadu [Vom Nachrichtendienst zum Interview]. (Interview, in:) »Polityka« 28 (9.7. 1994). Der bereits zitierte »Nasz Przegląd« (Unsere Rundschau) war eine jüdische Zeitung.

31 Reich-Ranicki, Polacy, ebda.

32 Reich-Ranicki, Od wywiadu, ebda.

33 Antoni Słonimski, Alfabet wspomnień (Alphabet der Erinnerungen). 2., erg. Ausgabe, Warszawa 1989, S. 252.

III. Krieg und Getto

1 Jarosław Iwaszkiewicz, Dzienniki (Tagebücher) 1911–1955. Warszawa 2007, S. 149. – Als Reich nach seiner Übersiedlung nach Deutschland 1958 bei der F.A.Z. vorsprach, zog er einen Aufsatz über Iwaszkiewicz aus der Tasche. Der Aufsatz wurde gedruckt – und erstmals erschien unter dem Text der Doppelname: Reich-Ranicki. Vgl. Mein Leben, S. 396.

2 Mein Leben, S. 171 f. Die Inkonsistenzen in dieser Passage sind bemerkenswert; der Autor sieht sich gezwungen, die Entscheidung zur Flucht aus Warschau, wortreich zu rechtfertigen.

3 Mein Leben, S. 176; die Sowjets waren am 17. September in Ostpolen einmarschiert, die Stadt Warschau kapitulierte vor der deutschen Wehrmacht am 28. Zwischen dem sowjetischen und dem deutschen Besatzungsgebiet in Polen gab es in den nächsten Monaten einiges Hin und Her; viele flohen in östlicher Richtung, die Schriftstellerin Maria Dąbrowska jedoch ging von Ost nach West. Allerdings war sie keine Jüdin.

4 Zit. nach Władysław Bartoszewski, 1859 dni Warszawy [Warschau 1859 Tage]. Kraków 1974, S. 60. Auf diese Chronik des Lebens in der besetzten Stadt stütze ich mich auch in den folgenden Kapiteln.

5 Mein Leben, 184 ff. In diesem Fall handelte es sich offenbar um einen »wilden«, nicht vom Judenrat vermittelten Arbeitseinsatz. Marceli Reich findet einen Ausweg: Er tritt mit einem Vertreter der Besatzer in einen Dialog ein und erreicht für sich und seinen Bruder eine bessere Behandlung.

6 So die Schilderung in »Mein Leben«, S. 169 f. Doch heißt es weiter: »Die Postkarte ist nie angekommen.« Allerdings: »Des Sieges der Alliierten war ich den ganzen Krieg über sicher, da gab es keinen Augenblick der Ungewissheit.« Reich führt diese Sicherheit heute auf das preußische Gymnasium zurück, wo er gelernt habe, »dass in der Geschichte der Menschheit letztlich stets die gerechte Sache triumphierte«.

7 Ebda., S. 183.

8 Ebda., S. 170.

9 Ebda., S. 231.

10 Ebda., S. 183.

11 Ebda., S. 202 f.

12 Die Volkszählung in Warschau dauerte etwa zwei Wochen und endete am 28. 10. mit der Ermittlung einer Zahl von 360 000 Juden. Bartoszewski, ebda., S. 78.

13 Der Begriff »Getto« wurde offiziell nicht verwendet, nur im Volksmund und sehr früh z. B. in den Tagebüchern des Vorsitzenden des Judenrats, Adam Czerniaków, und des Chronisten Emanuel Ringelblum.

14 Zur Begegnung mit Tatjana, die Marcel 1946 in Berlin noch einmal wiedersah, vgl. Mein Leben, S. 191 ff.; dort auch die zitierten Stellen.

15 Reich-Ranickis Berichte über das Warschau der Kriegszeit lesen sich streckenweise so, als habe es nur zwei gegeben: Juden und Deutsche (und allenfalls ein paar polnische Handlanger der Deutschen).

16 Ich verwende hier vereinfachend das Begriffspaar Juden–Polen, wie es heute auch in der polnischen Forschung weithin üblich ist.

17 Zitiert nach Barbara Engelking/Jacek Leociak: Getto warszawskie. Przewodnik po nieistniejącym mieście [Führer durch eine nicht existierende Stadt]. Warszawa 2001, S. 90.

18 An dieser Stelle, in unmittelbarer Nähe des heutigen Zentralbahnhofs, gibt es die Złota-Straße nicht mehr; hier steht seit 2006 die Shopping-Mall »Złote Tarasy«. Wo einst das Haus Złota Nr. 43 stand, verläuft heute die

Emilii-Plater-Straße; der fragliche Punkt liegt auf der Höhe des Kulturpalasts und seiner Kongresshalle.

19 Żelazna: Eiserne Straße; Chłodna: Kühle Straße. Dieses Eckhaus zeigt der in Zusammenarbeit mit Reich-Ranicki entstandene Film von Eva Demski als Reichs Wohnhaus in der Getto-Zeit (»Papier und Passion. Marcel Reich-Ranicki.« Ein Porträt von Eva Demski. Ausgestrahlt im Hessischen Rundfunk). Ich stütze mich bei der Rekonstruktion der Wohnorte vor allem auf Reichs präzise Angaben in dem MBP-Fragebogen, den er Ende 1949 ausfüllen musste: IPN BU 0193/896, r. I, S. 25.

20 So nannten es Ringelblum und auch der Schriftsteller Marianowicz, der selbst zeitweise dort wohnte, vgl. Antoni Marianowicz, Życie surowo wzbronione [Leben streng verboten] Warszawa 1995, S. 47, und Igor Piotrowski, Chłodna. Wielkość i Zapomnienie [Die Chłodna. Größe und Vergessen], Warszawa 2007. S. 39 f. – Reich-Ranicki schreibt, vor allem auf seine materielle Lage gemünzt: »Meine Familie und ich zählten nicht zu den Privilegierten. (…) Aber unsere Not hielt sich in Grenzen. Mein Bruder hatte als Zahnarzt einen guten Ruf und also genug Patienten. Meine Arbeit im Amt des ›Judenrates‹ fiel mir nicht schwer und langweilte mich überhaupt nicht. « (Mein Leben, S. 215.) – An die soziale Stellung bestimmter Personen im Getto haben sich immer wieder Kontroversen geknüpft. So hat der Pianist Władysław Szpilman sich in seinen Memoiren als »nicht privilegiert« dargestellt, was der Schriftsteller und Holocaust-Überlebende Henryk Grynberg als Versuch der Retusche kritisierte.

21 Gegen Nossig verhängte der jüdische Untergrund ein Todesurteil und vollstreckte es am 22. 2. 1943. – Auf die Frage, ob es zutreffe, dass Reich seine Arbeit im Judenrat einer »Empfehlung« Nossigs verdankte, antwortet er: »Das ist Quatsch. Ich habe Nossig vielleicht zweimal im Leben gesehen. Ich hatte mit ihm keinerlei Kontakt.« Reich-Ranicki, Polacy, ebda.

22 Gespräch mit Marek Edelman, dem letzten lebenden Kommandanten des Getto-Aufstands, 8. 12. 2007. Mit »Gemeinde« meint er »Judenrat«; die Begriffe wurden weitgehend synonym verwendet. – Haus Nummer 20 ist erhalten, der üppige Fassadenstuck wurde erst vor kurzem renoviert.

23 Mein Leben, S. 211.

24 Bericht in der von den Besatzern lizenzierten »Gazeta Żydowska« [Jüdische Zeitung], 9. 8. 1940, zitiert nach: Engelking, S. 158.

25 Aussage Reich-Ranickis im Archiv Yad Vashem, zitiert nach Engelking, S. 181.

26 Zitiert nach Elisabeth Young-Bruehl: Hannah Arendt, Leben, Werk und Zeit, Frankfurt am Main 1986, S. 472.

27 Alle Zitate: Zwischen Diktatur und Literatur, ebda., S. 66 f.

28 M. Reich: Wyrok w związku z likwidacją getta warszawskiego [Das Urteil, betreffend die Liquidierung des Warschauer Gettos]. In: Dokumenty i materiały do dziejów okupacji niemieckiej w Polsce. Bd. II, Warszawa 1946,

S. 227–230. – Der kleinwüchsige Lejkin erinnert auf Fotos, die ihn in Uniform zeigen, stark an Charlie Chaplin, wie er den »großen Diktator« spielt.

29 Marianowicz, ebda., S. 68. Marianowicz, eigentlich Kazimierz Jerzy Berman, floh 1942 aus dem Getto und überlebte in Verstecken in der Umgebung Warschaus. Er starb im Jahr 2003.– Reich-Ranicki berichtet in »Mein Leben« (S. 230) von Konzerten »in engen Wohnungen«, bei denen von den Gästen mitgebrachte Schellackplatten aufgelegt worden seien – von seiner Wohnung oder eigenen Platten spricht er nicht. »Eigentlich waren solche Treffen verboten. Wir waren waghalsig genug, uns darum nicht zu kümmern.«

30 Der SP-Kommandant beging später, am 21. Januar 1943, Selbstmord; andere hohe SP-Beamte wurden vom jüdischen Widerstand als Kollaborateure erschossen. Zum Thema SP stütze ich mich vor allem auf Engelking, S. 194–219. Reich-Ranicki gibt vielerorts ähnlich differenzierte Darstellungen des Judenrats, der SP und einzelner Vertreter dieser Behörden.

31 Details dazu in Marianowicz' Tagebuch, wo es unter dem Datum 2. 4. 1996 heißt: »Am Morgen Treffen mit Janek Koprowski, der einen Brief von Reich-Ranicki brachte. Was ich in »Leben streng verboten« über ihn als Getto-Polizisten geschrieben habe, meint Reich, sei Teil irgendeiner gegen ihn gerichteten Kampagne. Aber was für ein Interesse sollte ich haben, Reich zu attackieren?« Da der Brief im Ton jedoch »nicht aggressiv« sei, werde er antworten. Antoni Marianowicz, Polska, Żydzi i cykliści [Polen, die Juden und die ›Radfahrer‹]. Dziennik roku przestępnego, 2. Auflage, Warszawa 1999, S. 72.

32 Ebda., S. 73

33 Anlass für diese Gedanken sind die in den USA laut gewordenen jüdischen Entschädigungsforderungen an die Republik Polen. Ebda., S. 84 und 89.

34 Ebda., S. 83 f. (Eintrag vom 17. 4. 1996). – Doch Marianowicz erwähnt hier auch – wenngleich mit kritischer Distanz – die Memoiren der Helena Zatorska, einer Kulturfunktionärin. Er zitiert ihre Worte: Es habe sich in den fünfziger Jahren herausgestellt, dass Reich »im Judenrat und in der jüdischen Polizei im Getto tätig war«. Zatorskas Memoiren erschienen 1985 in Krakau unter dem Titel »Spoza smugi cienia«.

35 Brief Reich-Ranickis an Marianowicz, 6. 5. 1996, Archiv Margarita Rajewa-Marianowicz. Ich danke ihr, dass ich die Gelegenheit bekam, diesen Brief zu sehen. In dem auf deutsch getippten Brief dankt Reich auch für ein Buch des Historikers Marian Fuks – vermutlich über das Warschauer Getto – und legt seinen Nachruf aus der F.A.Z. auf Słonimski bei, einen gemeinsamen Bekannten. Er schließt »in großer Eile und sehr herzlich«.

36 Gespräch Reich-Ranicki, 10. 6. 2008. Von ihm stammt auch die Information über die Begegnungen.

37 Gespräch Margarita Rajewa-Marianowicz, 26. 6. 2008. Ihre Schilderung deckt sich mit den Aussagen ihres verstorbenen Mannes, wie sie mir Tho-

mas Urban, Warschauer Korrespondent der »Süddeutschen Zeitung«, überliefert hat. Demzufolge habe wegen des Buches auch Teofila Reich-Ranicki den Schriftsteller angerufen: Gespräch Urban, 17.10.2007. – Die Passage im Buch in neuer Fassung: »I met Reich very often, and all I know about him is that he worked in the community [gemeint ist die Jüdische Gemeinde/Judenrat]. I can't say I was crazy about him, that's all. The rest is just slander.« Antoni Marianowicz: Life strictly forbidden. London/Portland, OR 2004, S. 51

38 Gespräch Edelman, ebda.

39 Gespräch Bartoszewski, 13. 11. 2007; ich habe Edelman und Bartoszewski eingangs die Passage aus Marianowicz' Buch vorgelesen. Bartoszewski war 1940/41 Häftling in Auschwitz und 1942–1944 in der Żegota tätig, dem »Judenhilfskomitee« der polnischen Exilregierung.

40 Zitiert bei Engelking, S. 152.

41 Äußerung gegenüber Ludwik Hirszfeld, dem weltberühmten Mediziner, der im Judenrat den »Gesundheitsrat« (Rada Zdrowia) leitete und gegen den Typhus kämpfte. Hirszfeld floh 1942 aus dem Getto und überlebte den Krieg in einem Versteck bei Warschau. Hirszfeld, Ludwik: Dzieje jednego życia. Warszawa 1989, S. 304; zitiert nach Engelking, S. 172.

42 Reich-Ranicki, Polacy, ebda. »Hart« ist auch ein polnisches Wort; es bedeutet »Stärke, Abgehärtetsein«, »hart ducha« ist zu übersetzen mit »Seelenstärke, psychische Widerstandsfähigkeit«. Gleichlautend ausgesprochen wird: »chart«, der Windhund.

43 Mein Leben, S. 226. Hier stütze ich mich ganz auf die bewegende, reflektierte, auch selbstkritische Darstellung in der Autobiografie. Die Kritiken erschienen, wie die ganze Zeitung, in polnischer Sprache.

44 Ebda., S. 230.

45 Mein Leben, S. 241; erstmals beschreibt Reich diese Szene gleich nach dem Krieg im erwähnten Text »Wyrok…« Die Schilderung unterscheidet sich nur unwesentlich von der in »Mein Leben« ein halbes Jahrhundert später, ist knapper und schmuckloser, Gustawa Jarecka wird nicht erwähnt. Sie endet mit dem Detail, dass der Vorsitzende des Judenrats »seine« Bekanntmachung an die Juden über die Deportation, die letzte, in einem Punkt abändert: Er streicht seinen eigenen Namen und lässt stehen: »Der Judenrat in Warschau«.

46 Mein Leben, S. 257–261. Im November 1942 wird Marcelis Bruder Aleksander aus dem Getto in ein Lager bei Lublin deportiert, wo er noch ein Jahr lang, bis zu seiner Ermordung, als Zahnarzt tätig ist. Marceli erfährt von dem Tod im November 1944. Ebda., S. 313 f.

47 Vgl. Mein Leben, S. 266; der Kommandant war Mieczysław Szmerling, wie Teofila und Marcel Reich-Ranicki bestätigen: Gespräch 10. 6. 2008. Szmerling war am Umschlagplatz bekannt für seine Brutalität und die Neigung, gegen Geld Menschen freizulassen, vgl. die im Register vermerkten Zeu-

genaussagen in Grynberg, Michał (Hg.): Words to outlive us. Eyewitness accounts from the Warsaw Ghetto. London 2004, und in Engelking, S. 216.

48 Mein Leben, S. 270.

49 So die Darstellung in Mein Leben, S. 272 ff.

IV. Ein Kellerloch in Warschau

1 Gespräch mit Frau Rochowska während unseres Treffens am 13. 11. 2007 im Haus, in dem sie die Kriegsjahre verbrachte. Ich danke an dieser Stelle den heutigen Bewohnern, vor allem Magda und Marek Penther, für ihre Hilfsbereitschaft. Ihr Interesse am Thema speist sich auch daraus, dass ihr Urgroßvater selbst, wie sie sagen, im Krieg »Juden geschmuggelt hat«. Eine der Katzen der Penthers heißt übrigens Tosia.

2 Die Staffage des Flüchtlings war Barbara Rochowska nicht erinnerlich; ich schildere sie nach »Mein Leben«, S. 280. Reich-Ranickis Schilderung seines Überlebens im Versteck (zusammen mit seiner Frau) ist berühmt geworden. Ich werde immer wieder darauf verweisen. Wo nicht anders erwähnt, schöpfe ich jedoch aus den Erinnerungen von Barbara Rochowska, die sie in mehreren Gesprächen mitteilte. Zuvor waren die Reichs gegen Geld in einer Wohnung an der Pańska-Straße untergekommen, in unmittelbarer Nähe des Getto-Geländes. Reich-Ranicki, Od wywiadu, ebda.

3 In »Mein Leben« wird aus Janek Antek. Reich-Ranicki nannte mir in einem Gespräch den Grund: Rücksicht auf die Familie. »Antek« erscheint in einem denkbar schlechten Licht: Er habe Reich seine letzten Habseligkeiten abgepresst und ihm dann die Unterkunft bei seinem Bruder angeboten. Auf meine Frage, ob dies so gewesen sei, antwortet Rochowska ausweichend: »Na, reich ist er dabei nicht geworden.« Gespräch Barbara Rochowska, 13. 11. 2003.

4 Dies beschreibt der Schriftsteller Brandys: »Die Witzbolde sagten, sie fürchteten nur Urteile oberhalb der Todesstrafe; diese Strafe hielten sie für ein Bußgeld, wie man es vor dem Krieg für das regelwidrige Wechseln von einem Bürgersteig zum anderen zahlte. Über der Stadt hing eine tödliche Absurdität.« Kazimierz Brandys: Miasto niepokonane [Die unbesiegte Stadt], Warszawa 1960, S. 151 f. – Absurd oder nicht: Ein Tod nach Folterung mochte in der Tat noch mehr zu fürchten sein als der Tod allein.

5 So die ungefähre Zeitangabe von Barbara Rochowska. – Von Teofila wird im IX. Kapitel ausführlich die Rede sein.

6 Gespräch Rochowska, 13. 11. 2007. Den Unterricht für Waldemar bestätigt Reich-Ranicki im Gespräch (10. 6. 2008.): »Teils war es meine Frau, teils ich.« In der Autobiografie erwähnt er ihn nicht. Stattdessen heißt es dort, Teofila und er hätten für die Nachbarskinder – ihre Schulhefte wurden »entliehen« – incognito die Hausaufgaben erledigt. Wenn Bolek dann die

Hefte zurückbrachte, sei er oft mit Wodka bewirtet worden, »und darum ging es ihm«. Mein Leben, S. 289. Barbara Rochowska hält die Darstellung ihres Vaters in »Mein Leben« als trinkfreudig für stark verzerrt.

7 »Kombinieren« hat im Polnischen – bis heute – einen ähnlichen Klang wie im Deutschen nach dem Krieg das Wort »organisieren«: irgendetwas (halblegal) beschaffen, damit Handel treiben.

8 Als Barbara Rochowska mir die Geschichte mit dem Nachbarsjungen während unserer ersten Begegnung erzählte, verschwieg sie mir dieses Detail noch, als sei es heikel oder anstößig. Erst beim zweiten Mal fügte sie diesen scheinbar unbedeutenden Satz hinzu.

9 Als sie ihren katholischen Bolek heiraten wollte, hatte ihr Pfarrer starke Zweifel, ob das angehe. Darauf sagte sie: »Aber der Herrgott nimmt alle in den Himmel auf, es gibt nur einen Herrgott.«

10 Zwischen Diktatur und Literatur. Marcel Reich-Ranicki im Gespräch mit Joachim Fest. Frankfurt am Main 1984, S. 76.

11 Mein Leben, S. 283.

12 Zwischen Diktatur und Literatur, S. 76.

13 Gespräch mit Reich-Ranicki, 10. 6. 2008.

14 Marek Szapiro (1918–2000), sein heute noch lebender Bruder Jerzy und die Eltern wurden von der Familie Petri, Patienten des als Zahnarzt tätigen Vaters, in deren Villa, großenteils in einem Kellerraum, versteckt gehalten. Der nationalistisch gesonnene Teil der Verwandtschaft im selben Haus durfte nichts davon erfahren, doch wenn er Verdacht geschöpft hatte, gelang es jedes Mal, diesen Verdacht trickreich zu »entkräften«. Szapiros Quellen für seine Beobachtung des Krieges waren die Zeitungen und dazu die »gazetki«, die Informationsblättchen des polnischen Widerstands, die Reich jedoch nicht erwähnt. – Die Tagebücher: Marek Szapiro: Nim słońce wzejdzie… [Ehe die Sonne aufgeht…] Warszawa 2007.

15 Gespräch mit Reich-Ranicki, 10. 6. 2008.

16 Mein Leben, S. 287 ff.

17 Gespräch Rochowska, 13. 11. 2007. Waldemar Gawin starb leider früh.

18 Mein Leben, S. 284.

19 Ebda., S. 293.

20 Aussage im Film »Ich, Reich-Ranicki« von Lutz Hachmeister. Ähnlich in »Mein Leben«, ebda.

21 1943/44 »kostete die Unterbringung eines jüdischen Kindes in einer christlichen Familie pro Monat 2000 Złoty oder mehr«, hat der schwedische Historiker Paulsson ermittelt. Gunnar S. Paulsson: Utajone miasto. Żydzi po aryjskiej stronie Warszawy (1940–1945) [Die geheimgehaltene Stadt. Juden auf der arischen Seite Warschaus]. Kraków 2007, S. 195. Paulsson schätzt, dass von den Judenrettern in Warschau 70 Prozent »ehrliche, aber entgoltene« Vermieter waren, 28 Prozent ohne Gegenleistung handelten, während 2 Prozent ihre Schützlinge betrogen und beraubten. Ebda., S. 188.

22 In diesem Sinne hatte ich argumentiert, als ich in der israelischen Gedenkstätte Yad Vashem den Antrag stellte, die Familie Gawin mit der Medaille »Gerechte unter den Völkern der Welt« zu ehren (vgl. Antrag vom 12.7. 2004). Darin erwähnte ich alle mir bekannten Details, auch die Übermittlung der Geldbeträge, um spätere Überraschungen zu vermeiden. Reich-Ranicki gab zu dem Antrag seine notariell beglaubigte Zustimmung. Am 11.4.2005 teilte Yad Vashem mit, dem Antrag sei stattgegeben worden. Eineinhalb Jahre später fand im Jüdischen Historischen Institut (ŻIH) in Warschau die feierliche Ehrung statt, vgl. Konrad Schuller: Wie der Setzer Bolek einmal Hitler besiegte. F.A.Z., 1.12.2006. – Übrigens hatte Frau Rochowska nur eine vage Vorstellung davon, dass es irgendwo im Ausland eine Institution gebe, die den Rettern von Juden Auszeichnungen verleihe. Siehe auch www.yadvashem.org.

23 Schmalzowniks: Leute, die Juden mit der Drohung, sie zu verraten, erpressten. – Kochanie: Mein Liebling (polnisch). – Gespräch mit Teofila und Marcel Reich-Ranicki, 10.6.2008. Der Sachverhalt mit dem Geld ist verschleiert dargestellt in »Mein Leben«, S. 288; dort ist die Rede davon, dass eine Verwandte »kleine Beträge« schickte – ob für die Reichs bestimmt oder für die Gawins, bleibt offen.

24 Mein Leben, S. 293.

25 Gespräch Rochowska, 13.11.2003. – Paulsson, ebda., schätzt, dass sich in Warschau in der Getto-Zeit insgesamt 28000 Juden versteckt hielten, von denen 11000 vor dem Warschauer Aufstand ums Leben kamen. Letztlich hätten 11500 dieser Versteckten den ganzen Krieg überlebt (S. 315). Er schätzt, ähnlich wie der Getto-Chronist Ringelblum, dass »fast 60000« Warschauer bewusst an der Rettung von Juden mitgewirkt haben (S. 191). Zugleich hätten »einige tausend« Warschauer auf Juden »Jagd gemacht« (S. 327).

V. Ende und Anfang in Schlesien

1 Im Gespräch mit Günter Grass, 1958. Zitiert nach »Mein Leben«, S. 11.

2 Die Zentrale dieser Behörden war das Ministerium für Öffentliche Sicherheit (MBP, die polnische Entsprechung des MfS, des Ministeriums für Staatssicherheit, in der späteren DDR). Die MBP-Personalakte Marceli Reich gibt an, er sei als »Operationsgruppenleiter« vom 5. Februar bis zum 25. März 1945 in Oberschlesien gewesen: Archiv des Instituts des Nationalen Gedenkens, Signatur IPN BU 0193/896, r. [Abschnitt] III, S. 2r. – Die geläufige Bezeichnung der gesamten Behörde lautete UB (Urząd Bezpieczeństwa, Sicherheitsbehörde).

3 Ihre Namen waren Wiktor Grolik, Gerard Kampert und Paweł Ulczok. Vgl. Adam Dziurok/Ryszard Kaczmarek (Hg.): Województwo śląskie [Die

Wojewodschaft Oberschlesien] 1945–1950. Zarys dziejów politycznych. Katowice 2007, S. 216f. und S. 640.

4 Abkürzung für »Smert schpionam«, Tod den Spionen.

5 Gespräche mit Bronisława Jurkowska (geboren 1917), 3./4. November 2007. Ihr Mann war zu diesem Zeitpunkt bereits gestorben.

6 Dekret des PKWN vom 4. 11. 1944; es sollte eigentlich nur für »Volksdeutsche« auf dem Gebiet des »Generalgouvernements« gelten, wurde jedoch anfangs auch in Oberschlesien angewandt. Vgl. die Darstellung von Adam Dziurok im Sammelband von Dziurok/Kaczmarek, ebda., hier S. 542f. — An dieser Stelle danke ich Gerhard Gruschka und Halina Jaszczenko für die Schilderungen ihrer Lageraufenthalte in Oberschlesien; ihre Publikationen und unsere Gespräche haben mir die Situation von 1945 nähergebracht.

7 Gespräche mit Jurkowska, ebda. Korrekt lautet das Wort im Nominativ »amcha«. – Unter den Freigekommenen aus den Lagern war die Krakauer Jüdin Edith Zierer. Sie traf auf den jungen Priester Karol Wojtyła, der sie auf seinem Rücken an einen sicheren Ort trug, mit einem Butterbrot versorgte und – was ihr heute als das Wichtigste erscheint – sie mit ihrem Namen anredete. Dadurch habe er ihr das Leben gerettet. Die Geschichte ist vielfach beschrieben worden, vgl. z. B. »New York Times«, 6.4. 2005.

8 In der auch heute trostlos wirkenden Umgebung des Bahnhofs Kattowitz-Ligota mussten damals über mehrere Wochen etwa 4000 Menschen hausen, »fast ohne Schutz und Verpflegung und von sowjetischen Soldaten terrorisiert, die ihr Hab und Gut plünderten«: Włodzimierz Borodziej/Hans Lemberg (Hg.): Niemcy w Polsce [Die Deutschen in Polen] 1945–1950. Wybór dokumentów. Warszawa 2000, Bd. II, S. 317f.)

9 Gespräch mit Marcel Reich-Ranicki, 31. 7. 2002.

10 Gespräche mit Jurkowska, ebda.

11 Zwei fast identische Anträge: IPN BU 0193/896, r. I, S. 4 i 5. Der Unterzeichner setzte das Datum »22. XI.« auf die Anträge, doch andere Dokumente der Akte vom 25. Oktober legen nahe, dass er sich um einen Monat geirrt hat. – Zu jener Zeit gab es, den Akten zufolge, offenbar nur zwei Zensureinheiten dieser Art, die Nr. 40 und die Nr. 191, die übrigen Nummern trugen reguläre Kampf- und sonstige Einheiten.

12 IPN BU 0990/ 2, Rozkazy personalne Nr. 1–220, S. 81. Die lückenlos erhaltenen »Personalbefehle« des Ministers aus dieser Zeit enthalten Tausende von Personalentscheidungen und wurden, fortlaufend nummeriert, zu dicken Büchern gebunden, die heute in der Warschauer Aktenbehörde IPN einzusehen sind.

13 Über seine Anfänge bei der Zensur 1944/45 berichtet Reich-Ranicki – mit einigem Unterhaltungswert – in »Mein Leben«, wobei er diese Arbeit überwiegend als Sandkastenspiel ohne militärische oder sonstige Bedeutung

darstellt; er erwähnt die Darstellung intimer Erlebnisse in den Briefen. Vgl. S. 308 ff.

14 Antoni Dudek, Zdzisław Zblewski, Utopia nad Wisłą. Historia Peerelu. Warszawa Bielsko-Biała 2008, S. 16.

15 Gespräch mit Reich-Ranicki, 31. 7. 2002.

16 Marcel Reich-Ranicki: Nicht fragen. Überleben. Interview (geführt von Uwe Wittstock) in der »Welt«, 13. 12. 2003.

17 Reich-Ranicki: »Nicht fragen…« (Interview mit Wittstock). – Ein ungewöhnlicher Lebensweg führte Eugen Gollomb durch diese Region. Gollomb (1917–1988), als Sohn eines jüdischen Textilfabrikanten in Łódź geboren, floh aus Auschwitz und kämpfte in einer kommunistischen Partisanengruppe in Oberschlesien. Danach ging er zur polnischen Miliz. Er verliebte sich in eine Deutsche, die jedoch vertrieben wurde, und folgte ihr in die SBZ/DDR. In Leipzig wurde er einer der größten Privatunternehmer der Stadt und 1967 Vorsitzender der Jüdischen Gemeinde. Er wird beschrieben (Name verändert zu Getzel Taube) in: Lutz Niethammer u. a.: Die volkseigene Erfahrung. Eine Archäologie des Lebens in der Industrieprovinz der DDR. Berlin 1991, S. 248–299.

18 Die Schriftsteller in Russland und Schriftsteller aus der Ukraine, die es gewagt haben zu fragen, was diese Vergewaltigungen für die Opfer, die Täter und deren Familien daheim bedeuteten, lassen sich bisher an einer Hand abzählen.

19 Vgl. John Sack: An Eye for an Eye. The Story of Jews Who Sought Revenge for the Holocaust. 4. überarb. Auflage, o.O. (USA) 2000, und Gespräch mit John Sack, 11. 7. 2002. Das Buch ist auch in Deutschland (1995) und in Polen erschienen. – Sack, ein berühmter amerikanischer Kriegsberichterstatter, selbst Abkömmling polnischer Juden, hat in verschiedenen Ländern 24 polnisch-jüdische ehemalige UB-Leute befragt, wie sie Krieg und Kriegsende erlebten. Nach Aussage mehrerer dieser Personen wurden im UB in Oberschlesien zu mindestens 70 Prozent polnische Juden eingesetzt, vgl. ebda., S. 188 f. Auch Reich-Ranicki wird erwähnt; er war gegenüber Sack nur zu einer kurzen Auskunft am Telefon bereit.

20 Dziurok/Kaczmarek, ebda., S. 640–54. Ob diese »Edelweißpiraten« womöglich aus der gleichnamigen oppositionellen Jugendgruppe in der NS-Zeit hervorgegangen sind, bliebe zu prüfen.

21 Dabei dürften auch Kuriere und Sanitäterinnen mitgezählt sein; die Schlagkraft dieser Einheiten sollte man wohl nicht zu hoch ansetzen. Vgl. Atlas polskiego podziemia niepodległościowego 1944–1956. Warszawa/Lublin 2007, S. 418.

22 Gegen Ende dieser Geschichte lachte Frau Jurkowska, als fühle sie sich befreit. Gespräche mit B. Jurkowska, ebda. – Die polnischen »Nationalen Streitkräfte« (NSZ) waren in der zweiten Kriegshälfte eine wichtige bewaffnete Widerstandsgruppe; stark nationalistisch geprägt.

23 Ebda. Zawadzki wurde 1945 Wojewode Oberschlesiens und 1952 Staatsratsvorsitzender.

24 Personalbefehl vom 29.8. 1945. IPN BU 0990/2, Rozkazy personalne MBP 1–220, Bd. 2, S. 412.

25 Gespräche mit B. Jurkowska, ebda. Roman Dmowski (1864–1939): polnischer Nationalistenführer. – Frau Jurkowska kann das Datum dieser Begebenheit nicht genau bestimmen, sie meint, es sei »ziemlich früh« gewesen. Ende 1945 wurde ihr Mann in die Wojewodschaft Bromberg versetzt, wo er ebenfalls UB-Chef wurde. – Ich bin mir dessen bewusst, dass nach der Emigration der Jurkowskis 1968 und ihrer »Rückkehr zu den jüdischen Wurzeln« dem Jüdischen in ihrer Erinnerung eine größere Rolle zukommen könnte als zum Zeitpunkt der Ereignisse selbst. Doch das Gedächtnis der Historikerin Jurkowska erscheint mir recht präzise und ihre von kritischer Selbstreflexion begleitete Erzählung durchaus glaubwürdig.

26 Dziurok/Kaczmarek, 216f. – Der Autor weist auf die Ähnlichkeiten der Herrschaftstechnik zwischen der deutschen und der neuen polnischen bzw. sowjetischen Geheimpolizei hin, erwähnt auch, das UB habe nicht nur Gebäude und Karteien, sondern gelegentlich auch Agenten von der Gestapo übernommen, nennt jedoch kein Beispiel.

27 Gespräch Marcel Reich-Ranicki, 10. 6. 2008. Die deutschen Besatzer hatten verboten, Werke Chopins aufzuführen, weil er als Polens »Nationalkomponist« galt. Entsprechend waren die ersten Chopin-Konzerte wichtige symbolische Ereignisse. – Einige meiner polnischen Gesprächspartner vermuten, Reich habe 1945 in Oberschlesien den späteren Schriftsteller Andrzej Szczypiorski kennengelernt. Sehr unwahrscheinlich: Selbst angesichts divergierender Aussagen über seinen Lebensweg kann Szczypiorski frühestens Ende April 1945 in Kattowitz gewesen sein. Ab 1951 hat er in Kattowitz für das Literaturprogramm des Polnischen Radios gearbeitet. Vielleicht lassen sich für 1951 Berührungspunkte finden?

28 Mein Leben, S. 311.

29 Eckdaten und Funktion finden sich, wie erwähnt, in Reichs UB-Personalakte (IPN BU 0193/896) und in einem internen UB-Personalhandbuch. Weitere Quellen sind hier Gespräche mit den Zeithistorikern Adam Dziurok (IPN Kattowitz) und Zygmunt Woźniczka (Uniwersytet Śląski), 5. 11. 2007. – Da das Polnische keinen Artikel kennt, kann »Kierownik grupy operacyjnej« den Leiter *der* oder *einer* Operationsgruppe bezeichnen.

30 Die erste Angabe: Gespräch Reich-Ranicki, 31. 7. 2002. Die zweite: Reich-Ranicki: »Nicht fragen…« (Interview mit Wittstock)

31 Gespräch Marcel und Teofila Reich-Ranicki, 10. 6. 2008. In der Tat findet sich in verschiedenen Akten ein Fähnrich / Hauptmann Michał Gandża (so die polnische Schreibweise), Leiter der Militärzensureinheit Nr. 191, also der Einheit der Reichs seit Ende 1944.

VI. Eine merkwürdige Mission: Berlin 1946

1 Mein Leben, S. 311.

2 Der nächste Satz lautet: »Ohne zu zögern, unterzeichnete ich im Oktober 1944 eine Verpflichtung zur Zusammenarbeit.« Der Rechtfertigung seiner MBP-Entsendung nach Berlin kommt für Reich die allergrößte Bedeutung zu. Dabei nimmt er es mit den Details nicht so genau: 1944 konnte niemand wissen, dass Reich 1946 in Berlin gebraucht werden würde. (Das Zitat aus Reich-Ranicki, Polacy, ebda.) Merkwürdig ist in »Mein Leben« auch die Rechtfertigung des Berlin-Einsatzes mit dem Krieg gegen das Dritte Reich, der ja längst beendet war (siehe unten Anm. 6). Dort hatte er noch etwas vorsichtiger formuliert: »Um Berlin wiederzusehen – wer weiß, vielleicht hätte ich einen Pakt auch mit dem Teufel geschlossen.« (S. 316).

3 Eine Frau in Berlin. Tagebuchaufzeichnungen, Genf 1959, S. 205 (Zit. nach Reinhard Rürup (Hg.): Berlin 1945. Eine Dokumentation. Berlin, 5., verb. Auflage 2007, S. 132).

4 Genaue Zahlen und Angaben über Menschen und Lager bei Rürup, S. 124–128.

5 Karla Höcker: Beschreibungen eines Jahres. Berliner Notizen 1945. Berlin 1984, S. 83 ff. Weiter heißt es, man habe, »wenn wir ausziehen«, die Rückgabe der Wohnungen in »tadellosem Zustand« versprochen. Das britische Vorgehen sei im Vergleich zum sowjetischen »präziser, bürokratischer, aber auch nicht gerade angenehm.«

6 »Wenn ich mich damals, noch im Krieg gegen das nationalsozialistische Deutschland, dem Ruf (…) verweigert oder entzogen hätte – ich hielte es für einen Fleck in meiner Biographie.« Mein Leben, S. 315 f.; allerdings wurde Reich im Winter 1945/46 nach Berlin entsandt, als der Krieg bereits vorbei war. Die Mission erhielt ihre Akkreditierung erst im Dezember 1945, im Januar 1946 kam Reich an die Spree.

7 Mein Leben, S. 319; vgl. auch S. 316–18.

8 AMSZ (Archiv des Außenministeriums), Zespół depesz, 6/77, Berlin 1946-p, t-22, Depeschen vom 24. und vom 26. 1. 1946. Diese Depeschen wurden kürzlich zur Benutzung freigegeben.

9 AMSZ, ebda., t-21 vom 27. und vom 30. 1. 1946. – Die erwähnten Zahlen galten offenbar nur für Transporte in die britische Zone. Die deutschen Ortsnamen sind in den Akten oft mit viel Fantasie wiedergegeben.

10 AMSZ, ebda., t-21, Dokument vom 1. 4. 1946 und spätere. Die Zahl bezieht sich auf die Strecke Stettin-Lübeck; von anderen Seerouten ist nie die Rede.

11 AMSZ, ebda., t-21, 27. 1. (erstes Zitat) und 3. 4. 1946.

12 Mein Leben, S. 318 f.

13 Reich-Ranicki scherzt mit Blick auf seinen späteren Einsatz als Diplomat und Agentenführer in London: »Ich habe weder einen künstlichen Bart

gehabt noch ein Toupet. Ich habe keine Geheimtinte benutzt...« Mein Leben, S. 326.

14 Die Namen Reich und Szenic fallen hier nicht, doch der Bezug ist eindeutig. Marcel Reich-Ranicki: Eine sehr sentimentale Geschichte. In: Volker Hage, Mathias Schreiber: Marcel Reich-Ranicki. Köln 1995, S. 207–222, hier S. 210.

15 Gespräch Reich-Ranicki, 18.2. 2008. – Szenic (1904–1987) war später in Warschau Deutschlandexperte, Schriftsteller und Erforscher der Geschichte der polnischen Hauptstadt.

16 Wykaz personelu ... [Personalübersicht ...nach dem Stand vom 1. Mai 1946], IPN BU 0236/35, Bd. 2, S. 1. Allerdings ist hier mit Bleistift der Name Marceli Reich durchgestrichen und hinzugefügt worden: »in Warschau«. Reich wurde im April aus Berlin wieder nach Polen abberufen.

17 Bezpieka: umgs. für »Sicherheit« (»Stasi«). Der Ukrainer Osadczuk-Korab, Jahrgang 1920, lebte damals in Berlin und hatte Kontakt zur Mission, für die er von 1947 an Pressearbeit machte. Später war er Professor am Osteuropa-Institut der FU Berlin. Gespräch Osadczuk-Korab, 14. 9. 2007.

18 AAN [Archiv für Neue Akten, Warschau], BRiOW, 289, S. 277.

19 Jerzy Kochanowski/Klaus Ziemer (Hg.), Polska – Niemcy Wschodnie [Polen-Ostdeutschland] 1945–1990, Wybór dokumentów, Bd. 1, Warszawa 2006, S. 23.

20 Diese Angaben nach dem Bericht »Sprawozdanie [...] za okres od 13.6. 45 do 4.2. 46 r.«, AMSZ, Z-6, w-120, t-1793, S. 7–9; da in Moskau in der Frage der Stickstofffabrik sehr langsam entschieden wurde, nahm dieser Fall acht Monate in Anspruch. Vgl. auch Kochanowski/Ziemer, ebda., S. 24.

21 »Raport« vom 8. 2. 1946. AAN, BRiOW, 112, S. 20.

22 Wykaz spraw... [Übersicht der Restitutionsfälle aus Berlin und Umgebung], 20. 01. 46–05. 02. 46. AAN, BRiOW, 275, S. 141-143a.

23 Dies habe ihm der Stabschef der Sowjetischen Militäradministration in Deutschland mitgeteilt. Schukow war Oberbefehlshaber der sowjetischen Streitkräfte in Deutschland. AMSZ, Z-6, w-120, t-1793, S. 7–9.

24 Mein Leben, S. 155.

25 Mit »Vallbeck« ist offenbar der Ort Walbeck gemeint. Linke-Hofmann war die Waggonfabrik in Breslau, die nach dem Krieg als PaFaWag weitergeführt wurde, Pionki war eine große polnische Pulverfabrik. Größere Betriebe schickten eigene Mitarbeiter nach Deutschland, um bei der Rückführung ihrer Ausrüstung zu helfen. Sprawozdanie rewindykacyjne Przedborskiego i Żurka, 25. 2. 1946, AAN, BRiOW, 277, S. 11.

26 So heißt es auf einer Liste geraubter Kulturgüter auf dem Gebiet der SBZ vom 5.3. 1946, AAN, BRiOW, 284, S. 1. – Die Anrede »Bürger« sollte im kommunistischen Neusprech das ideologisch verdächtige »Pan« (Herr) ersetzen.

27 Etwa die Hälfte der Mitarbeiter bekommt – laut Liste vom 30. 3. 1946 – eine Prämie: AAN, BRiOW, 272, S. 13–15.

28 Der Name dieses Kontrolleurs war Włodzimierz Pilch. Seine Interventionen hat er in einem ausführlichen Bericht festgehalten, den ich hier zitiere (AAN, BRiOW, 275, S. 1–9) und der eine umfangreiche Korrespondenz nach sich zog. Da auch sein alkoholisierter Auftritt bereits debattiert wurde, nimmt er im Bericht auch dazu Stellung und versucht, ihn herunterzuspielen.

29 So die Schilderung der Maria Borkowicz, der Personalreferentin im Büro, in einer Beschwerde an die KP-Führung in Posen, AAN, BRiOW, 289, S. 14–15.

30 IPN BU 0236/35, Bd. 2, S. 28.

31 Ebda., S. 26.

32 Antoni Dudek/Zdzisław Zblewski, ebda., S. 16.

33 IPN BU 0236/35, Band 1, S. 12 (»Raport Nr. 6« vom 13. 3. 1946).– Die Berichte befinden sich bis heute in einer Akte, die vom Sicherheitsministerium 1947 unter dem Decknamen »Odra« (»Oder«) angelegt wurde; sie umfasst Material aus den vergangenen zwei Jahren über das BRiOW, dessen bisherige Tätigkeit und Mitarbeiter jetzt gebündelt einer »Kontrolle« unterzogen werden sollten.

34 »Raport« vom 13.3. 1946. IPN BU 0236/35, Band 2, S. 9.

35 Ebda., S. 31 (15.3. 1946).

36 Ebda., S. 4 (»raport Nr. 4«). Mit »Demokratie« ist hier die Volksdemokratie sowjetischen Typs gemeint.

37 Ebda., S. 5. – Die Kennzeichnung als »Jude« war – zu dieser Zeit und in den Augen des Apparats – vermutlich eher positiv als negativ; die dem Holocaust entkommenen polnischen Juden galten der kommunistischen Führung als potenziell loyal, vor allem jene, die den Krieg in der Sowjetunion überdauert hatten. Die »antizionistische« Linie des Ostblocks kam erst später zum Tragen, denn Israel war noch nicht gegründet. – Bohdan Osadczuk-Korab, der seit 1947 an der Militärmission tätig war, sagt scherzhaft, er (als Ukrainer) habe sich gegenüber den Juden in der Mission als »nationale Minderheit« empfunden. Gespräch Osadczuk-Korab, 14. 09. 2007.

38 »Auszug aus Platons Raport Nr. 4« vom 12. 3. 46; Ebda., S. 6.

39 Ebda.

40 Wiślicki und andere führten damals in der Tat Gespräche mit dem sowjetischen General Nosowski; allerdings ist der Ort des Treffens (Berlin?) nicht vermerkt: Kochanowski/Ziemer, ebda., S. 97 f.

41 »Raport Nr. 8«, IPN BU 0236/35, Band 1 (Ende der Akte, gesonderte Paginierung), S. 10.

42 Schreiben ohne Anrede, 16.3. (ohne Jahreszahl). Ebda., Band 2, S. 22

43 Schreiben ohne Anrede vom 16.3. 1946. Ebda., S. 10

44 »Raport« vom 20. 4. 1946. Ebda., S. 23. – Es gehe um die Abrechnung von

zehn Millionen Mark, bei der 100.000 Mark fehlten, und um »verschwundenes Benzin in Gestalt von 120 kg«.

45 Buszkiewicz wird zur Arbeit nach Posen geschickt, vgl. ein Schreiben von Wiślicki an das MBP vom 30.3.1946, IPN BU 0236/35, Bd. 2, S. 33. – Zu Fogiel siehe: IPN BU 0236/35 Bd. 1, S. 79; zu Przedborski ebda., Bd. 1 (Ende der Akte, gesonderte Paginierung), S. 16. – Anlässlich der »Desertion« genannten Flucht Przedborskis schreibt Prawin später, im BRiOW sei offenbar ein »Schmugglerring« tätig gewesen; die entsprechenden Dokumente seien an die »entsprechende Institution zur weiteren Bearbeitung« übersandt worden. Was hier Wahrheit war, was Unterstellung und was Selbstverteidigung, wo Gründe waren und wo Vorwände für anderes, ist schwer auszumachen. Dem BRiOW-Chef Wiślicki jedenfalls wurde offenbar nichts nachgewiesen – dazu weiter unten.

46 Mein Leben, S. 318.

47 Frank Schirrmacher (Hg.): Marcel Reich-Ranicki. Sein Leben in Bildern. München 2001 (dtv, Taschenbuchausgabe), S. 68/69 und S. 70 oben. Reich-Ranicki bestätigt im Gespräch (10.6.2008) ihren Namen. Maryla (auch: Maria) Borkowicz, geboren 1915 in Drohobytsch, war vor dem Krieg Kommunistin, überlebte als Jüdin mit falschen Papieren in polnischen Kleinstädten. Ende 1944 als Stenografin bei der kommunistischen provisorischen Regierung in Lublin, wo sich damals auch Reich aufhielt. 1945/46 Sekretärin bzw. zeitweise Personalreferentin am BRiOW-Büro in Berlin. Danach weitere Auslandsposten. 1948 Eintritt ins MBP (Nachrichtendienst). Gute Beurteilungen; »verkehrt ausschließlich im Intellektuellenmilieu«. Im April 1950 bittet sie wegen nicht näher benannter »allzu großer Schwierigkeiten« um ihre Entlassung. Vgl. MBP-Personalakte Borkowicz Maria, IPN BU 01137/91.

48 Mein Leben, S. 195.

49 Die Geschichte trägt den Vermerk »Frankfurt am Main, im August 1958« – am 21. Juli 1958 hatte Marcel Reich-Ranicki Polen endgültig verlassen. Marcel Reich-Ranicki: Eine sehr sentimentale Geschichte. In: Volker Hage, Mathias Schreiber: Marcel Reich-Ranicki. Köln 1995, S. 207–222, hier S. 217f.

50 Mein Leben, S. 126.

51 Mein Leben, S. 122; Reich beschreibt hier über mehrere Seiten, welche Rolle der »Hamlet« (Gründgens) aus der NS-Zeit für ihn gespielt habe; den Berliner Hamlet von 1946 und seine Erzählung erwähnt er nicht.

52 In der hier immer wieder zitierten, 1947 angelegten MBP-Akte findet sich ein unscheinbarer Zettel mit der kurzen Notiz: »Bezüglich einer Begutachtung [zaopiniowanie] der Mitarbeiter der Restitution will Platon sich nicht engagieren. 3. XII. 47.« IPN BU 0236, 35, Band 1 (Ende der Akte, gesonderte Paginierung) S. 11.

53 Dann allerdings heißt es: »Hat 1964–72 als operativer Kontakt auf freiwilliger Basis mit unserem Dienst zusammengearbeitet«. »Abschlussnotiz« vom

2. 11. 1976, Akte Deckname »Pitaval« (Szenic), IPN BU 01227/707 (J-3748). Szenic hatte ein Buch mit dem Titel »Der Warschauer Pitaval« geschrieben. Eingesetzt wurde der reisefreudige Mann gegen in Deutschland lebende Polen, darunter einen Mitarbeiter des Piper-Verlags, gegen die römische Kurie und die Pariser Exilzeitschrift »Kultura«.

54 IPN BU 0236/35, Band 1, S. 1.

55 Früchte dieser Reise finden sich in einer Akte über Alfred Wiślicki (IPN BU 01178/388 (852/2), Mikrofiches 1–3). Dort lesen wir, dass BRiOW-Chef Wiślicki »während einer Inspektion des BRiOW in Deutschland der wirtschaftlichen Vergehen und der Sabotage verdächtigt wurde«. Auch finden sich alle möglichen anderen Vorwürfe, von »Karrierismus« bis zu Kontakten zu einem »amerikanischen Spion«. Offenbar wurde ihm jedoch nichts nachgewiesen und gab es keine förmlichen Strafen. – Unklar bleibt lediglich das Datum dieser Inspektionsreise.

56 Es ist das Bild auf Seite 70 unten in Schirrmacher, ebda. In diesem Band ist von einer Delegation des Außenministeriums die Rede. Das Foto zeigt die Gruppe vor dem Gebäude einer der polnischen Missionen.

57 Gespräch mit Reich-Ranicki, 18. 2. 2008. Reich hatte meines Wissens mit dem Außenministerium erst ab Januar 1948 zu tun.

58 IPN BU 01227/445 (Mikrofilm J-3382), S. A11-A12. In Berlin wurde Warhaftik »angeworben am 26. 4. 1946 als Informant (...) auf ideeller Grundlage.« Sein Deckname »żółw« (Schildkröte) wird insgesamt in drei Dokumenten dieser Akte genannt. Die Akte wurde 1960 angelegt, weil man erwog, Warhaftik (neu verheiratet, ein Kind) an seinem jetzigen Wohnort in Israel als Agenten anzuwerben.

VII. Auf dem Weg zum Gipfel: London 1948–1949

1 Das Ausgebrannte vom Warschauer Aufstand »roch man noch an die fünf Jahre«, schreibt Białoszewski in seinem Tagebuch des Aufstands. »Und nach acht Jahren müffelte es immer noch. Aber der viele Regen und das sich-Vollsaugen, und die vielen menschlichen Haufen, eingetrocknet, neu, immer wieder, dass schwer zu sagen ist, was da riecht.« Miron Białoszewski, Pamiętnik z powstania warszawskiego, Warszawa 1988, S. 123.

2 Mein Leben, S. 329.

3 Hier folge ich dem Porträt dieser Straße bei: Jerzy Jachowicz: »Trujące Róże, marni Przyjaciele«, Dziennik vom 24.–26. 12. 2007. Die Stiftung »Amicus Europae« des früheren (postkommunistischen) Präsidenten Aleksander Kwaśniewski residiert laut Jachowicz in der früheren Wohnung des Sicherheitsministers. – In Reichs Personalakte im Außenministerium (AMSZ, BKiS 12/98, w-35, n1-7241) nennt er selbst auf mehreren Dokumen-

ten als Wohnanschrift Aleje Przyjaciół 8. Auf Dokumenten aus den fünfziger Jahren jedoch gibt er in der Rubrik »frühere Anschrift« Aleje Przyjaciół 6 an. Ob hier – wenig wahrscheinlich – ein Fehler vorliegt, eine spätere Vertuschung aufgrund veränderter politischer Umstände oder ob Reich nacheinander in zwei Häusern dieser Straße gewohnt hat, konnte ich nicht ermitteln.

4 Vgl. die »Charakteristik« Reichs vom 18. 9. 1947. Personalakte, IPN BU 0193/896, S. 26–27. Sein Vorgesetzter Romuald Gadomski, der Vizechef des Nachrichtendienstes, schreibt darin, dass Reich »sich für diesen Posten absolut eignet« und dass er »zu großen Hoffnungen Anlass gibt«.

5 Vgl. Andrzej Paczkowski, *Organization of the 7th Department* …, Manuskript, o. J., S. 2. Später hat Ranicki oft betont, dieser Dienst sei dilettantisch und zwergenhaft gewesen. Doch ist schwer zu bestreiten, dass die erwähnte Abteilung zu den wichtigsten Arbeitsbereichen des ganzen Ministeriums gehörte. Im MBP-Gebäude befindet sich heute Polens Justizministerium.

6 Reich »erinnere zu sehr an das ›Dritte Reich‹«, sagte man ihm offen. Mein Leben, S. 324f.

7 Zit. nach: Volker Hage, Mathias Schreiber, *Marcel Reich-Ranicki*, Köln 1995, S. 39.

8 Ranicka arbeitete in der Zensur der MBP-Zweigstelle für die Wojewodschaft Warschau. Von ihrer Existenz erfuhr ich aus den Personalbefehlen des MBP für das Jahr 1946, IPN BU 0990/3, S. 293.

9 AMSZ, BKiS 12/98 w-35, n1-7241, Dokumente 1 und 3. Die »Fehler« (Geburtsjahr, Studium) finden sich in der Folge in weiteren Dokumenten seiner Personalakte im Außenministerium.

10 Ebda., Dokument 4, 5 und das nächste (ohne Nummer).

11 So Ranickis Erinnerung: Mein Leben, S. 321. Starzyński nennt die sowjetischen Majore Dolotow und Filatow als Berater des VII. Departaments. Krzysztof Starzyński, *Uśpiony agent [Der Schläferagent]*, Warszawa 1999, S. 52.

12 Mein Leben, S. 322.

13 Krzysztof Starzyński, DoppelAgent zwischen Diensten, Diplomaten und Dementis, Erinnerungen eines polnischen Geheimdienstoffiziers (Aufgez. V. Karsten Lohmeyer), Berlin 1997, S. 114 f.

14 Ebda., S. 118. Starzyński lief im November 1949 zu den Briten über und emigrierte nach Australien. Vgl. auch Iwona Kazimierska: »Kim Pan jest, Panie Starzyński?«, in: Gazeta wyborcza, 25. 10. 1991. Soweit ich sehe, ist dies die erste Erwähnung der MBP-Vergangenheit Ranickis; in Deutschland wurde sie jedoch nicht zur Kenntnis genommen.

15 Starzyński, DoppelAgent, ebda., S. 115 f.

16 Ebda., S. 118 f.

17 Depesche vom 14. 5. 1949, 00.30 Uhr. AMSZ, zespół depesz, LK 184 (Londyn 1949-p), w-20, t-189.

18 Depesche vom 27. 5. 1949, ebda. Leider taucht Ranicki in den Akten zu die-

sem Ereignis nicht mehr auf. – Eisler (1897–1968) sollte noch berühmt werden: In der DDR war er viele Jahre lang der oberste Verantwortliche für die Medien. Kurz vor seinem Tod wurde er ZK-Mitglied.

19 Depesche vom 9. 2. 1948, AMSZ, zespół depesz, LK 221, Londyn 1948-w, w-14, t-137. Żebrowski aus dem Ministerium beklagt gegenüber Michałowski »minimale Erfolge« in dieser Sache, verstärkt durch eine »Sabotage der Deutschen« und mangelndes Verständnis der Briten in ihrer eigenen Besatzungszone.

20 Bericht des Generalkonsulats über die zweite Jahreshälfte 1947, Dokumente von Edith Heller, S. 22. Kopien aus diesem Bericht hat mir die inzwischen verstorbene Edith Heller überlassen, die in Warschau Korrespondentin u. a. der »Frankfurter Rundschau« war. Die Originale dürften sich im Außenministerium befinden.

21 Starzyński, DoppelAgent, S. 136.

22 Dokumente Heller, S. 13 (Bericht für das 1. Quartal 1948; vielleicht war Ranicki selbst der Autor).

23 Hier ist »Aufklärung« im geheimpolizeilichen Sinne gemeint. Dokumente Heller, ebda.

24 Brief an den Direktor des Konsularbüros im Außenministerium vom 12. 8. 1948. Zeichen R.675/K/48 MR/Eh, Dokumente Heller; vgl. darüber den Bericht in »Der Spiegel« 26 (1994).

25 Edith Heller: »›Ach wissen Sie, das waren schwere Zeiten.‹ In Polen erinnern sich nur noch wenige an Marceli Ranicki – Der Literaturkritiker und der Vorwurf der Agententätigkeit«, in: General-Anzeiger (Bonn), 22. 6. 1994. Reich-Ranicki hat die in der deutschen Presse vielfach zitierten Informationen über die Kartei meines Wissens nie in Frage gestellt.

26 Mein Leben, S. 326 f.

27 Starzyński schreibt, Maria Borkowska und Zdzisław Szparkowski seien Ranickis Stellvertreter gewesen. Schließlich war da noch »der altgediente Kommunist Gajek. Gajek, ein Veteran des spanischen Bürgerkrieges, arbeitete offiziell als Chauffeur für die Botschaft. Tatsächlich war er so etwas wie unser ›Gorilla‹ und eine Art Leibwächter. In der Botschaft war er als Zuträger und Spitzel gefürchtet.« Starzyński, DoppelAgent, S. 134.

28 Depesche vom 11. 05. 1949 r., AMSZ, Zespół depesz, LK 184, 1949-p, w. 20, t. 189.

29 AMSZ, BKiS, Dokumente 6 und 8. Der Hauptmannsrang: Anordnung vom 31. 12. 1948, MBP-Personalakte, S. 21.

30 Ranickis Kommentar dazu: »Die 50 polnischen Agenten sind ein Produkt der Phantasie. Wie viele Leute dem Militärattaché Informationen lieferten, weiß ich allerdings nicht.« Der Spiegel 25 (1994), S. 178–183, hier S. 182.

31 Starzyński, DoppelAgent, S. 138 ff.

32 Gespräch mit Teofila und Marcel Reich-Ranicki, 10. 6. 2008. General Władysław Anders war bis zum Kriegsende der letzte nichtkommunisti-

sche Oberbefehlshaber der polnischen Armee, danach in London Exilpolitiker.

33 Erwähnt in Mein Leben, S. 470.

34 Mit »Wäldern« meint Cat hier, für osteuropäische Leser verständlich, den (in diesem Fall antikommunistischen) Partisanenkampf. Zit. nach Krzysztof Tarka, Mackiewicz i inni. Wywiad PRL wobec emigrantów, Łomianki 2007, S. 22.

35 Was diese »Dinge« sein könnten, wird nicht gesagt. – Notiz Ranickis vom 11. 05. 1949 über die Gespräche mit Cat-Mackiewicz; ich zitiere nach Tarka, ebda., S. 29; vgl. S. 27 f. Diese Notizen, die Vorschläge Ranickis und die Instruktionen für ihn aus Warschau sind im Archiv des IPN zu finden: AIPN 01 251/533.

36 Vermutlich vom alten Namen »Albion« für England. Der Name »Albin« erscheint in der von Tarka zitierten Akte.

37 Tarka, ebda., S. 33.

38 Ebda., S. 34. Cat ist schließlich im Juni 1956 nach Polen zurückgekehrt; damit hatte Ranicki nichts mehr zu tun.

39 Starzyński, DoppelAgent, S. 144 f. Es darf vermutet werden, dass auch der anfangs in die Geschichte verstrickte Starzyński manches in einem für sich günstigen Licht darstellt; doch als Augenzeuge zur Rolle Ranickis scheint er mir glaubwürdig zu sein.

40 Ebda., S. 144 f. Vgl. auch Markowskis Personalakte AMSZ, BKiS 37/07, w-1. Markowski war vor dem Krieg Zoologe an der Universität Warschau.

41 Mit »Caruso« gezeichneter Bericht vom 11. 12. 1948 über den »ehemaligen Vizekonsul Markowski«, der demnach auch gesagt haben soll, er werde Ranicki noch »die Fresse polieren« und ihn dienstuntauglich prügeln. IPN BU 01 069/758, Mikrofilm 1013, S. C5.

42 Starzyński, DoppelAgent, S. 146.

43 Ebda., S. 147 f. – 1958 wurde Markowski von einem polnischen Agenten in London gesichtet: IPN BU 01 069/758, S. C9. Diese sehr informative Akte bestätigt viele Angaben Starzyńskis – bis auf das Mordkomplott, das aber, falls es dies gegeben hätte, vermutlich nicht schriftlich fixiert worden wäre.

44 Focus 28 (1996), S. 46–50. Dagegen Starzyński: Die MBP-Mitarbeiterin Maria Borkowska habe ihm beim Mordplan die Aufgaben zugeteilt, und »wie immer wies sie darauf hin, dass alles mit Marcel Reich-Ranicki abgesprochen worden war, und wie immer hielt sie ständig Rücksprache mit ihm.« Starzyński, DoppelAgent, S. 144.

45 Gespräch mit General Kiszczak, 16. 7. 2008. Kiszczak sprach von Ranicki als einem »Untergebenen«, weil er der festen Überzeugung war, dieser habe für den militärischen Dienst gearbeitet. Darüber ist bisher allerdings nichts bekannt.

46 Im Fall Mróz folge ich der Darstellung von Leszek Pawlikowicz, Tajny front

zimnej wojny, Uciekinierzy z polskich służb specjalnych 1956–64, Warszawa 2004, S. 174–176.

47 Leszek Pawlikowicz, Uciekinierzy z kręgu aparatu władzy w Polsce z lat 1945–1953. Zarys tematu, [w:] Zamojskie Studia i Materiały, 2 (2000), S. 121–129, hier S. 126. Vgl. ders., Tajny front zimnej wojny, ebda. – Zumindest der Verdacht besteht, dass solche Methoden bis zuletzt angewendet wurden: Oberst Ryszard Kukliński, einer der wichtigsten Agenten der USA im Ostblock überhaupt, wurde 1981 über West-Berlin ausgeschleust. In Abwesenheit wurde er zum Tode verurteilt. Später kamen in Amerika nacheinander seine beiden Söhne unter ungeklärten Umständen ums Leben.

48 Mein Fax mit Fragen an Reich-Ranicki vom 31. 7. 2002 und Telefonat (sein Rückruf) am selben Tag. Beim zweiten Mal brauste er auf und antwortete nicht.

49 Hage, Schreiber: Marcel Reich Ranicki, S. 204 f. (Interview mit Reich-Ranicki, erstmals veröffentlicht im »Spiegel«, 25 (1994)).

VIII. Der Sturz. Zurück nach Warschau

1 Reich-Ranicki, Mein Leben, S. 325 f.

2 Damals wurde der Name in der polnischen Form festgehalten; heute führt der Sohn, Mathematiker von Beruf, den Namen Andrew Alexander Ranicki. Vgl. die Abschrift seiner Geburtsurkunde: Akta paszportowe (Reisepassakte) Ranicki Marceli, IPN BU 1549/66 601, S. 1.

3 Reich-Ranicki, Mein Leben, S. 329. – Warum die allgemeine Stalinisierung den Residenten des Geheimdienstes derart erschreckt haben soll, ist mir nicht unmittelbar einsichtig, war doch dieser Dienst im Staat von Anfang an das Herz der stalinistischen Finsternis. Doch soll diese Aussage offenbar den Eindruck erwecken, Ranicki sei schon früh ein Kritiker dieser Methoden gewesen. Ein anderes Thema ist freilich der Antisemitismus des Regimes; dazu weiter unten.

4 Ebenda.

5 Ebenda.

6 Paulina Born hatte am gleichen Tag Geburtstag wie Marceli Ranickis Mutter und – Johann Wolfgang von Goethe, was Frau Reich, solange sie lebte, ihrem Sohn alljährlich in Erinnerung rief.

7 Brief vom 29. 12. 1956 an die Regierungskommission für Entschädigungsfragen. Der Brief befindet sich in einer dünnen Mappe mit der Aufschrift »Sozialleistung Rente Sanatorium. Born Paulina«, IPN BU 660/74 (ohne Paginierung).

8 Reisepassakten Paulina Born, BU 1268/29 451, S. 9.

9 Mein Leben, S. 329 f.

10 Ebda., S. 330.

11 Ebda.

12 Der Kanon, 20 Romane und ihre Autoren, Mit einer Einführung von Marcel Reich-Ranicki, Frankfurt am Main 2002, S. 90.

13 Die langwierige Debatte im Ressort über dessen mangelnde Eignung und Loyalität, über eine mögliche Versetzung oder Abberufung und über seine eigenen Wünsche in diesem Zusammenhang lässt sich in Markowskis Personalakte im Außenministerium nachverfolgen: AMSZ, BKiS 37/07, w-1.

14 Auch in Ranickis Akte im Außenministerium, anders als »Mein Leben« nahelegt, kein Hinweis auf Misstrauen ihm gegenüber: Der Außenminister – damals Zygmunt Modzelewski – beruft den Konsul plötzlich und ohne Angabe von Gründen ab. AMSZ, BKiS [Büro für Kader und Schulungen] 12/98, w-35, nr 7241, S. 9.

15 Ebda., S. 10. Immerhin deckt das Personalbüro den Aufenthalt Ranickis im Hotel »Bristol« vom 3. bis 6. November: ebda., S. 11.

16 Alles unter dem Datum 9. 11. 1949. MBP-Personalakte Reich, IPN BU 0193/896, r. I, S. 24–30, 32 f.

17 Brief von Komar an den Vizeminister, Brigadegeneral Mietkowski, vom 14. 11. 1949. Diese Dokumente finden sich in einer Akte über die »Desertion« von Krzysztof Starzyński, dem erwähnten Untergebenen Ranickis: IPN BU 01 227/348, Mikrofilm 3264, S. A10f. – Schwer zu erklären ist lediglich die zeitliche Differenz zur Abberufung Ranickis durch das Außenministerium.

18 Notiz vom 11. 11. 1949, ebda., S. B3.

19 Brief vom 11. 11. 1949, ebda., S. B6.

20 Brief ohne Anrede vom 23. 11. 1949, ebda. S. B8. Auf S. B7 wird vermeldet, Starzyński habe diesen Brief Ranickis Untergebener Borkowska »in die Wohnung geworfen«.

21 Er fügt hinzu, solche Personen wie Ranicki hätten die »Bedingungen« von vornherein nicht erfüllt. Auf diesem Dokument, wie auf anderen, die Unterschrift eines Herrn Markowicz, vermutlich Mitarbeiter der Personalabteilung des MBP. MBP-Personalakte Reich, IPN BU 0193/896, r. III, S. 13. Vgl. auch die solide Darstellung des Warschauer Journalisten Janusz Tycner: »Die Akte Ranicki«, in: »Die Zeit« vom 15. 06. 1994.

22 Die Punkte d) und e) führen lediglich Punkt c) fort: Ranicki habe auch die Tatsache der Einreise Böhms nicht gemeldet. Böhm stand im Verdacht, Trotzkist zu sein. »Raport« vom 7. 01. 1950, MBP-Personalakte Reich, IPN BU 0193/896, r. III., S. 36–39, hier S. 39. In seinem ersten »Fragebogen« für MBP-Mitarbeiter vom 25. 10. 1944 hatte er in der Rubrik der Parteimitgliedschaft vor 1939 angegeben: »1937–38 in der illegalen komm. Partei ›K.P.D.‹ in Berlin«. IPN BU 0193/896, r. I, S. 6v. Jetzt werden Mitgliedschaft und Aktivitäten in Frage gestellt.

23 II. Abteilung des Generalstabs: militärischer Nachrichtendienst.

24 Reich-Ranicki, Mein Leben, S. 332.

25 Gespräch mit Czesław Kiszczak, 16. 07. 2008. Die Kategorie »kriminell« ist hier freilich im Kontext des Rechts einer kommunistischen Volksrepublik zu verstehen.

26 Mein Gesprächspartner vom 11. 4. 2008, der nicht zitiert werden wollte, stützt sich auf eine später angefertigte interne Analyse dieser Dienste. Er glaubt, dass damals, also 1949/50, »mehr als die Hälfte der Mitarbeiter des ganzen [zivilen] Nachrichtendienstes gefeuert wurde, der damals insgesamt nur 300 Personen zählte – erst später hat er sich entfaltet –, und fast drei Viertel der operativen Mitarbeiter. Der Nachrichtendienst wurde praktisch neu gegründet. « Die antijüdische »Säuberung« habe, wie er hervorhebt, damals aber nur den Nachrichtendienst erfasst, nicht den ganzen gigantischen MBP-Apparat.

27 IPN BU 0193/896, r. III, S. 35.

28 Zwischen Diktatur und Literatur, ebda., S. 89.

29 Mein Leben, S. 331.

30 Ebda.

IX. Teofila – die Schicksalsgefährtin

1 Die Angaben zur Familie schöpfe ich aus Fragebögen, die Teofila Reich später ausgefüllt hat. MBP-Personalakte Reich Teofila, IPN BU 0772/4811.

2 Karl Dedecius, *Ein Europäer aus Lodz. Erinnerungen*, Frankfurt am Main 2006, S. 41. Dedecius hat 1980 das Deutsche Polen-Institut in Darmstadt gegründet. Er ist heute der bekannteste Übersetzer und Vermittler polnischer Literatur in Deutschland.

3 Zu diesem Absatz vgl. Teofila Reich-Ranicki und Hanna Krall, *Es war der letzte Augenblick. Leben im Warschauer Getto. Aquarelle und Texte*, Stuttgart/München 2000, S. 76.

4 Offenbar war die Fabrik in der Sienkiewicza-Straße 3/5. Vgl. die Partei-Mitgliedsakte Teofila Reich im Staatlichen Archiv der Hauptstadt Warschau: teczka personalna Teofili Reich, Archiwum Państwowe m. st. Warszawy, Oddział w Otwocku, Komitet Wojewódzki PZPR 2285, S. 16 i 23. In den fünfziger Jahren »begutachtete« die Partei die (mit Argwohn betrachtete) bürgerliche Herkunft von T. Reich, ohne im Detail die Quellen dafür zu nennen. Dort heißt es auch, Teofila habe in Łódź das Orzeszkowa-Gymnasium absolviert.

5 Mein Leben, S. 189.

6 Die dramatischen Erlebnisse des »Hausmädchens Kazia« hat Hanna Krall beschrieben, vgl. Reich-Ranicki/Krall, ebda., S. 86 f.

7 Brief von Teofila Ranicka vom 20. 12. 1952 an die Parteikontrollkommission des Parteikomitees Warschau. Partei-Mitgliedsakte, ebda., S. 26–29. Teofila Reich-Ranicki bestätigt dies im Gespräch (10. 06. 2008); die Kämpfe um

Breslau habe sie jedoch nicht zu sehen bekommen. »Die Stadt war da schon zerstört. Total.«

8 MBP-Personalakte, ebda., S. 12.

9 »Raport« vom 2. 10. 1945, ebda., S. 26.

10 Ebda., S. 31.

11 Ebda., S. 18.

12 »Ihr innerer Antrieb war zerstört, der Wille zum Neuanfang erloschen.« So erklärt Salomon Korn, Bekannter der Familie Reich in Frankfurt, warum Teofila das Studium abbrach. Vgl. Sein Nachwort im Album *Doktor Erich Kästners Lyrische Hausapotheke. 56 Gedichte im Warschauer Getto aufgeschrieben und illustriert von Teofila Reich-Ranicki*, Stuttgart/München 2000, S. V.

13 Zur Londoner Zeit vgl. die Partei-Mitgliedsakte, ebda., vor allem S. 37–40 (Personalfragebogen vom 14. 11. 1952, unterschrieben von T. Ranicka; ausgefüllt in der Angelegenheit ihrer Parteimitgliedschaft).

14 Reich-Ranicki, Mein Leben, S. 334f. Hanna Krall schreibt: »Die Krankheit nahm an dem Tag ihren Anfang, als ihr ein Mitarbeiter der Sicherheit riet, sich von Marcel, der aus der Partei ausgeschlossen worden war, scheiden zu lassen.« Teofila Reich-Ranicki/Hanna Krall, S. 88.

15 Gespräch mit Hubert Meller, 30. 05. 2008. Mellers Neffe war der 2008 verstorbene Historiker und Diplomat Stefan Meller (Außenminister 2005–06).

16 In einem Fragebogen vom Oktober 1944 gibt sie an, er sei Doktor der Geschichtswissenschaft und habe die Kriegszeit in England verbracht, zuletzt wohnhaft Guildford Street 85.

17 Brief der Ranicka an die Parteikontrollkommission des Parteikomitees Warschau, 20. 12. 1952 r. Partei-Mitgliedsakte, ebda., S. 26–29.

18 Ebda, S. 5.

19 Der erste polnische Spielfilm der Nachkriegszeit, »Zakazane Piosenki«, Regie Leonard Buczkowski, entstand 1946. 1948 wurde der beliebte Film auf Forderung der Zensur umgearbeitet und erneut freigegeben. Der Protagonist erzählt darin einem aus England zurückgekehrten Emigranten seine Erlebnisse im Krieg und im Warschauer Aufstand. Weitere Figuren treten auf, etwa ein Jude, der im Versteck überlebt hat. Die Lieder dieser Zeit begleiten die Handlung.

X. Stunde Null in Warschau

1 So ein Bericht der Parteizeitung »Trybuna Ludu«. Zit. nach *Warszawa, Ballada o okaleczonym mieście*, Warszawa 2006 (Album aus dem Verlag Baobab, ohne Autor), S. 116.

2 Eintrag vom 14. 1. 1950. Maria Dąbrowska, Dzienniki powojenne 1945–1965. Warszawa 1996, Bd. 2, S. 10.

3 Iwaszkiewicz, *Dzienniki*, ebda., S. 302. Eintrag vom 29. 12. 1949.

4 Mein Leben, S. 331.

5 Ebda., S. 334.

6 »Es war üblich, dass die Partei jenen, die sie ausgeschlossen hatte, irgendeine Tätigkeit vermittelte – man wollte verhindern, dass sie zu Feinden wurden oder verhungerten. « Ebda., S. 335.

7 Späterer, ausführlicher Bericht des Chefs der MBP-Personalabteilung, Oberst Orechwa, über Ranicki und seine Abberufung, IPN BU 0193/896, r. II, S. 19–21, hier S. 21.

8 Der Namensgeber der Straße, Julian Ursyn Niemcewicz (1758–1841), war Schriftsteller. – Die Details zu Wohnung und Nachbarn hat der Warschauer Journalist Janusz Tycner zusammengetragen: Die Akte Ranicki, in »Die Zeit«, 15. 7. 1994.

9 Mein Leben, S. 353.

10 Zu sehen bei Wittstock, Marcel Reich-Ranicki, ebda., S. 116.

11 Akta personalne ppłk [Personalakte Oberstleutnant] Kalmanowicz Alfred, Heft mit der Aufschrift »Ministerstwo Zdrowia, Departament kadr«, IPN BU 0194/168, S. 23. Im Folgenden stütze ich mich auf diese Akte. – Schon von Dezember an nennt Kalmanowicz als Adresse die Racławicka-Straße 5, Wohnung 8. Von ständigem Kontakt zeugt auch, dass die Cousins Ranicki und Kalmanowicz in Personalfragebögen (wo auch nach Verwandten gefragt wurde) über einander jeweils detaillierte und aktuelle Lebensläufe anzugeben imstande waren.

12 Beim Thema Parteimitgliedschaft stütze ich mich vor allem auf die Parteiakte Ranickis im Warschauer Archiv für Neue Akten (AAN, PZPR-CKKP 2139/55) und auf die Darstellung des Sachverhalts bei Tycner, Die Akte Ranicki, ebda. Winkler, Ranickis Gegner, war im September 1949 in London aufgetaucht und begann, dort die Arbeit des Generalkonsulats zu überprüfen, wie Starzyński, DoppelAgent, S. 152, berichtet.

13 Brief Marks an die Kontrollkommission, 12. 11. 1951. AAN, PZPR-CKKP 2139/55, S. 60.

14 An anderer Stelle schreibt Ranicki, er sei mit Kubarowa auf dem Weg zum »Umschlagplatz« 1943 aus der Menschenkolonne geflohen: IPN BU 0193/ 896, r. II, S. 9. Zofia Kubarowa (auch Kubar): Telefonistin im Judenrat, seit Februar 1943 auf der »arischen Seite«. Nach dem Krieg in Warschau in führenden Positionen im Verlagswesen tätig. Veröffentlichte »Double Identity: A memoir« (Toronto 1989). – Warman war im Judenrat der direkte Vorgesetzte des jungen Marceli Reich. Nach dem Krieg Richter in Polen.

15 Brief Marks, AAN, ebda. Zwei andere Personen beklagen, Ranicki habe bei seiner Bitte um positive Stellungnahmen zu seinen Gunsten »emotionale Erpressung« ausgeübt; einer davon ist der einstige Weggefährte und Generalkonsul in London, Albert Morski (ebda., S. 61–65), der andere (S. 81 f.) eindeutig ein Mitarbeiter des Jüdischen Historischen Instituts, doch ist diese Stellungnahme nicht gezeichnet. Morski erwähnt auch eine harmlose,

wenngleich respektlose Bemerkung Ranickis über die sowjetischen »Freunde«.

16 »An den Kommunismus glaubte ich längst nicht mehr«, schreibt Ranicki, als von seiner Lage im Jahr 1957 die Rede ist: Mein Leben, S. 373.

17 Mein Leben, S. 335.

18 Ebda., S. 336.

19 Ebda, S. 339.

20 Ebda., S. 338.

21 Hier stütze ich mich auf das Werkverzeichnis in der Magisterarbeit von Agnieszka Grabowska, Marceli Ranicki – polnischer Kritiker der deutschen Literatur. Poznań 1991, S. 73–81 (Ms., in deutscher Sprache). All das erschien in den Jahren 1951 bis 1958, wobei auf die Jahre 1953/54 nur insgesamt neun Publikationen entfallen.

22 In ersterer schreibt Ranicki seit 1952, im Parteiorgan, wo er insgesamt zehn Beiträge unterbringt, seit April 1956, also noch vor dem großen politischen Umbruch vom Oktober. – Ranicki sagte mir einmal, er habe seine polnischen Texte alle 1958 mit nach Deutschland genommen. Das muss eine dicke Mappe gewesen sein.

23 Als »schädlichen Titel auf unserem Verlagsmarkt« bezeichnete Ranicki 1951 den autobiografischen Roman »Die letzte Bastion« von Maria Langner, dessen Handlung in den letzten Kriegsmonaten in Breslau spielt. Katarzyna Taborska: Krytyka jako autokreacja. Wizerunki Marcela Reicha-Ranickiego [Kritik als Selbstentwurf. Die Erscheinungsbilder Marcel Reich-Ranickis]. Poznań 2008, S. 79 f. In diesem Absatz folge ich der großenteils brillanten Darstellung Taborskas. Leider habe ich ihr Buch, in dem sie die Texte »Wiktor Harts« aus dem Getto, Ranickis aus den fünfziger Jahren und Reich-Ranickis aus Deutschland zusammen analysiert, erst im letzten Augenblick in die Hand bekommen.

24 Ebda., S. 95.

25 Rozmowa z Brechtem i Heleną Weigel, in: Świat, 10 [?] (1952), S. 3. – Es geht um eine Komödie von Gabriela Zapolska von 1906, welche die Doppelmoral der Spießer aufs Korn nimmt.

26 Mein Leben, S. 345.

27 Ebda., S. 348.

28 Ebda., S. 346.

29 Vgl. Ebda., S. 148–151.

30 Zofia Nałkowska, *Dzienniki VI, Teil 3 (1953–1954)*, Warszawa 2001, S. 10 (Eintrag vom 5. 1. 1953). Die Autorin ist von diesem Abend sehr angetan Das Essen hat, so schreibt sie, »unten« stattgefunden – vielleicht im bis heute existierenden Kellerlokal des Hauses der Literaten, gegenüber vom Königsschloss. Leider kann sich Matuszewski an diesen Abend nicht mehr erinnern.

31 Mein Leben, S. 342.

32 Das Manuskript wanderte weiter zu Henschel und von dort zu Rütten & Loening. Jerzy Kochanowski/Klaus Ziemer (Hg.), Polska – Niemcy Wschodnie. Wybór dokumentów, Band 3: 1956–1957, S. 135 f.

33 Mein Leben, S. 364 f.

34 Mein Leben, S. 384 f.

35 Die Titel lauten übersetzt: »Die fortschrittliche deutsche Literatur in der Zeit der hitleristischen Finsternis« und »Aus der Geschichte der deutschen Literatur 1871–1954«. Auflage jeweils etwas über 10 000 Exemplare.

36 Marceli Ranicki: »Z dziejów literatury niemieckiej 1871–1954«. Warszawa 1955, S. 299–301. – Das Werk »Postępowa literatura …« konnte jedoch nur unter den Initialen »M. R. « erscheinen – dazu später.

37 Marceli Ranicki, Z dziejów, S. 116.

38 Mein Leben, S. 357 ff.

39 Gespräch mit der bekannten Journalistin Ewa Berberyusz, die als junge Frau damals in einem dieser Verlage arbeitete, 16. 7. 2004.

40 Gespräch mit Mieczysław Tomala, 25. 7. 2008.

41 Alle Zitate: Brief Ranickis an die Kontrollkommission vom 14. 9. 1953, AAN, PZPR-CKKP 2139/55, S. 41 f.

42 Mein Leben, S. 353.

43 Reich-Ranicki sollte später die deutsche Ausgabe rezensieren. M.R.-R.: Warschau anno 54 im Roman, »Die Welt«, 20. 6. 1959. Der Kritiker lobt trotz mancher Einwände, »daß gerade dieser Roman – ob nun Schund oder nicht – ein charakteristisches Zeitdokument ist«, und erwähnt Tyrmand, »der seit Jahren den Ruf eines zwar sehr populären, doch nicht sonderlich seriösen Journalisten genießt«.

44 Das Foto in: Wittstock, Reich-Ranicki, S. 115. Allerdings scheint Ranickis Ledermantel zum Skifahren nicht recht zu passen.

45 Zweimal sei man gemeinsam in Zakopane im Urlaub gewesen: Gespräch mit Reich-Ranicki, 27. 10. 2008.

46 Gespräch mit Mieczysława Buczkówna, der Witwe Mieczysław Jastruns, 8. 12. 2003. Sie erinnert sich: »Bei unseren Gesprächen hielten wir uns an Vorsichtsmaßnahmen. Das Telefon wurde abgedeckt. Solche Zeiten waren das.« Buczkówna sagt, es habe »verschiedene Versionen seines [Ranickis] Lebenslaufs« gegeben. Verbindend war, dass die Söhne beider Familien in denselben Kindergarten gingen.

47 Artur Sandauer (1913–1989), flieht 1943 aus dem Getto im galizischen Sambir, danach Kriegsberichterstatter und Offizier; 1946–48 in Paris, etwa 1949–56 Publikationsverbot; ab 1974 Polonistikprofessor an der Universität Warschau; war nie KP-Mitglied.

48 Born war, wie erwähnt, 1949 bis 1953 inhaftiert. Die Sekretärin Eugenia Tarska berichtet, Ranicki habe ihr gesagt: »Ich habe gehört, Sie fragen oft nach Frau Born. Wenn ich Ihnen einen Rat geben darf: Interessieren Sie sich nicht für diese Sache.« Tarska sagt, sie sei Ranicki für diesen Rat dankbar

gewesen. Edith Heller: »Ach wissen Sie, das waren schwere Zeiten«, General-Anzeiger (Bonn), 22. 6. 1994.

49 Bericht der IV. Abteilung des X. Departaments des MBP für April 1952, IPN BU 0298/598, S. 83f. – Das X. Departament observierte Parteimitglieder und Personen aus dem Machtapparat. Ranicki bestätigte mir im Gespräch, er habe Brodzki gut gekannt.

50 Mein Leben, S. 354.

51 Rozmowa z pisarzem Franzem Weisskopf (1952). Archiwum Polskiego Radia, redakcja niemiecka, Taśma nr. 65 002.

52 IPN BU 0298/200, Bd. 1, S. 61 (Notiz vom 19. 3.). – »Bearbeitung einstellen« scheint darauf hinzudeuten, dass Ranicki bis zu diesem Zeitpunkt »bearbeitet« bzw. observiert wurde. Ich habe keine Angaben darüber, ob es tatsächlich eine solche Bearbeitung gab.

53 So die Darstellung in Mein Leben, S. 357.

54 »VIII Plenum Komitetu Centralnego PZPR« (VIII. ZK-Plenum der PVAP), in: Nowe Drogi 10 (88), Oktober 1956, S. 61f. Vermutlich kennt Wudzki die Angelegenheit, weil er Präsidiumsmitglied der Zentralen Parteikontrollkommission war. – Paweł Hoffman war Chef der »Nowa Kultura«, für die Ranicki schrieb, und hatte das bahnbrechende »Poem für Erwachsene« veröffentlichen lassen. Er wurde noch vor dem Tauwetter vom Oktober 1956 entlassen. Różański war Chef der Untersuchungsabteilung im MBP. Schon 1954 musste er aufgrund der brutalen Praktiken seinen Posten räumen.

55 Gespräch mit Tomala, ebda. »Empik« ist heute eine Buchhandelskette; den erwähnten Laden gibt es an diesem Ort immer noch. Mieczysław F. Rakowski, 1926–2008, damals Journalist und Doktorand, war später Reformpolitiker und 1989 der letzte kommunistische Regierungschef. Die Journalisten kamen vermutlich aus der DDR.

56 Anknüpfend an Heines Worte: »Ich bin das Schwert, ich bin die Flamme«. Marceli Ranicki, »Płomień wiecznie gorejący«, in: »Głosy znad Odry« (Kulturbeilage der »Trybuna Opolska«), 25. 02. 1956 r.

57 Dieses und die weiteren Zitate: Sprawozdanie Komisji do Spraw Polityki Zagranicznej KC SED dla Sekretariatu KC PZPR, 22. 3. 1957. Jerzy Kochanowski/Klaus Ziemer, ebda., Bd. 3, S. 329f. Dieses Dokument liegt in polnischer Übersetzung vor; ich habe es ins Deutsche rückübersetzt.

58 Diese Vermutung äußern die Herausgeber der zitierten Quellenedition: Jerzy Kochanowski/Klaus Ziemer, ebda., S. 17.

59 Brief an die CKKP, 9. 7. 1956. Parteiakte Ranicki, AAN, ebda., S. 23.

60 Ebda., S. 6. In einem neuen Lebensabschnitt, nach seiner Ausreise nach Deutschland, sollte Reich-Ranicki behaupten, eine Benachrichtigung über die Wiederaufnahme in die Partei habe ihn nie erreicht: vgl. Mein Leben, S. 371, und diverse Interviews in deutschen Zeitungen.

61 Mein Leben, S. 528.

62 Mein Leben, S. 381. Dass »sie alle«, die jetzt ausreisten, auf den Kommunismus gehofft haben sollen, ist zu bezweifeln; die Aussage erhellt jedoch, in welchen Kreisen die Ranickis sich vor allem bewegten.

63 Protokoll der Exekutive des Stadtbezirkskomitees Ujazdów (unter diesem Namen verbarg sich die Parteiorganisation im MBP), 25. 4. 1953. Heft »K. B. W. – akta personalne ppłk Kalmanowicz«, Personalakte Kalmanowicz, IPN BU 0194/168, S. 16.

64 Ebda., S. 22.

65 Ebda., S. 28.

66 Nach der Ausreise wurde, wie oft in solchen Fällen, in Warschau eine »Personenakte eines Ausländers« über das Ehepaar Kalmanowicz geführt: IPN BU 1368/2331. Einige Polenreisen wurden Danuta Kalmanowicz tatsächlich genehmigt. Auf eine jüdische Herkunft gibt es bei ihr keine Hinweise; erkennbar versucht sie von Anfang an, die Verbindungen nach Polen aufrechtzuerhalten. Ihr Mann dagegen ist offenbar nie mehr nach Polen gefahren; er findet in der Akte zuletzt 1960 Erwähnung.

XI. Flucht in den Westen

1 Es wird der Schriftstellerin Maria Dąbrowska zugeschrieben.

2 Bericht der IV. Abteilung des X. Departaments des MBP für April 1952, IPN BU 0298/598, S. 342.

3 Ganze Aussiedlerzüge rollten von Dezember 1955 bis Februar 1959. Allein 1958 kamen 120. 000 Aussiedler. Eine kleine Minderheit davon siedelte jeweils von Polen in die DDR über.

4 Mein Leben, S. 371–373.

5 Hier stütze ich mich auf »Mein Leben«, S. 374–379. Nur die Begegnung mit Dedecius ist dort nicht erwähnt; Dedecius selbst hat sie mir geschildert.

6 Ebda., S. 380.

7 Ebda., S. 373.

8 Der Historiker Pawlikowicz nennt ihre Namen und deutet an, es könnten noch mehr gewesen sein, auch aus dem zivilen Nachrichtendienst, also dem MBP. Er nennt auch 11 aktive oder ehemalige Geheimdienstleute bis hinauf zum Oberst, die 1956–1961 illegal in den Westen gegangen sind. Leszek Pawlikowicz, *Tajny front zimnej wojny. Uciekinierzy z polskich służb specjalnych 1956–1964 [Die geheime Front des kalten Krieges. Flüchtlinge aus den polnischen Geheimdiensten 1956–1964]*, Warszawa 2004, S. 83–84.

9 Reisepassakte Ranicki Marceli, IPN BU 1549/66 601, S. 20 i 24. Akten dieser Art über jeden Bürger – sofern er gereist ist – liegen im Archiv des IPN. Sie ermöglichen es, Reisen, ihre Vorgeschichte, die Verweigerung eines Passes oder Visums etc. zu rekonstruieren.

10 Schreiben vom 22. 5. 1958, ebda., S. 39. – Der Name »Deutsche Bundesrepu-

blik« (polnisch: »NRF« statt RFN) wurde im Ostblock jahrzehntelang verwendet, um das Substantiv »Deutschland« im Namen zu vermeiden und damit den Alleinvertretungsanspruch Bonns zu untergraben.

11 Ebda., S. 33.

12 Ebda., nacheinander S. 36, 40 und 37.

13 Mein Leben, S. 372 f.

14 Ebda., S. 373. Vgl. dazu auch: »Die Literatur, eine Heimat. Reden über und von Marcel Reich-Ranicki.« (Hrsg. Thomas Anz, München, DVA 2008).

15 Ebda, S. 390.

16 »Später hat sie mir noch eine Karte geschickt«, beschließt Tomala seine Erzählung. Gespräch mit M. Tomala, 25. 07. 2008. Ranicki hat nie eine Erbschaft erwähnt, stattdessen stets betont, er habe nach seiner Übersiedlung nach Deutschland keinen Pfennig besessen und hart arbeiten müssen. Da viele Verwandte Ranickis bis zum Holocaust in Berlin gelebt hatten, erscheint eine solche Erbschaft denkbar.

17 Dieses und die weiteren Zitate: Mein Leben, S. 391.

18 Schreiben vom 22. 05. 1958, Reisepassakte, S. 39. Eine ähnliche Notiz auf dem Brief von Major E. Motyl, Vizedirektor des »Büros für Operative Evidenz«, an den Direktor des Reisepassbüros des Innenministeriums vom 4. 7. 1958: Es gebe keine Bedenken gegen Ranickis Reise. Dazu die Bemerkung, man habe »seine Frau für eine Ausreise nach Frankreich und England posit. begutachtet«. Ebda., S. 38. Wittstock berichtet sogar, zunächst habe eine Beamtin Ranicki angerufen und auf die zeitliche Überschneidung der Reisen hingewiesen, worauf Ranicki schlagfertig reagiert habe, solche Überschneidungen habe es bei ihm schon früher gegeben. Ob das ausreichte, um den Pass zu bekommen, lässt der Autor jedoch ebenfalls offen: Wittstock, Marcel Reich-Ranicki, S. 117.

XII. Ein polnisches Echo aus der Ferne

1 Marceli Reich-Ranicki: »Ich habe es nie bereut« (Interview). »Focus« 30 (2008)(zit. nach www. focus. de). Der Onkel hatte, wie Reich sagt, den Krieg als Soldat der Fremdenlegion überlebt.

2 Einer Visitenkarte Stehles aus den fünfziger Jahren zufolge: Börsenstraße 2–4.

3 Mein Leben, S. 396.

4 Ebda., S. 395 f.

5 Der Vater rettet die Lage: »Den Roman ›Quo Vadis‹ habe ich ihm noch am selben Tag gekauft. « Mein Leben, S. 403.

6 Brief (auf einer polnischen Schreibmaschine geschrieben) vom 5. 10. 1958. Reisepassakte Ranicki, ebda., S. 43. Ranicki sagte mir, er habe den Kredit zurückgezahlt.

7 Brief vom 15. 10. 1958, ebda., S. 44.

8 Mein Leben, S. 401.

9 Ebda., S. 402.

10 Gespräch mit Oberstleutnant Zbigniew Skoczylas, ehemals Adjutant des Generals, 1. 08. 2007. Józef Kuropieska (1904–1998) war 1946–1947, kurz vor Ranickis Zeit, polnischer Militärattaché in London. 1952 wurde er wegen einer angeblichen »Verschwörung in der Armee« zum Tode verurteilt, 1956 rehabilitiert, und war später Abgeordneter in Warschau. Noch 1989 sympathisierte er mit den Kommunisten.

11 Brief von Góralski an Skibiński vom 5. 8. 1959, Akte des »TW-Kandidaten Andrzej Wirth« [TW: tajny współpracownik, geheimer Mitarbeiter; vgl. Stasi-IM in der DDR], IPN BU 00170/637, S. 28 f. Auf der Akte eine Aufschrift: »Im Jahre 2010 die Materialien zusammen mit dem Mikrofilm vernichten«.

12 Ebda., S. 14.

13 »Dienstliche Notiz« Winieckis, 29. 12. 1958, ebda., S. 21.

14 Ebda., S. 22.

15 Notiz von einem Treffen mit Bruno, 22. 10. 1959, ebda., S. 31–34.

16 Ebda., S. 33; außerdem lesen wir hier, dass Wirth zufolge »Ranicki seinerzeit wegen irgendwelcher verheimlichter Angelegenheiten aus dem Warschauer Getto das Parteibuch abgenommen wurde«. Solche durch mehrere Hände gegangenen Informationen – die »letzte Hand« war hier Wirths Führungsoffizier – sind freilich mit gebotener Vorsicht zu betrachten.

17 Ebda., S. 33.

18 Ebda., S. 34.

19 Mein Leben, S. 405.

20 »Notiz vom Aufenthalt H. W. Richters in Polen«, 5. 4. 1960, Akte des TW-Kandidaten, ebda., S. 40–43, hier S. 40. – Sejm ist seit Jahrhunderten der Name des Parlaments der polnischen Adelsrepublik, heute der Republik Polen.

21 Mein Leben, S. 404.

22 Ebda., S. 409 und S. 418.

23 »Notiz vom Aufenthalt H. W. Richters…«, Akte des TW-Kandidaten, S. 42. Auf Kuba hatte ein Jahr zuvor Fidel Castro die Macht übernommen.

24 »Agentenbericht betr. Andrzej Wirth« vom Februar 1962, ebda., S. 62. Sein Autor, TW »Sęk«, schreibt weiter, nach einem »scharfen Wortwechsel« zwischen Wirth und dem Chef der fremdsprachigen Programme des Senders, Hubert Meller, sei »der Weg der Zusammenarbeit mit dem Polnischen Radio für Wirth versperrt«. Meller bestätigt im Gespräch diesen Zwischenfall und verweist auf die Gefahr, dass der Text in der »Welt« noch vor der Ausstrahlung habe erscheinen können. Gespräch mit Meller, 28. 02. 2008.

25 »Raport« von Major Jerzy Kudaś, 26. 03. 1963, Akte des TW-Kandidaten, S. 65–68, hier S. 66 f.

26 »Notiz« (1967), ebda., S. 100–103, hier S. 101. Von einer Zusammenarbeit Reich-Ranickis mit dem Sender ist mir nichts bekannt, ich halte sie für wenig wahrscheinlich. Brońska-Pampuch hatte 1958/59 zwei Bücher von Kazimierz Brandys und Andrzej Braun ins Deutsche übersetzt; Reich-Ranicki hatte sie rezensiert. Gombrowicz hatte Polen schon vor dem Krieg verlassen.

27 »Notiz« von Major Kudaś, 29. 10. 1963, ebda., S. 82.

28 »Erklärung« (Oświadczenie) Andrzej Wirths, 9. 7. 1963, ebda., S. 70–72, hier S. 71. – 1960 erschien in der »Welt« eine Rezension der deutschen Ausgabe von »Ferdydurke« aus der Feder Reich-Ranickis. Nicht allzu enthusiastisch … Nachgedruckt in Reich-Ranicki, Erst leben, S. 92–95.

29 »Notiz« von Major Kudaś, 29. 10. 1963, Akte des TW-Kandidaten, S. 82.

30 »Notiz« (1967), ebda., S. 100–103, hier S. 103. [Die Herkunft bzw. der Autor des Zitates im Zitat unklar, aber so steht es in der Akte.] – 1966 nutzte Wirth einen Aufenthalt in den USA und blieb im Westen. Er war Professor an Universitäten in den USA und später in Deutschland (Theaterwissenschaften). Eine der letzten Informationen über ihn in der Akte lautet, er führe in Amerika, »wie man sagt« (!), das Leben eines Playboys. Ebda., S. 110.

31 Mein Leben, S. 399. Wann Marcel Reich-Ranicki tatsächlich der Titel »Papst« angetragen wurde, bliebe zu prüfen. Karl Dedecius hätte ihn vermutlich lieber als seinen Suffraganbischof gesehen.

32 Die Anthologie trägt den Titel »*Sechzehn polnische Erzähler*« (Hamburg 1962), das Vorwort ist betitelt: »Gern gelobt, doch wenig gelesen«. Ich zitiere hier aus dem Nachdruck in Reich-Ranicki, Erst leben, S. 18 f.

33 Taborska spricht von insgesamt etwa 15 Texten über polnische Literatur und Kultur in den Jahren bis 1960; in den folgenden 40 Jahren seien lediglich etwa 20 hinzukommen. Sie benennt mehrere Artikel, die nicht in Reich-Ranickis Band »Erst leben, dann spielen« Eingang gefunden haben. Taborska, ebda., S. 99 ff.

34 Auskunft von Karl Dedecius, Lec' Übersetzer.

35 Marcel Reich-Ranicki, Goethe noch einmal. Reden und Anmerkungen, Stuttgart/München 2002, rückwärtige Umschlagseite. – Einige polnische Gesprächspartner vermuten, Reich und Szczypiorski hätten sich schon 1945 in Oberschlesien kennengelernt. Sehr unwahrscheinlich: Selbst angesichts divergierender Aussagen über seinen Lebensweg kann Szczypiorski frühestens Ende April 1945 in Kattowitz gewesen sein. Ab 1951 hat er in Kattowitz für das Literaturprogramm des Polnischen Radios gearbeitet. Vielleicht lassen sich hier Berührungspunkte finden?

36 Zitiert nach Reich-Ranicki, Erst leben, S. 186–88. – Karl Dedecius sagt, nachdem die Göttinger Jury des Preises sich als erste entschieden habe (für Reich-Ranicki), habe die FAZ über diese Teilentscheidung berichtet. Die polnischen Juroren fühlten sich unter Druck gesetzt. Sie hatten einigen Grund, sich schlecht behandelt zu fühlen: Sie waren gegen Reich-Ranickis

Kandidatur, doch der Göttinger Seite lag sehr an ihm; sie setzte sich durch, woraufhin die Professoren Kryszak und Witkowski die Thorner Jury verließen und der Kulturdezernent der Stadt, Staśkiewicz, von der Stadtverwaltung abberufen wurde. Vgl. den Bericht: »A jednak Ranicki« (Und dennoch Ranicki), Gazeta Wyborcza, 19. 12. 2000, und Gespräch mit Dedecius, 27. 12. 2007.

37 Ebda., S. 191.

38 Der Schriftsteller Andrzej Stasiuk riet jedoch damals dazu, die Worte Marcel Reich-Ranickis nicht überzubewerten: »Da hat ein Deutscher irgendwo im Fernsehen gefurzt, und bei uns macht man daraus eine Staatsaffäre. Soll der Ranicki sagen, was er will. Jeder hat den Papst, den er verdient.« Zitiert nach Taborska, ebda., S. 149. – Die im »Literarischen Quartett« behandelten Titel hat Thomas Anz zusammengestellt: http://www. literaturkritik. de/reich-ranicki/.

39 Die kürzeste Zeit, in der in der FAZ–Redaktion eine Kurzrezension entstand, beträgt – vom ersten Berühren des Buches an gerechnet – zehn Minuten. In diesem Fall geht es nicht um Reich-Ranicki.

40 Gespräch mit Reich-Ranicki, 11. 4. 2008. Jedwabne in Nordostpolen war 1941 Schauplatz eines Pogroms, den die polnische Bevölkerung an den Juden des Ortes verübte. Die Aufarbeitung des Pogroms führte 2000 zu einer monatelangen Debatte; Staatspräsident Kwaśniewski sprach in einer Zeremonie am Ort Worte der Entschuldigung für diese schändliche Tat.

41 Mein Leben, S. 165.

42 Gespräch mit Teofila Reich-Ranicki, 10. 6. 2008. – Die »Kultura« erschien monatlich von 1947 bis 2001; sie war intellektuell wie politisch vielleicht die wichtigste Zeitschrift, die Emigranten aus dem Ostblock in dieser Zeit verlegt haben. Der Inhalt reichte von neuer Lyrik über politische Berichterstattung und Essayistik bis zu Leserbriefen.

43 Gespräch mit der Autorin Joanna Olczak-Ronikier, 24. 10. 2006. Olczak-Ronikier hat über ihre polnisch-jüdischen Vorfahren das wunderbare, auch ins Deutsche übersetzte Buch »Im Garten der Erinnerung« geschrieben. Natürlich waren sie und Sztauber ebenfalls seit früher Kindheit bekannt.

44 Ryszard Matuszewski, Alfabet. Wybór z pamięci 90-latka [Alfabet. Eine Auswahl aus der Erinnerung eines 90-jährigen], Warszawa 2004, S. 381f. – Im Gespräch noch schärfer: »Für mich, einen programmatischen Gegner des Antisemitismus, sind solche Leute wie Reich-Ranicki und Sandauer die Feuerprobe. Da werden manche dann doch zu Antisemiten.« Gespräch Matuszewski, 21. 10. 2008.

45 Adam Krzemiński: Samouk. Niemiecki bestseller z polskim śladem, »Polityka« nr 47 (1999).

46 Gespräch mit dem Historiker Andreas Lawaty, dem langjährigen Stellvertreter des Institutsdirektors Dedecius, 30. 11. 2007.

47 Gespräch mit Reich-Ranicki, 18. 8. 2004.

48 Hier stütze ich mich vor allem auf Gespräche mit Dedecius, 16. 4. 2008, und mit Reich-Ranicki, 18. 8. 2004 (daraus stammen die Zitate), und auf weitere Gespräche mit beiden (mit Reich-Ranicki zuletzt am 10. 6. 2008). Das Thema ist damit sicherlich nicht ausgeschöpft.

49 Der Ausgang der jeweiligen Versöhnungsbemühungen war unterschiedlich. Von seiner Freundschaft mit Prof. Jens schreibt Reich-Ranicki: »Es war eine ganz ungewöhnliche Freundschaft – nicht nur die weitaus längste und wichtigste in meinem Leben, sondern auch, ich bin dessen sicher, die seltsamste. « Mein Leben, S. 420 f. Umso merkwürdiger, dass Jens seinen Freund Reich kein einziges Mal nach dessen Erfahrungen im Getto, in der KP und den Behörden des kommunistischen Polens fragte – Themen, die »stets ausgespart blieben«. Ebda., S. 423. Diese Freundschaft konnte einige Jahre später wiederhergestellt werden; mit umso größerem Schmerz muss Reich-Ranicki die Demenz seines Freundes getroffen haben, die dessen Sohn Tilman Jens 2008 in der FAZ beschrieb.

50 Norbert Honsza, Stephan Wolting, *Marcel Reich-Ranicki: »Moją ojczyzną jest literatura«* [Mein Vaterland ist die Literatur], Wrocław Warszawa Kraków 2007, S. 6. – Auch dieses Buch ist nicht sonderlich erfolgreich. Der Pole Honsza ist Germanistikprofessor in Breslau; er erzählte mir auch im Detail von dem Antrag auf die Ehrendoktor-Verleihung (im Buch S. 207).

51 1986 in Frankfurt. Organisiert hatte sie der erwähnte, in München lebende Tadeusz Nowakowski, laut Bartoszewski »ein Schelm. Er erweckte mir gegenüber den Eindruck, Reich-Ranicki liege sehr an diesem Treffen, und bei ihm machte er es umgekehrt. Wir trafen uns bei Reich-Ranicki zu Hause. Aber wir haben über nichts Wesentliches gesprochen. Sonst würde ich mich daran erinnern. « Gespräch mit Bartoszewski, 9. 10. 2008.

52 Hier stütze ich mich auf zwei Gespräche mit dem (ehemaligen) Präsidenten Kwaśniewski, eines mit Adam Michnik (die Jury betreffend) und zwei mit Reich-Ranicki. In der Frage der Einladungsbriefe bin ich geneigt, Kwaśniewski Glauben zu schenken.

53 Gespräch mit Kulturattaché Sławomir Tryc, Berlin, November 2007.

54 Die Ehrung der Familie Gawin/Rochowska beendete einen längeren Stillstand bei diesen Zeremonien, verursacht vermutlich durch das Ende der Amtszeit des israelischen Botschafters und Holocaust-Überlebenden Szewach Weiss in Warschau. Vor der Zeremonie für Familie Gawin fragte Israels Botschafter Peleg seinen deutschen Kollegen Schweppe, ob er Bemühungen um eine Einladung an Reich-Ranicki nach Warschau unterstützen würde. Die deutsche Botschaft entschied, sich nicht zu engagieren, da man nicht voraussehen könne, wie Reich-Ranicki in Polen aufgenommen werde. Gespräch mit einem Diplomaten der deutschen Botschaft, 28. 11. 2006.

XIII. Biografie – ein Spiel?

1 Mit diesem schillernden Wort wurde etwa seit 1900 die (unverwurzelte, schwer verortbare) jüdische Existenz in der Moderne bezeichnet; ein Begriff, der jüdischer Selbstironie entsprang, doch später auch in den Wortschatz der Antisemiten Eingang gefunden hat. Vgl. Nicolas Berg: »Luftmenschen«. Zur Geschichte einer Metapher. Mit einem Vorwort von Dan Diner. Göttingen 2008.

2 Gespräch mit Władysław Bartoszewski, dem einstigen Auschwitz-Häftling und späteren Historiker und polnischen Außenminister, 13. 11. 2007.

3 Der FAZ–Herausgeber Schirrmacher spricht hier frei nach Kleist. Rede anlässlich der Verleihung der Ehrendoktorwürde der HU Berlin an Reich-Ranicki, vgl. FAZ, 16. 2. 2007.

4 Reich-Ranicki sagt zu Andrzej Szczypiorskis Bewertung des MBP als »verbrecherischer Organisation«: »Dieser Bezeichnung kann ich zustimmen. Aber ich weiß nicht, ob es mit der Abteilung, die sich mit dem Ausland beschäftigte [und wo Ranicki arbeitete], ähnlich war.« Reich-Ranicki, Polacy (Interview), ebda. Ähnliche Aussagen gegenüber der deutschen Presse 1994.

5 Mein Leben, S. 324.

6 Marcel Reich-Ranicki: Meine Bilder. Porträts und Aufsätze. Stuttgart 2003, S. 247 f. Das Gefühl der Heimatlosigkeit und die Suche nach Zuflucht in der Literatur verbinden Reich-Ranicki auch mit dem von ihm verehrten Wolfgang Koeppen: Mein Leben, S. 504

7 Reich-Ranicki hat meines Wissens nie selbst von »Aussöhnung« oder »Vergebung« nach dem Holocaust gesprochen, sich von solchen Gedanken sogar distanziert. Doch hier geht es mir um die Rezeption, um die Wirkung Reich-Ranickis in der deutschen Öffentlichkeit.

8 Mein Leben, S. 168.

9 Ich zitiere ihn im Folgenden nach Andrzej Krzysztof Kunert (Hg.): Polacy – Żydzi 1939 – 1945. Wybór źródeł. Mit einem Vorwort von Władysław Bartoszewski. Warszawa 2001, S. 446 – 449.

10 Tuwim überlebte den Holocaust in New York und Rio de Janeiro. Für ihn, der Pole bereits war, waren diese Stationen sein Weg zum Judentum – und zugleich zum Kommunismus. Nach dem Krieg kehrte er nach Polen zurück. Seine Beerdigung 1953 – in »Mein Leben« ist sie beschrieben – war ein Staatsbegräbnis, dieser eisige Wintertag in Warschau ein Volkstrauertag.

11 Mein Leben, S. 167.

12 Ebda., S. 335.

13 Immer wieder das Wort von ihrer oder seiner »Rückkehr«; hier zitiert nach Marcel Reich-Ranicki, Meine Bilder, S. 8. Marceli Ranickis Absetzung in den Westen mag ja noch als »Rückkehr« gelten, doch seine Frau war nie zuvor in Deutschland gewesen.

14 Dieses und die folgenden Zitate: Der Kanon, 20 Romane und ihre Autoren, Mit einer Einführung von Marcel Reich-Ranicki, Frankfurt am Main 2002, S. 89f.

15 Marcel Reich-Ranicki: Rede über das eigene Land. Erstveröffentlichung: FAZ (Beilage »Bilder und Zeiten«), 26. 11. 1994.

16 Marcel Reich-Ranicki (Interview): Der Zerreißer. Marcel Reich-Ranicki über Biermann: »Er verdient die strengste Strafe«. In: News 22 (1995), S. 140f. Dieselbe Verwünschung wie im österreichischen Magazin »News« richtete Reich-Ranicki gegen Biermann im deutschen Fernsehen. Der Dichter hatte Marcel Reich-Ranicki zuvor in einem Brief an Jürgen Fuchs kritisiert, den der »Spiegel« abgedruckt hatte.

17 Volker Hage/Mathias Schreiber: Marcel Reich-Ranicki. Köln 1995, S. 157f. Der Grundton dieser Biografie ist – wie der Ton aller Biografien Reich-Ranickis, die bisher erschienen sind – wohlwollend. Auch der Hamburger Historiker und ZEIT-Mitarbeiter Harald Steffahn, der 2000 eine Biografie geschrieben hatte, war voller Verehrung für den Protagonisten. Allerdings hat Reich-Ranicki die Publikation (bei dtv) im letzten Augenblick durch sein Machtwort verhindert, weil Steffahn versucht habe, »mich zu einem orthodoxen Juden zu stempeln«. Der Kritiker kritisierte am Autor ferner, »dass er mich nur als eine Figur der Zeitgeschichte sieht. Die meisten meiner Bücher werden gar nicht erwähnt.« So Reich-Ranicki nach einem Bericht der »Süddeutschen Zeitung« vom 28. 11. 2000; ähnlich: FAZ vom 19. 12. 2000. Steffahns Buch ist nie erschienen.

18 Dieses Diktum gehört fast schon zum Allgemeinwissen über Hans Mayer; vgl. u. a. das Interview mit Reich-Ranicki, FAZ, 4. 6. 2008.

19 »Polen ist ein sumpfiges Land, in dem die Juden leben«. In diesen Worten spiegelt Czesław Miłosz die Vorstellungen der Westeuropäer von seinem Heimatland (in dem ansonsten polnisch geschriebenen Gedicht »Oprawa«).

20 Den Begriff »halbdeutsche Großmächte« für Preußen-Deutschland – aufgrund der Inkorporation polnischer Gebiete – und Österreich-Ungarn hat Ernst Nolte geprägt: Deutschland und der Kalte Krieg. München 1974, S. 51.

21 Im 20. Jahrhundert ein gefährlicher Reichtum. Dennoch sagte Egon Erwin Kisch augenzwinkernd: »Ich komme aus Prag, ich bin Tscheche, ich bin Deutscher, ich bin Jude, ich bin Kommunist, ich bin aus gutem Hause – etwas davon hat mir immer geholfen. «

22 So die Sorge der Literaturwissenschaftlerin Katarzyna Taborska, ebda., S. 137. Sie sieht seinen Erfolg in Deutschland darin begründet, dass er seine im Getto und im Kommunismus erprobten Kommunikationsmuster, mit einem Wort, »autoritäre Elemente geschickt in die Welt der Demokratie eingeführt hat« (ebda., S. 124). Die Autorin leugnet jedoch nicht, dass Reich-Ranickis Muster des Umgangs mit der Literatur und mit den Massen auch in Polen Bewunderer und Nachahmer findet.